小学英语教学发展及实践

李义华 ◎ 著

吉林出版集团股份有限公司

图书在版编目（CIP）数据

小学英语教学发展及实践 / 李义华著.— 长春：
吉林出版集团股份有限公司，2023.9
ISBN 978-7-5731-4323-5

Ⅰ．①小… Ⅱ．①李… Ⅲ．①英语课—教学研究—小
学 Ⅳ．①G623.312

中国国家版本馆 CIP 数据核字（2023）第 182074 号

小学英语教学发展及实践
XIAOXUE YINGYU JIAOXUE FAZHAN JI SHIJIAN

著　　者　李义华

责任编辑　王　平

封面设计　林　吉

开　　本　787mm×1092mm　　1/16

字　　数　260 千

印　　张　17.75

版　　次　2023 年 9 月第 1 版

印　　次　2024 年 1 月第 1 次印刷

出版发行　吉林出版集团股份有限公司

电　　话　总编办：010-63109269
　　　　　发行部：010-63109269

印　　刷　廊坊市广阳区九洲印刷厂

ISBN 978-7-5731-4323-5　　　　　　　　　定价：78.00 元

前　言

　　小学教育是基础教育中最重要的一环，是孩子们学知识的第一步。孩子们在小学教育阶段，顺利完成了学业，进一步学习就不会有太大的困难。小学是儿童的思维从具体到抽象，综合到分析逐步发展的阶段。他们常常不管面对教什么学科的老师，都会提出各种各样的问题，认为老师是万能的，什么都知道的。所以我主张小学老师最好是全科型的，能够适应小学生认知特点的需要。

　　随着我国在政治、经济和文化等方面与世界接轨速度的加快，英语的重要性越来越突出。英语作为最重要的信息载体之一，已经成为人类生活中最广泛使用的语言。而小学英语教育是学生外语学习的启蒙阶段，也是学生接受终身教育的奠基阶段，能否抓好这一阶段的外语教学质量将直接影响外向型人才的培养。

　　在教学过程中，许多小学英语教师处于个人尽心尽力、身心疲惫的工作状态中，而学生不但很少有共鸣，反而还产生不耐烦甚至厌倦的心理。教师的付出与学生的学习效果没有产生正面效应。针对这样的现象，再加上英语课堂教学改革的不断深入，试图摸索更有效的课堂教育教学模式和方法，便成为我撰写此书的最根本出发点。本书根据当代英语语言教学的理论，结合儿童心理发展的特点，联系教育学、社会学与哲学的有关原理，在我多年教学实践体验的基础上撰写而成。

目 录

第一章　小学英语课程概述

当今世界，以信息技术为主要标志的科技进步日新月异，社会生活的信息化和经济活动的全球化使外语，特别是英语，日益成为我国对外开放和与各国交往的重要工具。学习和掌握一门外语是对新时代公民的基本要求。小学英语教育是学生外语学习的启蒙阶段，也是学生接受终身教育的奠基阶段，能否抓好这一阶段的外语教学质量将直接影响外向型人才的培养。

第一节　小学阶段设置英语课的意义

课程是教学论中的一个重要课题，是教学计划中的核心内容，也是当今教育改革的一个组成部分。课程的设置是以国家、社会及个人的发展需要为前提，既要考虑所开设学科的针对性、实用性，又要注意它的科学性和可行性。外国语是学习文化科学知识，获取世界各方面信息与进行国际交往的重要工具。为了把我国建设成为富强、民主、文明、和谐、美丽的社会主义现代化强国，教育要面向现代化、面向世界、面向未来，要培养大批有理想、有道德、有文化、有纪律，并在不同程度上掌握一些外国语的各方面的人才，以提高全民族的思想素质和科学文化素质。

语言学家乔姆斯基说过："儿童天生有一种语言习得的装置，学习语言的能力在生命的第一年就表现出来。"的确，儿童在语言习得上，一般比成年人要容易得多，但是，一旦他们错过了学习外语的关键期，语言习得的难度会随着年龄的增长而增大。因此，从小就在英语课中接触英语，接受异国文化的熏陶，对学生的语言习得能力的锻炼更加有利。

英语课的开设，也是资源全球化的需要。例如，学生受益于英语课的开设，基本掌握英语的交流应用能力，日后便可以轻松通过网络找到需要的信息。比如，我们可以在网上找到外国短篇小说的原文，更加真实地了解小说相关信息，如作者简介、背景知识以及一些专家学者对该小说的评论，而不是单凭带有个人情感倾向的译文来了解。除了这些，看欧美剧、购买进口商品、参考外文期刊、国际旅游等都会用到英语。

英语课的开设，也是促进国际交流的优质媒介。虽然现在各种翻译 APP 广受欢迎，但是，我们不能忽视这些软件存在的一个极为严重的缺点——机械翻译，缺乏自然。而且，由于中英文之间也存在一些无法做到"一一对应"的表达，一些英语至今也无法把它准确译出来。英语课的开设，可以让我们更为系统化、理论化地输入和输出英语，而不是机械地翻译。然而，系统化、理论化地输入和输出英语却需要学生持之以恒地学习，而不是仅用短短一两个月的"英语速成班"就能解决。因而，学习英语，更应从小就端正英语学习态度。

有鉴于此，教育部决定把小学开设英语课程作为 21 世纪初基础教育课程改革的重要内容，制定了《小学英语课程教学基本要求（试行）》，作为小学英语课程实施、教学评价、教材审查和选用的主要依据。目前，全国城市、县城和乡镇所在地小学基本开设了英语课程，起始年级一般为三年级。

除了中国，许多国家也已从小学阶段开设外语课程。例如，瑞典把英语列为学校三至九年级的必修课。像突尼斯这样的发展中国家也十分重视外语教育，他们从小学四年级就开设外语课（主要是法语），到了中学阶段，除了继续开设法语课外，还增设第二外语——英语。有的学校还开设德语、西班牙语、意大利语等课程。美国也一反过去忽视外语教育的倾向，开始注重本国少年儿童的外语教育，并在一些幼儿园进行"全封闭式"外语教学实验。所以，强调国际教育、外语教学，已成为当今全球教育的一种新趋势。

第二节 小学英语课程的性质与任务

一、小学英语课程性质

2001 年教育部明确规定：从秋季起积极推进小学开设英语课程。从此，小学英语课程纳入我国义务教育阶段的必修课程体系。为了指导小学英语课程教学，同年，教育部颁发了《小学英语课程教学基本要求（试行）》和《全日制义务教育英语课程标准（实验稿）》作为小学英语课程实施、教学评价、教材审查和选用的主要依据。经过十年的教学实践，2011 年教育部又颁布了《义务教育英语课程标准（2011 年版）》（以下简称《课程标准（2011 年版）》），明确规定了义务教育阶段的英语课程以小学三年级为起点，以初中毕业为终点。《课程标准（2011 年版）》对课程性质、课程基本理念、课程设计思路、课程目标、分级标准和实施建议都做了具体和详细的规定，首次将英语课程界定为具有工具性和人文性双重性质的课程。

我国基础教育阶段最大的教育诉求在于"使适龄儿童、少年在品德、智力、体质等方面全面发展，为培养有理想、有道德、有文化、有纪律的社会主义建设者和接班人奠定基础"（《中华人民共和国义务教育法》第三条）。所以在英语学科的目标定位上，最根本的落脚点应是为学生的终身发展打基础，同时强调语言目标与人文目标的整合。英语教学不仅是为了培养学生运用语言沟通、交流的能力，更重要的是，在英语教学过程中关注对学生的意志品格、正确的价值观、自主学习意识与能力，以及良好的学习习惯的培养。所以说，工具性和人文性统一的英语课程符合社会发展对人才培养的需求，有利于为学生的终身学习奠定基础。因此作为基础教育阶段的小学英语课程的性质是工具性和人文性的统一。

英语课程的工具性目标注重语言技能和语言知识的传授。但仅仅让学生学习英语语言的符号系统是不够的，还要让学生通过听、说、读、写、译等方面的语言实践活动去学习、积累、应用英语，丰富情感，发展英语语言能力，培养良好的心理品质和思想道德品质。这就是英语课程人文性目标的体现。小学英语课程性质中工具性和人文性的统一要求英语课程不仅承担着培养学生基本英语素养和发展学生思维能力的任务，即学生通过英语课程掌握基本的英语语言知识，发展基本的听、说、读、写技能，初步形成用英语与他人交流的能力，进一步促进思维能力的发展，为今后继续学习英语和用英语学习其他相关科学文化知识奠定基础；还承担着提高学生综合人文素养的任务，即学生通过英语课程能够开阔视野，丰富生活经历，形成跨文化意识，增强爱国主义精神，发展创新能力，形成良好的品格和正确的人生观与价值观。

二、小学英语课程任务

小学英语课程任务取决于小学英语课程的价值，而小学英语课程的价值在于：英语课程的学习。这既是学生通过英语学习和实践活动，逐步掌握英语知识和技能、提高语言实际运用能力的过程；又是他们磨砺意志、陶冶情操、拓宽视野、丰富生活经历、开发思维能力、发展个性和提高人文素养的过程。

小学英语课程承担着培养学生基本英语素养和发展学生思维能力的任务，同时还承担着提高学生综合人文素养的任务。英语学科作为一门语言学科，其学习目的是交流和沟通。《课程标准（2011 年版）》对义务教育课程目标做了明确规定，即通过英语学习使学生形成初步的综合语言运用能力，促进心智发展，提高人文素养。由此可以看出培养综合语言运用能力、提高人文素养不仅是课程任务，也是课程目标。

根据课程性质和课程目标的要求，小学英语课程教学的任务可以归纳为以下四点：

第一，激发学生学习兴趣，使学生树立信心，养成良好的学习习惯和形成有效的学习策略，发展自主学习的能力和合作精神。

这是首要任务，是课程任务的出发点。因为小学英语学习是学生学习英语的起始阶段，是外语启蒙课程，小学生初步认识和接触外语，充满对外语学习的好奇和希望，所以培养小学生学习英语的兴趣并保持学习兴趣是英语课程的首要任务，并通过引导使小学生养成良好的学习习惯和形成有效的学习策略。

第二，使学生掌握一定的英语基础知识和听、说、看、读、写技能，形成一定的综合语言运用能力。

根据《课程标准（2011 年版）》分级目标要求，小学六年级要达到二级目标，基本的教学任务为培养学生形成正确的语音、语调，要掌握基础语法知识，内容包括名词、动词、代词、副词等 9 类词汇，约 800 个单词。还包括一般现在时、现在进行时、一般过去时等 6 种时态、语态、基本句型等。掌握这些基本的英语知识，才能形成初步的语言运用能力。

《课程标准（2011 年版）》对小学英语的听做、说唱、玩演、读写、视听等方面提出了一系列量化的目标。并规定期末和学年考试以形成性评价为主，考试采用口试、笔试相结合的方式。

第三，培养学生的观察、记忆、思维、想象能力和创新能力。

在教学中，教师除了用英语与学生交流外，还要充分利用现代多媒体，让学生在听、看中时时感受情景会话、节奏明快的歌谣、优美的故事，让学生去感知、去理解。通过说使语言能力生成；通过朗读教学，加强学生感悟能力；通过书写巩固语言技能等；通过情景教学，在潜移默化中培养学生的观察、记忆、思维、想象能力和创新能力。

第四，帮助学生了解世界和中西方文化差异，拓宽视野。

这项任务是英语课程教学的最终目的和落脚点。小学阶段英语课程学习涉及的语言功能项目包括社会交往、态度、情感、时间、空间、计量、比较、职业、逻辑关系等 64 个项目，这些语言功能项目基本涵盖了小学生生活经验的各方面，通过学习这些语言功能项目，他们将获得使用英语交往的基本方式和基本要求，同时也能初步了解英语国家的风土人情。

第三节　小学英语课程改革与发展

一、小学英语课程的发展进程

（一）小学英语课程在 1978 年以前的发展简况

通过查阅相关文献得知，在 1912 年、1915 年、1916 年、1962 年小学英语课程曾被官方提及过，但都没有在实际教学中实施，因为当时的课程体系缺乏系统性和合理性。

1962 年，教育部颁发的一份文件中明确提议，四或五年级的小学生要学习英语，而且英语教师必须有专业的语言能力，强调在小学后学习外语的延续性，但并未落实到实际教学中。

（二）小学英语课程在 1978—2001 年的发展简况

1978 年，我国在教学方面有了许多新的改变，同年教育部颁发的《全日制小学英语教学大纲（试行草案）》明确指出，在小学课程中要求开设英语科目。在小学课程大纲中关于英语科目的开设包含小学和中学两方面，而且还具体陈述了英语教学的要求和目标，还有不同学段的课时和内容。大纲规定从小学三年级开始进行英语教学，三年级的学生需要进行 152 个课时的英语教学，四年级和五年级的学生需要进行 136 个课时的英语教学。1980 年，教育部颁发的文件《全日制十年制小学英语教学大纲（试行草案）》中要求设立两个英语课程体系，其中包含小学三年级至小学六年级的英语课程体系和中学一年级至中学三年级的英语课程体系，并强调要进行英语词汇、英语语法、英语语音的教学。但是很遗憾的是由于 1978 年和 1980 年两份文件大纲的要求与实际教学存在太大的差距所以也没有得以完全实施。在 1982 年，教育部开展了全国性的外语教学工作会议，在颁布的文件中，强调要提高英语教学质量，具有师资条件的中学可以开设英语课程，但是在实际的教学情况中，没有开设小学英语的课程，大多数的学校是在高一才开设英语课程，而且也适当地增加了一些课时。在1982—2001年这个时期，因为社会经济的发展，部分发达地区需要更多的英语人才，所以推动了小学英语的发展，一些地区的小学也开设了英语课程。人民教育出版社为了满足小学英语教学的需求于1991年发布了一本小学英语教材编撰指南，并给很多学校提供了多种小学英语教材。大部分省（区、市）均开设了小学英语课程，有1000万以上的学生开始学习。

（三）2001年后的小学英语课程改革

21世纪后，教育课程又有了新的改革，在小学课程中明确设立英语科目。2001年，小学英语课程在全国范围内的所有县市学校都已经逐步开设。2002年小学英语课程在全国范围内的所有村镇学校都已经逐步开设。而且针对不同地区不同的教学情况，小学英语课程都有不同的教学步骤和教学目标。教育部于2001年颁布的"课程标准"中对于英语教学设定了提高学生英语综合能力的目标。综合能力包括学生的文化意识、价值观、学习策略、情感态度、语言知识、语言能力等。"课程标准"把语言能力划分成9个等级，第一级和第二级是小学生的语言能力标准。但是"课程标准"中对于学生语言能力等级的划分仍需要结合实际的教学情况而定。比如，一些学校在三年级才进行英语教学，那么四年级的学生就必须达到第一级的语言能力标准，六年级的学生就必须达到第二级的语言能力标准。而部分地区在小学无法进行英语教学，那么对这些学生而言就没有英语能力等级的划分。而一些师资条件比较优越的学校在一年级就进行了英语教学，那么对于这些学生就要求达到更高的英语能力标准。

新课改对于小学英语教学有灵活性变更。小学英语课程被划分成三个管理层级，即国家级课程、地方性课程、校本课程。国家级课程要求学校完成既定的英语教育课时、教学目标、教学评价等任务；地方性课程由地方教育部门结合当地教学需求对小学英语课程进行安排；校本课程由学校自行增加教学内容。

纵观我国小学英语课程发展进程，在发达地区，小学英语课程已经全面开展并取得了不错的成效；但是有些地区因为师资不足，限制了其英语课程的发展，可见我国仍然缺乏一个合理有效的课程体系，使全国范围的小学英语课程发展均衡。

二、小学英语课程开设的实际情况

小学英语教学改革有一定成效，但是在实际教学中也存在着一些问题。其中包括英语教学的课时问题，在实际的教学中，很多学校或学生都没有完成国家规定的课时要求。而且城市小学和农村小学的英语教学课时也存在很大的差距。人民教育出版社外语分社社长吴欣在 2011 年发表的《我国小学英语课程与教学改革发展的回顾与反思》一文中指出，比较落后的边远农村地区小学每周最多能进行两节的英语教学，而在比较发达的大中城市，学生每周可以进行 5~6 节的英语教学。在全国范围内的调查中，小学生平均有 2.84 小时的英语教学课时；而在实际的教学中，很多学校只开设了 2 小时的英语教学，甚至有些学校只开设 1 小时的英语教学，但少数学校每周有 6 小时的英语教学，每个班级学生的平均数量是 47.01 名。

如今小学英语课程教学已经普及。但是为了进一步提高小学生的英语水平，在小学教育阶段前即幼儿园阶段，就可以对学生进行简单的英语教学，这样就有利于学生在学习小学英语课程时可以更快地掌握教学的英语知识，提高其英语能力。

随着我国对外交流的日益扩大，外语教育的年龄日益提前。目前，城市已经在所有小学三年级正式开设英语课，有的重点学校更是将英语学习提前到小学一年级。英语教学飞速发展，逐步成为小学中一个仅次于语文、数学的科目。英语有别于中文，缺少一定的语言环境，要学好它，需要长期的努力和坚持。小学生年龄尚小，意志力相对薄弱，遇到困难时容易出现畏难情绪，不利于深层理解学习英语的重要意义。经过一段时间的学习，学生容易形成两极分化，这给班级授课制带来一定的困难。

第四节 国内外小学外语课程比较

一、欧洲学校小学外语课程

欧洲外语课程目标是体现语言的工具性和人文性的本质，着力培养学习者的综合语言素质，把学习者当作社会人，践行"全人"理念，认为语言是用来"成事"和"成人"的，让欧洲更有凝聚力，让"欧洲认同"增强。《欧洲语言共同参考框架：学习、教学、评估》是欧洲理事会制定的关于语言教学、学习及评估的整体指导方针与行动纲领，其作用是为欧洲教学大纲制定、课程纲领绘制、教材编写与选择和考试组织实施提供共同基础，为欧洲的社会、文化、教育做出积极的贡献。欧洲外语教育在于促进全体欧洲人员流动自由，让欧洲人能够有能力应对日益增强的国际流动和更加密切的合作，促进互相理解和宽容，保护和保持欧洲多样语言和多元文化的宝贵财富。

1994年法国参议院文化事务委员会开展法国外语教学情况调查，其调查报告对外语教学发展提出要求：要保证语种的多元化和保障教学的有效性；让青年人多学外语，尊重母语文化，接纳国外文化和注重语言的运用。2006—2007年度，大多数欧洲国家都要求其学生在义务教育阶段至少学习两门外语。2008年《欧洲学校语言教育的关键数据》报告中显示外语教育已经成为义务教育阶段的重要组成部分，几乎所有的欧洲国家都有强制性规定，要求所有儿童在小学教育阶段学习一门外语。而普通中学教育的最低课程要求是强制每个人学习两门外语。1984年至2007年期间，大约有10个欧洲国家提高了学生开始学习外语的年龄要求，至少提前了三年，外语教育日益低齢化。最早的国家，分别在儿童 3 岁和 6 岁时开设外语课程，更多的是要求儿童 7 岁起开始学习外语。外语课程已经成为小学义务教育阶段的重要内容。

欧洲学校外语教育中的另一个显著特点就是语种多样化。欧盟委员会的数据显示，英语是欧洲人学习最广的外语，其次是法语、德语、西班牙语。整体上，有 89% 的学生学习英语，32% 的学生学习法语，18% 的学生学习德语，8% 的学生学习西班牙语。在绝大多数情况下，英语是所有学生必须学习的第一外语，法语是常见的第二强制性外语。在大多数的教育体系中，第一外语学习开始于小学，第二外语学习开始于中学。现代外语教师需要能胜任一种以上的外语教学。对外国语言课程的选择，或规定外语教育应该达到的最低水平，或决定外语教学是否列入必修课的范畴，学校具有一定的自治权。

总之，外语教育在欧洲学校义务教育课程设置中所占比例逐年提高，外语教育呈现出低龄化的趋势和语种多样性的特点。

二、美洲学校小学外语课程

美洲学校，主要以美国和加拿大学校为代表。

美国是世界上最大的移民国家，在小学阶段最常见的外语语种是西班牙语和法语。47% 的公立学校提供初级入门性质的外语语言课程，39% 的公立学校强调听、说、读、写和文化的外语语言核心课程。还有 14% 的课程属于浸入式教学，向学生提供机会发展较高层次目标语言的能力。美国没有国家统一的课程标准。课程标准由各州政府自行确定，而美国的学校教师，对课程的安排也有相对的自主权。受多元化国际竞争的影响，美国于 1994 年开始将外语学习列为基础教育阶段的核心课程和学生的必修基础课。学校和学区通常编写他们自己的外语课程教学方案，大多数方案侧重于教学语言的四种沟通技能：听、说、读、写以及文化。小学生可以根据个人的喜好和兴趣，在教学和师资条件允许的前提下，自由选修学校提供的任何一门外语，而且学校还鼓励学生在中学阶段选修第二乃至第三门外语。

美国外语教学委员会成立于 1967 年，是专门致力于在各级教育层面上推动外语教学与学习的全国性组织，由全美外语教师、外语教学专家及相关教育机构组成的学会。会员多为全美大学及中、小学担任多种语言（英语、西语、法语、德语、阿拉伯语、日语等）教学的外语教师、教授、研究人员等，并包括美国大学理事会、联邦教育部、各州教育主管、各国教育相关机构等政府及民间部门教育单位代表。每年度举行的"全美外语教学学会年会及世界语言博览会"吸引大量来自世界各国的语言教学代表、专家、学者等参加。美国外语教育委员会（ACTFL）1996 年颁布的《外语教学标准：为 21 世纪做准备》中规定了从幼儿园到十二年级的学生（K-12）所需要学习的内容、掌握的交际能力以及应达到的教学目标；强调学生的语言能力的培养，注重学习过程，重视对学生个性化的评价。小学阶段对学生外语水平的评价主要是以口头形式进行，极少做书面测试；中学则是将口头和书面形式结合起来进行评价，但书面测试多采用自由表达的方式进行。针对小学生的语言能力测评是 AAPPL（The ACTFL Assessment of Performance toward Proficiency in Languages）测评，包括人际交流听力及口语考试、陈述性写作考试、阐释性阅读及听力考试。

　　英语是美国人的母语。所以在美国的小学课程计划中的语文课程就是英语课程。美国小学英语课程在整个小学课程教学计划中的地位是至高无上的。根据一年级和四年级两张课程表的分析，其中英语课占用的课时数接近总课时的 40%~50%，无论是一年级还是四年级，每天都有固定的 2 小时时间让学生进行阅读和写作，而且都是安排在每天上午的黄金时段。另外还有近 1 小时的时间分散进行词汇拼写、大声朗读、书本讨论等练习，每次练习时间 15 分钟到 30 分钟不等。也就是说，用于英语学习的时间总计超过了 3 小时。

　　加拿大小学教育注重培养孩子的学习能力和良好的习惯，小学教育理念是就业教育。加拿大是英、法双语国家，魁北克省是法语区，其他地方以英语为主。加拿大官方语言是英语和法语，其政府部门及许多公共服务部门都要求使用英法双语。作为双语国家，必修的第二外语通常从小学开始（除纯法语地区），有英语和法语两种不同语言环境的小学。英语学校的小学生们在四年级的时候开始学习法语，加拿大小学阶段的外语学习主要是法语学习。加拿大小学除了数学外，其他课程没有课本，但每个老师有一套安大略省下发的1~6年级各科的教学大纲，详细地说明了各年级的教学内容和学生要达到的A、B、C、D各级标准。加拿大有一种公立双语学校叫浸透式法语学校，该学校招收非法语家庭的孩子，为学生提供完全的法语环境，不仅仅是法语课上说法语、用法语，就连数学、科学、历史、地理等所有科目都是法语教学。浸透式法语教学中法语的使用呈逐年递减式进行，即1至3年级100%法语教学，之后70%使用法语。9年级50%使用法语，12年级全部是英语。

三、澳洲学校小学外语课程

在语言现状和语言教育上，澳大利亚与美国情况非常相似，就整个社会而言，还是以英语为主要语言的单语社会。澳大利亚一直把外语语言学习列为澳大利亚全国学校教育关键目标之一。澳大利亚教育体系的语言政策呈多样化、多元化态势。其教育委员会1989年在《霍巴特学校教育宣言》中将外语教育视为"达成共识的教育目标"，期望澳洲学生发展除了英语之外的语言知识。1990年澳大利亚政府公布的《非英语语言教学的国家申明》强调了外语语言学习实现的三个"沟通"（即每个人的口头交流、阅读和书面沟通）的重要性。申明强调外语教育应该能够使学生获得适应社会文化环境和学习的技能，使他们适应不同领域中的教学，促进语言兴趣的发展和愉悦的学习；通过介绍其他不同的思考方式和交流方式促进学生概念的发展，增加对澳大利亚英语的意识和知识；增强他们对澳洲多样化社会文化的理解和鉴赏力，发展积极的跨文化的态度和视野，学习欣赏、尊重自己和他人的文化；充分利用校外非英语的环境如工作、教育、培训、旅游、娱乐、社区和家庭开展外语教学。从幼儿园到六年级的基础教育阶段提供持续的外语教育，使学习者能够成为独立的非英语的外语使用者，能够发展有效的听、说、读、写能力。学校要确保高质量的外语教育，使所有的学生有机会在他们整个学习阶段体验持续性的外语教育。

四、中国学校小学外语课程

从我国外语教育政策制定的历史进程来看，其特点是历史性和动态性。我国从秦汉以来，经唐宋到元代初年，一千四百余年间，同外国的交往一直十分密切。在我国，外语教学应该说是远在二千年前早已有之。中华人民共和国成立后至改革开放前，中国的外语教育处于起步阶段，主要采用语法翻译法，教授俄、英、德、法等语言。1985 年前后，直接法、听说法、交际法、沉浸法、暗示法等国外教学法被大量引入中国，外语教学逐渐由读写领先转变为听说领先，注重培养学生的外语交际能力。进入 21 世纪，随着我国经济的迅速发展和信息社会的飞跃进步，尤其是 2001 年我国加入世界贸易组织（WTO）、申奥成功、全国小学普遍开设英语课程，使得我国外语教学改革进入了一个全新的历史时期，外语教育发展也到了一个新的历史时刻。

2001 年秋季开始，我国各小学逐步从三年级开设英语课程，条件较好的地区和学校一年级就开设英语课程。从此，我国义务教育阶段的外语学习主要指英语学习，中国小学外语课程，基本等同于英语课程。进入 21 世纪，中国英语教育政策在注重教育价值和个人价值基础上探索政治价值和社会价值。衡量英语教育政策的核心指标与学习者的需求满足度密切相关。我国基础教育阶段外语课程目标是培养学生的综合人文素养和语言综合能力。2001年版的《英语课程标准》及 2011 年版的《义务教育英语课程标准》所设定的目标为：增强综合语言运用能力、获取知识的能力、分析及解决问题的能力，提高跨文化交际能力，学会自主学习和终身学习；培养学习者的创新精神和实践能力、核心素养和人文素养，帮助学生形成综合语言运用能力。课程目标既强调语言的实践性，也强调语言的素养性。英语课程总目标体现了语言的工具性和人文性的"和合"，体现了现代课程的价值取向是培养一个"完人"，使学生成为"有知识、有文化、有情操"的学习者，注重人的全面发展和终身发展。

我国《课程标准（2011 年版）》的特色是总目标和分级目标构成英语课程目标体系。小学、初中和高中各阶段均有相对应的级别要求。每个级别均从横向维度进行了级别描述，小学毕业为二级要求。具体表现为：对于英语课程保持着一定的兴趣，能够使用英语进行简单的问候，从而了解有关个人、家庭的信息，同时，还能够围绕一些生活话题进行简单叙述。结合相关图片，能够读懂并讲述英语小故事，在教师帮助之下，可以排练英文小短剧，演唱英文歌曲。能够根据相关提示，进行简短描述。在学习过程中保持较高的积极性和主动性。具有良好的感知能力，以及形成良好的学习习惯，乐于了解外国文化和习俗。综上所述，小学英语新课程理念强调小学英语教学要符合学生的生理和心理特点，关注学生的情感，组织生动活泼的学习活动，用艺术的魅力熏陶学生、用活动的形式激励学生，从而激发学生的兴趣；其基本理念可解读为：重视共同基础，构建发展平台；提供多种选择，适应个性需求；优化学习方式，提高自主学习能力；关注学生情感，提高人文素养；完善评价体系，促进学生发展。

第二章　英语课程标准解读

如果教育放弃严格的标准，对于学习所必需的努力不提供有效的鼓励，那么许多人将虚度在学校中的十二年，不过将会发现自己愚昧无知和缺乏基本训练日益处于严重不利的困境。

——［美］巴格莱

在《全日制义务教育课程标准（实验稿）》实施10年之际，2011年12月，教育部正式颁布了《义务教育英语课程标准（2011年版）》，包含了前言、课程目标、分级标准、实施建议和附录部分。

作为我国基础英语教育的政策性文件，英语课程标准是教育决策者管理小学英语教学的指导性原则，对学生需要学习的内容进行了明确的描述，对学习者要达到的目标做出了规定，主要回答了"教什么"和"如何评价教学"这两个问题。

第一节　义务教育阶段英语课程标准的目标解读

一、总目标

《课程标准（2011年版）》明确规定了义务教育阶段英语课程的总目标是：通过英语学习使学生形成初步的综合语言运用能力，促进心智发展，提高综合人文素养。其中，综合语言运用能力包含五个维度要素：语言技能、语言知识、情感态度、学习策略和文化意识。

《课程标准（2011年版）》提供了英语课程目标的总体框架，体现了语言知识与语言技能并重与有机结合，语言目标与非语言目标以及过程目标与结果目标并重的特点。课程目标的设计就是让学生通过英语学习，能够初步运用所学语言知识和语言技能，形成初步与他人进行沟通交流的能力，促进认知和思维能力的发展，学习和了解各种科学文化知识。学生也要在学习过程中发展学习策略、发展和形成积极主动的情感态度，增强对异国文化的认识和敏感度，加强对祖国文化的了解、认同和传播，全面提高综合人文素养。小学英语课程既是一门语言课程，又是一门基础文化课程，也是国民素质教育课程。除了发展学生的英语语言能力，英语课程还有责任和义务为发展学生健全的人格、进行情感教育和培养学生终身学习能力等方面做出应有的贡献。《课程标准（2011年版）》突出了英语课程的工具性和人文性的统一，体现了英语课程作为国民素质教育课程对学生发展的意义和价值。

五个维度要素之间的关系是：语言技能和语言知识是综合语言运用能力的基础；文化意识有利于正确地理解语言和得体地使用语言；有效的学习策略有利于提高学习效率和发展自主学习能力；积极的情感态度有利于促进主动学习和持续发展。这五方面有机联系，相辅相成，没有明显的先后顺序，共同促进学生综合语言运用能力的形成和发展。简言之，学生借助一定的控制手段，能够熟练地把语言知识恰当地用来完成真实世界的交际任务。充分理解这五个要素的内涵及其之间的关系对于英语课程教学具有重要意义。

二、分级目标

在英语课程九级目标体系中，一至五级为义务教育阶段的目标要求，二级为小学毕业时应达到的基本要求。义务教育阶段英语课程分级目标从语言技能、语言知识、情感态度、学习策略和文化意识五个方面总体概述了一至五级中各个级别综合语言运用能力的综合行为表现。

一、二级目标涉及五个目标要素，在目标上呈整体的递进关系，有利于指导日常按级别教学和实施分级评价。一级目标是小学三、四年级（低段）

应完成的目标要求，该阶段的小学英语课程重点是激发和培养学生学习英语的兴趣和爱好。二级目标是小学五、六年级（高段）应完成的目标要求，该阶段的小学英语课程在总目标五个维度的基础上要求较一级目标要有整体提升，继续激发和保持学生学习英语的兴趣，在"说、演、写"的能力要求方面更明确和具体，强调学习习惯的培养。

表2-1 一、二级分级目标描述

级别	目标描述	级别	目标描述
一级	对英语有好奇心，喜欢听他人说英语。 能根据教师的简单指令做动作、做游戏、做事情（如涂颜色、连线），能做简单的角色表演，能唱简单的英文歌曲，能说简单的英语歌谣。能在图片的帮助下听懂和读懂简单的小故事，能交换简单的个人信息，表达简单的感觉和情感，能模仿范例再写词句。 在学习中乐于模仿，敢于表达，对英语有一定的感知能力。 对学习中接触的外国文化习俗感兴趣。	二级	对继续学习英语有兴趣。 能用简单的英语互致问候，交换有关个人、家庭和朋友的简单信息，并能就日常生活话题做简短叙述；能在图片的帮助下听懂、读懂并讲述简单的故事；能在教师的帮助下表演小故事或小短剧，演唱简单的英语歌曲和歌谣；能根据图片、词语或例句的提示，写出简短的描述。 在学习中乐于参与、积极合作、主动请教，初步形成对英语的感知能力和良好的学习习惯。 乐于了解外国文化和习俗。

三、分级标准

分级标准是对总目标和分级目标的进一步细化，是构成总目标的五个维度要素在各个级别需要达到的具体目标要求的描述。可以说，分级标准既是英语教学的内容，也是英语教学的具体目标，分级标准由低级别向高级别发展，高级别标准自动涵盖低级别标准的要求，因此分级标准之间是递进和涵盖的关系。该部分的描述以"能"字为先，力求体现"能用英语做事情"的英语教学理念，凸显出英语的工具性、实践性和应用性。《课程标准（2011年版）》对语言技能按一至五级来逐级描述目标要求，对语言知识、情感态度、学习策略和文化意识只列出了二级和五级的目标要求。二级为小学毕业的要求，五级是初中毕业的要求。

在理解一、二级标准时，教师应注意以下五方面：

第一，以听、说、读、写为基本的四项语言技能以及综合运用这四项技能的能力，是人们运用语言进行交际活动必不可少的语言交际能力的重要组成部分。听和读是语言理解的技能，说和写是语言生成的技能。语言的学习过程是一个有序的过程，信息的输出必须以一定量的信息输入为基础。一级标准中的"听做、说唱、玩演、读写、视听"和二级标准中的"听、说、读、写、玩演视听"等标准体现出的充分考虑在英语学习中调动各种感官和智能的思想，更符合儿童的兴趣和对语言的运用形式。

表2-2 （义务教育阶段）分级标准框架

五维要素	一级	二级	三级	四级	五级
语言技能	√	√		√	√
语言知识		√			√
情感态度		√			√
学习策略		√			√
文化意识		√			√

第二，《课程标准（2011年版）》中语言知识包括语音、词汇、语法、功能和话题。语言知识是语言运用能力的重要组成部分，是发展语言技能的重要基础。英语语言知识包括静态的描述性知识和动态的程序性知识。学习和掌握语言知识不仅仅是为了储备语言知识，其最终目的是将所学习和掌握的语言知识运用于语言实践之中，以达到培养学生综合语言运用能力的目的。《课程标准（2011年版）》正是从语言运用的角度来描述语言知识分级标准中的各项具体目标要求。《课程标准（2011年版）》吸收了现代语言教学研究的新成果，把功能和话题纳入了语言知识的范围，扩大了语言教学的内涵，只有当人们既掌握语音、词汇和语法，又具有语言功能和话题方面的知识时，才能得体有效地运用语言。

第三，《课程标准（2011年版）》中情感态度指兴趣、动机、自信、意志和合作精神等影响学生学习过程和学习效果的相关因素以及在学习过程中逐渐形成的祖国意识和国际视野。英语作为一种人类的自然语言，在实现人际交往功能时，与情感态度有着密切的关系。情感态度对语言学习的结果有重要的影响，保持积极的态度是英语学习成功的关键。教师应在教学中不断激发并强化学生的兴趣，并引导学生逐渐将兴趣转化为稳定的学习动机。动机是为学习者提供动力和指引方向的一系列因素，包括内在动机和外在动机。内在动机指来自学习者对某一学习内容或学习任务的浓厚兴趣，是语言学习取得长远成就的重要前提。学习外语还需要有较强的自信心和克服困难的意志，外语学习活动还需要学生相互合作，以增加学习的机会和拓展学习资源。积极向上的情感态度本身就是学生全面发展的一个重要素养，因此，培养学生的祖国意识和国际视野也是当今小学英语课程应当承担的义务和责任。

第四，《课程标准（2011 年版）》中学习策略指学生为了有效地学习和使用英语而采取的各种行动的步骤以及指导这些行动和步骤的信念。使用学习策略能够提高英语学习的效果，发展学习策略有利于学生形成自主学习能力，学习策略与教学策略相互促进。英语学习策略包括认知策略、调控策略、交际策略和资源策略等。认知策略指学生为了完成具体学习任务而采取的步骤和方法；调控策略指学生对学习加以计划、实施、反思、评价和调整的行动和步骤；交际策略是学生为了争取更多的交际机会、维持交际以及提高交际效果而采取的行动；资源策略是学生合理并有效利用多种媒体进行学习和运用英语的方式和方法。《课程标准（2011 年版）》中列举的小学阶段学生使用的策略多为一些较为简单和具体的策略。

第五，《课程标准（2011 年版）》指出，在外语教学中，文化是指所学语言国家的历史地理、风土人情、传统习俗、生活方式、行为规范、文学艺术、价值观念等。语言与文化的关系密不可分，语言有着丰富的文化内涵，文化意识目标层次包含了知道和了解中外文化知识，在此基础上形成一种对中外文化差异表示理解的积极包容的态度，进而在跨文化交际中不断增强对中外文化差异的敏感性以及提升跨文化意识，不断地归纳和掌握处理跨文化交际中中外文化冲突的规则，并且在言语交际中上升为一种解决问题的交际能力。接触和了解英语国家文化有益于加深对英语语言的理解和得体地使用，在进行两种文化对比时，也能提高学生对本国文化的敏感性，加深对本国文化的理解与认识，同时有利于培养学生的"世界公民"意识。

第二节　英语课程标准一、二级五维目标解读

一、语言技能目标解读

听和读是言语理解过程，属于领会式掌握语言，是语言输入的技能；说和写是言语表达的过程，属于复用式、活用式掌握语言，是语言输出的技能。口语包含听和说的过程，笔语包含读和写的过程。

语言能力的形成需要长期大量的积累、练习和实践运用。根据小学英语教学目的和任务，小学英语教学应采用分年段培养听、说、读、写的模式。在低年段以培养听说能力、朗读能力和基本书写技能为主，高年段采用听、说、读、写基本技能齐头并进的培养模式。

语言输入是语言输出的基础。"输入"指接触语言现象，体验、感受和理解语言现象；"输出"指实践和运用语言现象。学生英语语言技能的形成遵循"大量输入，少量小步输出"的规律。在小学英语教学中，新授课中从新知呈现、操练到运用，一个单元的教学安排从新授课到复习课，实际都是遵循从语言输入到输出的过程。在小学阶段，英语教学应让学生通过接触、感知、理解、提炼和运用等环节，在输入到输出的过程中逐步内化语言知识，在用语言技能听、说、读、写做事情的过程中发展听、说、读、写的技能，实现五维目标中的语言技能目标。

语言技能教学中，教师应明确技能教学目的，规划基本技能培养项目，提供大量的专项和综合性语言实践活动，优化教学资源，可采用强调学习过

程的 PWP 教学模式，即把学习过程划分为 Pre-Learning（学习前），While-Learning（学习中）和 Post-Learning（学习后）三个阶段，如阅读教学中的 PWP 过程包括 Pre-reading（读前），While-reading（读中）和 Post-reading（读后）三个阶段。教师可运用上述教学模式设计和实施有效的教学活动，在教学活动各个环节发挥恰当的教学指导作用，促进学生形成综合语言运用能力，为真实语言交际打基础．

二、语言知识目标解读

英语语言知识是综合语言能力的有机组成部分。在义务教育阶段，学生应该掌握的英语语言基础知识包括语音、词汇、语法以及用于表达的常见话题和功能的语言形式等。语言是一种符号系统，包括语音系统、词汇系统、语法系统、语用系统和意义系统等。语音、词汇和语法是语言的三要素。

（一）语音

语音教学是语言教学的重要内容之一。著名语言学家沃德霍曾说："语言作为一种交流工具，是有声的。"语音是语言的物质外壳，如果没有"音"这一要素的存在，语言的交际作用将受到极大的限制。人们常说："英语好不好，开口就知道。"因此学好语音是学好英语的基础，更是言语交际活动的需要。

从英语学习开始，就应该严格要求学生训练语音和语调，培养语感和语音意识，养成良好的发音习惯，为有效的口语交际打下良好的基础。要培养学生的语音意识，就有必要规划小学阶段总体语音教学目标：能够区分单词的音节；能够识别单词的组成；能够区分语音的表意功能；能够根据国际音标朗读单词；能够根据拼读规则朗读单词；交际中能够做到语音清楚、语调达意。良好的语音习惯和能力的形成并非一蹴而就，小学英语语音学习目标可分阶段培养：第一阶段学习英文字母读音，国际音标的读音，基本的拼读规则；第二阶段学习重音、连读、送气减弱、节奏、押韵、基本语调；第三阶段学习交际中正确使用语音、语调、节奏等。

在英语教学起始阶段，语音教学主要通过示范和模仿来进行。教师应带领学生进行大量的听力输入练习，让学生认真倾听、反复用心模仿，教学中除了示范与讲解外还要为学生提供充分的实践机会，帮助学生养成良好的发音习惯。三年级开始学习英语，可以利用拼音的正迁移来进行直拼法教学，强化英语辅音教学，提高学生的拼读能力。但是，如果在拼读中出现汉语拼音负迁移，则应明确制约。带有节奏和旋律的英语歌曲、歌谣、韵句，朗朗上口，易于激发学生的学习兴趣，辅助拼读规则教学利于帮助学生形成长时记忆。

语音教学应注重语义与语境、语调与语流相结合，不要单纯追求单音的准确性。在小学阶段，学生应了解语音在交际中能表达不同的意图和态度。英语是全球使用最广泛的语言之一，英国、美国、加拿大、澳大利亚等是主要的英语国家。英语有不同的口音，如英国口音、美国口音等。教学中，应凸显教师的引导，根据教材蓝本，让学生在基本掌握一种口音的基础上，适当接触不同的口音，提高在实际交际中理解不同口音的能力。

（二）词汇

语言学家威尔金斯说："没有语法，我们可以表达的东西寥寥无几；没有词汇，我们什么都无法表达。"词汇教学贯穿小学英语教学的始终，理解、运用和积累词汇是语言能力的重要组成部分。

在实际生活中，人们运用词汇常常涉及不同的需求：听力需求、口头表达需求、阅读需求以及拼写运用需求，因此对词汇的学习常常包括会"听、说、读、写"。值得注意的是，小学阶段的英语教学并非对所有词汇都要求或同步要求"四会"。鲁子问教授指出，小学阶段需要的理解词汇量分为用于阅读的 700 个单词和用于听力的 500 个单词；运用词汇量分为用于口头表达的 400 个单词和用于笔头表达的 200 个单词。我们不能用叠加以上数字的方式计算小学阶段需要学习的词汇量，因为这四种不同使用需求词汇之间存在包含与被包含的关系。这正是小学阶段对词汇学习有不同要求的具体体现。

词汇教学要关注词汇三要素：音、义、形。由于汉语是表意文字，英语是表音文字，两种语言在语音符号的组合和运用方式、构词方法和词的形态变化等方面存在差异，英语单词的词类、词的前后缀、词的发音和拼写等词汇信息都是小学生学习英语词汇的困难内容。作为交际工具的语言首先是有声语言，语音是语言存在的本质和基础。学习单词就要能读出其基本读音，并且能听懂这个单词的多种读音。词义指词汇的语义，是学生要掌握的所学单词的含义和意义，它与具体的语境相联系。词形就是词汇的拼写形式，它与语音是词汇的外在形式。

词汇的学习应以运用为目的。词汇教学应采用多种方式真实呈现词汇，实施音、义、形和用"四位一体"。小学英语应促进学生思维能力的进一步发展，词汇的语义不是由拼写形式决定的，而是由使用的语境决定，因此教学词汇时应在语境中完整呈现读音、词义、词形、语用；在语境中用不同语音、语调、情感、动作反复呈现，要求学生模仿；在生活相关话题中扩展呈现；通过多种形式的操练，如听和看实物或图片、跟读、朗读、新旧同搭配，加深对词汇的理解。英语词汇教学不是孤立的单词教学，小学英语词汇教学应遵循词不离句原则，单词只有在形成短语和句子以后才能实现它的交际功能。为降低语言难度，在学习新词汇时，可采用旧句套新词的方法；在学习新句时，可采用新句套旧词的方法。

（三）语法教学

语法能力是交际能力的组成部分，语法教学是语言教学不可或缺的内容。《课程标准（2011年版）》强调在语言实践中运用语法知识；强调语法的功能，而不是语法形式本身；强调在具体语境中理解并在实际运用中体会语法项目的表意功能。语法项目及其规则是静态的知识，是帮助实现交际的手段。在动态和开放的交际活动中运用语法知识，才能真正实现对语言规则的创造性使用。

语法教学可遵循"意义领先（meaning）、把握形式（form）、聚焦语用（use）"的原则，即在语境中让学生理解语法知识的意义和用法，在实际运用中体会语法知识的表意功能。语法知识往往比较抽象，在学习语法项目的时候，可先让学生在充分的语言接触中感知、体验和探索发现之后再适当讲解，便于学生掌握语言的形式和意义，同时学生更应该清楚形式的运用，实现语法的交际意义。对小学语法教学而言，适当提醒、点到为止即可，不要过多增加学生的理解负担。在学习过程中，除了随时给学生指出遇到的语法现象外，还应通过学习策略的指导，帮助学生适时梳理，进行归纳总结，将零散的知识系统化，增强语法知识的适用性。

一般来说，年龄越小则越可能适合隐性语法教学和语法习得，越可能依赖于直接的语言接触，越可能喜欢生动的图画、色彩、动作等教学手段，越擅长记忆背诵、直觉等学习途径。在小学阶段的英语教学中，尽量不采用翻译方法学习语法，可以多采用看图说话、看图写话、情境表演等更符合学生心理和年龄特征、兴趣以及语言学习方法的方式。语法知识具有封闭性，其准确性需要一定的机械训练，但纯粹的机械训练无法促成语言运用能力，因此有语境的机械训练是达成语法终极目标的过渡。语法教学的终极目标正是能够在真实情境中正确恰当地运用语法知识，其语言形式能够符合相应语境并准确表达出其要表达的意义。

三、情感态度目标解读

3~6 年级情感态度的目标主要是培养学生对英语和英语学习的积极态度以及逐步增强兴趣。具体而言，要着重培养学生敢于开口、积极参与的学习态度，其他方面的情感态度渗透到平时的教学之中。这一阶段，关键是让学生体会学习英语的乐趣，使英语学习成为低龄儿童心智发展的一部分，而不宜过多强调学习英语的实际作用，不要过于强调英语的工具性。

兴趣是人认识某种事物或从事某种活动的心理倾向。学习外语，兴趣第一，对儿童而言更是如此。就兴趣而言，可以采用"以学定教"的原则：在低段（3~4年级），教师可运用歌曲、游戏、小诗、表演、TPR（全身反应法，Total Physical Response）活动等激发学生的学习兴趣；到了高段（5~6年级），教师则可采用分层教学的方式，让学生体验成功，保持学习兴趣。

动机是由一种目标或对象所引导、激发和维持个体活动的内在心理过程或使学习者产生一种内在驱动力。新课程理念提出针对不同层次学生的具体情况，分层制定出不同程度的学习目标，使每个学生都能在原有的基础上获得发展，感受成功，使学习者能产生从"我要学"到"我想学"的内在心理变化和学习英语的内在动机。

自信心是指个体对自身成功应付特定情境的能力的估价。意志指决定达到某种目的而产生的心理状态。对小学生而言，英语是一种全新的语言，在初学阶段或多或少都会遇到困难。因此，学习者一开始就要树立"我能学好英语"的信心和具有克服学习困难的意志。学生的自信来源于自主学习的成功体验，教师的引导、帮助和肯定以及与同伴合作学习中的积极感受。教师可以利用教材或课外阅读中的学习材料引导和培养学生的意志以及克服畏难情绪等。教师要准确把握学情，充分了解学生的最近发展区和发展需求，合理制定教学目标、选择教学方法和设计教学活动，落实"以生为本"的理念。不求人人高分，但求人人进步。让每一个学生在自己原有的基础上取得进步，不断增强信心，逐步克服困难和心理障碍，树立"我能学好英语"的信心和决心。

合作与竞争的精神和能力是当今社会对人才的素质需求。合作精神是指个体对共同行动及其行为规则的认知与情感。英语是一种语言，只有通过语言实践，才能学好语言，同伴合作交流可以提供更多的学习机会。在英语课堂上有许多需要学生相互合作以及分组竞争的活动。英语课堂上的小组合作学习模式可以采用4人或6~8人为小组单位，以自主学习为基础，以优带差为途径，根据小组情况布置差异化的任务分层突破，实现学习机会均等，拓展学习资源，提高学习效率与效果。

祖国意识指了解祖国、热爱祖国、为祖国的发展做贡献的精神等情感因素，国际视野指胸怀全人类共同发展的精神。我们有责任在教学中向学生渗透这样的意识：在学好中国文化的基础上学好英语，用英语将中国文化的精髓展示给世界。

培养和发展学生积极的情感态度，需要教师建立和谐的师生关系和课堂氛围，帮助学生克服情感态度方面的困难；认真解读教材，努力发掘教材中涉及情感态度方面的教育点，在教学中潜移默化地进行渗透和引导。俗话说能做到言传身教才是最好的老师，因此这种渗透和引导可以体现为显性教学（言传）和隐性教学（身教）。教师应注意不要将个人观点强加给学生，而应采用能激发情感共鸣的活动和方式。

四、学习策略目标解读

英语学习是一种语言学习。三年级开始学习英语时，学生对于汉语的使用已经很熟练，尤其在听说方面，汉语的影响是很难根除的。汉语和英语语言在语音、词汇、句法、篇章结构、思维方式等方面都存在差异，这些不同往往是英语学习过程中的困难点，易让学生产生畏难情绪。因此，教师要对学习策略有充分的认识，意识到使用学习策略对提高学习效果的意义，整体规划小学阶段的英语学习策略发展。在教学中有意识地渗透学习策略使用的训练，利用学生母语学习的经验，帮助学生根据自己的学习风格形成学习和使用语言的有效策略，培养学生的自主学习能力。

嵌入式和独立式是两种主要的学习策略培养方法。嵌入式策略教学指在语言教学过程之中进行策略培训，即在日常英语教学活动中渗透学习策略的培养，是小学阶段英语教学中比较适宜采取的学习策略培养方式。教师可以设计小组合作学习活动，通过异质分组完成，为学生创造在合作学习过程中自然感受和交流学习策略的时机。教师要善于观察学生的学习策略，以合作伙伴或朋友的身份与学生交流，为学生提供必要的指导和咨询，但不要轻易否定学生的学习策略，更不能打击学生的积极性，避免给学生造成"我说的都是对的"这种印象。教师还应把握和利用教材中体现的学习策略和示范学习策略来培养学生使用学习策略的意识。

小学阶段特别强调通过引导学生感知不同学习方法和技巧的作用，培养学生英语的感知能力和良好的语言学习习惯，使之成为有效的语言学习者。学习策略培养的主要方法是与平时的课堂教学结合，把策略学习渗透在平时的课堂教学之中。常见的课堂教学中的策略培养活动有：有声思维，图、表填写，匹配，讨论，角色扮演，发现活动，问题解决等。

五、文化意识目标解读

我国学者胡文仲指出："文化意识就是人们对于文化的一种自觉的能动的认识活动，是人们在学习语言的过程中同时领悟文化的内涵和接受文化的熏陶，并潜移默化地内化为一种追求的情感。"外语学习离不开对所学语言代表和负载的文化的了解，如果认为学习外语仅仅就是记单词，背语法，掌握听、说、读、写技能，那是不可能真正学好、用好外语的。

小学阶段的文化教学至少应该包括文化知识的传授以及跨文化意识与能力的培养。在英语教学中，文化知识的传授主要以导入文化内容的形式进行，也称文化导入。人类文化知识如此丰富，小学英语课堂上的文化知识内容应以每个国家的主流文化为主，并与小学生的生活息息相关。小学英语要在文化知识传授的基础上，对学生开展跨文化教育，引导学生形成积极、开放、合理的跨文化态度，因此，在教学中可以把文化知识传授和跨文化教育结合起来。

（一）注释与讲解

对教材中造成学生理解困难或引起理解偏差的涉及具有文化特性的内容，教师可以采用加注释和讲解的方法。这种方法针对性强，适用于各个阶段的各种语言材料，但这种随遇随讲的方式会使文化知识显得零散，不易形成系统知识。教师应挖掘教材文本中的文化内涵，确定文化意识目标，开展文化教育活动。有一些教材专门设计了跨文化知识板块，教师更应该认真组织跨文化教育。

（二）比较与融合

在教学中直接对比本国文化和主要英语国家文化，发现文化之间的异同是十分重要且有效的手段，有利于加深对中、外文化的理解，提高对文化差异的敏感性，培养文化意识。这些比较活动可以采用语言与文化相融合的形式，比如，春节和圣诞节的对比，可以利用讨论、做海报宣传等方式进行。

（三）融入与渗透

直接把外国（中国）文化内容作为语言教学材料，或者把外国（中国）文化中具有文化特异性的内容直接编成教材开设课程，介绍异国的习俗、掌故、历史、风土人情等。但这种方法存在三个难点：一是选材得当才能提高学生学习英语的兴趣；二是在小学阶段，如何兼顾文化内容与语言难度的问题；三是现行小学英语教学实际中的课时如何能实现开设一门文化课程的问题。英语教师在英语课堂中本身就是一名文化使者，教师的言行无不渗透着两种文化的交融，比如，请学生回答问题或回答结束之后，老师常常会使用的"Please"和"Thank you"就是一种跨文化教育。

（四）实践与体验

学习和了解异国文化可以通过听、说、读、写、观察，观看影视节目，阅读英语报纸杂志和文学作品等具体语言实践方式，因为这些语言实践活动需要多种感官参与，学生会有比较直观和深刻的感知或反思。教师还可以在充分考虑学生的语言水平和认知能力基础上开展课堂内外活动，让学生直接参与，亲身体验跨文化教育活动。

第三章　小学英语教学概述

世界上没有才能的人是没有的。问题在于教育者要去发现每一位学生的禀赋、兴趣、爱好和特长，为他们的表现和发展提供充分的条件和正确引导。

——［苏联］苏霍姆林斯基

小学英语教学承担了培养学生使用英语工具的能力和综合人文素养的双用任务。工具性和人文性覆盖了课程标准规定的 5 个方面和 9 个级别的课程目标。掌握小学阶段的一、二级课程目标之间的区别和联系以及教学目标的层级性，对于课程目标的有效达成十分重要。小学英语教学应在教学对象定位、发挥语境的作用、处理教材和语言输入形式等方面遵循一定的原则。小学英语教学方法的选择必须遵循小学生语言学习的规律，这些规律主要包括对母语习得的借鉴、输入输出对语言学习的作用、学习者个体差异及学习动机等方面。

第一节　小学英语教学的任务与目标

一、小学英语教学的任务

《课程标准（2011 年版）》明确了义务教育阶段英语教学的工具性和人文性双重性质，因此小学英语教学的根本任务就是培养小学生使用英语工具的能力和提升其综合人文素养。

（一）培养小学生使用英语工具的能力

英语是一门国际语言，英语教学的使命之一就是要培养能够使用英语工具进行有关科学、文化、生活交流的人才。由于小学英语是英语学习的启蒙阶段，因此课程目标中要求学生使用英语进行交流的语言功能和话题都是基础性的。例如，二级课程目标规定的语言功能目标就包括"问候、介绍、告别、请求、邀请、致谢、道歉、情感、喜好、建议、祝愿"等基础性功能，规定的话题也是常见的简单话题，如"个人情况、家庭与朋友、身体与健康、学校与日常生活、文体活动、节假日、饮食、服装、季节与天气、颜色、动物等"。

要对"培养小学生英语工具使用能力"准确理解，还需要考虑小学英语在整个英语学习过程中的阶段性问题，小学英语教学阶段应让小学生有足够的英语使用体验，并通过英语技能训练，使其掌握英语的基本语法、词汇规则（如名词单复数、动词第三人称单数形式）和日常用语表达，为中学英语的学习奠定坚实的基础。

（二）培养小学生的综合人文素养

小学英语教学的另一重要任务是培养小学生综合人文素养，即学生在视野、创新能力、品格、文化、人生观和价值观等方面的素养。例如，培养小学生文化意识的具体教学目标就可能涉及：了解汉堡是来自西方的食物；知道西方人接受礼物时会当面打开，并立即表达感谢；了解西方人平时吃饭用刀叉，而不是筷子。

综合人文素养的培养，不但基于学习内容，也体现在学习过程中。例如，以下学习过程都是培养人文素养的体现：小学生在学习过程中体会到成就感，增强了信心；在课堂竞赛或课堂表演中增强了团队意识；在碰到英语问题时，学会了向老师、同学或家长求助。因此，小学英语教学要重视学生的学习过程，引导学生通过体验、实践、参与、探究和合作等方式，既牢固地掌握英语知识和技能，又能促进其在问题解决、学习兴趣、价值观、团队精神、学习策略等诸多方面有所提升。

二、小学英语教学的目标

（一）小学阶段课程目标及内部关系

1.语言技能目标

一、二级目标在语言技能标准的表述上既有联系，又有差别，如下表：

一级	听做	说唱	玩演	读写	视听
二级	听	说	读	写	玩演视听

表中显示，一级目标中的"听做"和"说唱"到二级目标后就直接被表述为"听"和"说"两类独立的技能。这是由于小学生早期英语学习有一个沉默期，在这个时期主要通过听来积累，因而听做是检验和巩固听力的有效教学手段。同时，"做"和"唱"的要求也更符合小学中低段孩子的学习特点。因此在达成一级目标的教学中，应更注重以唱和做等活动性强的方式来激发学生的学习兴趣，而不需要对单纯的"说"提出具体的目标要求。在读写方面，一级目标要求也是非常基础性的，例如，在写方面仅要求"能模仿范例书写词句"，而二级会要求根据提示"写出简短的语句"。总之，一、二级课程目标的关系体现了教学逐渐增大难度、循序渐进的原则。

2.语言知识目标

一级课程目标并没有对语言知识提出具体的要求，二级课程目标则在语音、词汇、语法、功能和话题等方面提出明确的要求。这说明在语言方面，一级目标主要关注的是语言技能，二级目标则是技能与知识并用。虽然二级对知识目标有明确要求，但这些知识目标要求都是基础性的。例如，在语法方面，只要求掌握一般现在时、现在进行时、一般过去时和一般将来时；在语言功能方面，只要求掌握问候、告别、请求、喜好等日常交际常用的基本功能。语言知识目标的实现应以语言技能训练为基础，在对学生语言技能有足够训练的同时，还应引导他们对语言知识进行归纳性和总结性的学习。

3. 情感态度目标

在情感态度方面，一级课程目标主要强调激发学生的好奇心和兴趣；二级课程目标则有更多的要求，如表达自信、参与积极性及合作精神等。因此，在一级目标达成阶段，应激发学生对英语的"新鲜感"，培养他们对英语课的喜爱之情；在二级目标达成阶段，教学应在一级兴趣目标达成的基础上，鼓励学生大胆尝试、不惧困难，要让小学生乐于合作、增强小组配合意识。

4. 学习策略目标

一级课程目标未对学习策略提出要求，而二级课程目标则在学习方法、计划和管理、注意力、获取帮助等方面提出了要求。因此，我们在以二级为目标进行教学时，要引导小学生关注如何学习的问题，在学习过程中，学生不应该仅仅是教师计划的被动执行者，而应该学会对学习过程和方法进行反思、总结和计划，并有意识地将有效的学习方法付诸行动。

5. 文化意识目标

一级课程目标中关于文化意识的要求仅是"对所接触的外国文化感兴趣"，而二级目标不仅仅停留在"兴趣"上的要求，还规定了需要掌握的文化内容的具体类别，大致包括两方面：一是英语国家的常识性文化知识，如首都、国旗、标志物、节日、常见食品、礼仪等；二是使用符合文化语境的表达，即学生要知道在什么情景下说什么话是合适的。例如，当别人用英语赞扬的时候，学生要知道表达谢意，而不是表达谦虚；在路上遇到熟人打招呼时，可使用"How are you (doing)"，而不是"Where are you going"或者"Have you had your meal"。语用是和文化场景紧密联系的，我们的教学就要让学生意识到一种文化中恰当的表达在另外一种文化中就可能不恰当了，因而在语言选择上需要做出恰当的调整。

（二）教学目标的层级

小学英语教学目标是义务教育英语课程目标的细节性分解，是联系课程目标和教学活动的关键环节，其内容应与课程目标相对应。一方面，教学目

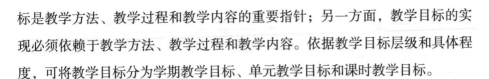

标是教学方法、教学过程和教学内容的重要指针；另一方面，教学目标的实现必须依赖于教学方法、教学过程和教学内容。依据教学目标层级和具体程度，可将教学目标分为学期教学目标、单元教学目标和课时教学目标。

1. 学期教学目标

学期教学目标是为学生一学期所要取得的学习成果设定的学习要求。教师在设定学期教学目标时，应符合课程目标所规定的等级和维度，以下为学期教学目标案例：

人教版小学英语（义务教育教科书）五年级上册教学目标

（1）能听、说、读、写92个单词或短语以及13组句子和9个单句，要求能在真实语境中使用，并能读懂简短语篇；

（2）能听、说、认读16个单词；

（3）能学会6个手工制作；

（4）能听懂、会唱8首歌曲；

（5）能听懂、会吟唱12首歌谣；

（6）能完成6个自我评价活动；

（7）能理解6个幽默小故事；

（8）能了解6项简单的中西方文化知识。

以上教学目标基于课程标准，结合教材内容进行设定。五年级属于二级目标学习阶段，所以目标（1）符合二级课程目标中的"能用简单的英语互致问候，交换有关个人、家庭和朋友的简单信息"的要求；目标（4）（5）符合二级课程目标中的关于歌曲和歌谣的要求；目标（6）符合二级课程目标中关于情感态度和学习策略的有关要求；目标（7）符合二级课程目标中关于"能在图片的帮助下听懂、读懂并讲述简单的故事"的要求；目标（8）符合二级课程目标中的有关了解外国文化习俗的要求。

2. 单元和课时教学目标

单元教学目标是把一个单元作为整体而设定的目标，是对学期教学目标的进一步分解。单元教学目标具有一定的综合性，应体现语言知识和语言技能、单一技能与多项技能的联系。课时教学目标是在单元教学目标指导下对一节课所要取得的学习成果的要求。由于课时教学目标与教学活动直接发生联系，因而是落实单元教学目标的手段。在本书后面的章节会有具体的单元和课时教学目标案例。

第二节　小学阶段英语教学的目的

小学英语教学是启蒙、入门阶段的教学。作为一门基础学科，小学英语教学要达到四个目的：语言教学目的，思想情感教育目的，智力发展目的，激发学习兴趣、培养良好的学习习惯目的。

一、语言教学

通过以听、说为主，读、写相辅的基本训练，学生可以获得一些最简单、最基本的语言知识和言语技能。小学英语的语言知识包括了字母、笔顺、基本语音语调的模仿、日常用语词汇和拼写。言语技能的获得需要教师在教学的过程中创设较真实的言语交际情景，建立愉快的学习心理气氛，形成交际信息差。情景的设置要注意以小学生已有的经验为基础，以一日生活和周围的环境为主线，低龄段采用儿歌、歌曲、游戏、童话、漫画等多种形式来表现英语教学内容。中高年龄段在此基础上逐渐转移为以情景对话、连环画、押韵小诗、语言游戏等形式来表现英语教学内容。把英语语言形式、语言内容、语言运用有机地结合在一起，使小学生在多种形式的内容配合、多种教学活动的过程中，将直接感受的经验转化为习得语言。

二、思想品德、情感教育

培养人的道德品质是教育的中心任务。英语教学应遵循语言教育规律，寓思想教育于语言教育之中，使学生通过语言知识、技能学习训练，其思想情感、道德品质也受到潜移默化的熏陶。

小学英语教材应多为生活会话、幽默小故事、连环漫画、儿歌、游戏等，从中透示出寓意、告诫、教训及哲理。艺术的语言以其形象和具体性影响孩子们，激发他们尊敬诚实、正直的人，蔑视一切虚伪、自私的行为，培养并发展学生坚毅、虚心、文明礼貌的优良品质。

教师在教学的过程中，要积极主动地利用语言材料，通过大量的言语活动（其中包括了对话、游戏和角色扮演等）培养学生良好的礼貌习惯、言语的文明和与他人交往的能力。此外，教师在教学中，还应注意培养学生的思考与鉴别能力，使他们长大后成为遵纪守法的公民。随着社会各方面信息源的日增，在英语教学中对学生开展思想道德品质教育和审美教育，具有十分深远的意义。

三、智力发展

我们要在听、说、读、写的训练和语言知识的教学过程中，发展学生的智力，使学生的个性获得健康和谐的发展。

思维是对客观事物的概括和间接的反映过程，它以感知为基础又超越感知的界限，它反映客观事物的内部联系和规律性，是认识活动的高级阶段。间接性和概括性是人的思维过程的重要特征，思维和语言是密切联系着的，语言是人与人之间交际的工具，人们用语言来交流思想；同时语言也是正常人用来进行思维的工具，但思维和语言又不能等同，思维作为客观现实的反映是观念性的东西，而语言则是思维的物质外壳，同一思想可用不同的词句来表达。

儿童的思维发展大体上经历从动作思维、具体形象思维到抽象逻辑思维的过程。英语作为一门学科具有区别于其他学科的自身特点，它不但负有提高学生思维能力的使命，而且还担负着改造学生思维方式的使命。

教师在教学中通过对学生的观察、记忆、分析、综合、比较、抽象与概括能力的培养，以达到提高学生思维能力的目的。例如，教师可以让儿童以小组的形式开展学习，使每位学生对教师所布置的课题进行独立钻研。在课文教学时，不能只让他们吸收所看到的东西，还必须培养他们对这些东西进行批判性思考。为此，须重视创造有利于开展积极思维活动的氛围，使大脑在开展思维活动时神经网络畅通无阻，以收到良好的思维效果。如上复习课时，可以让学生通过观察，开展联想，提取记忆材料，完成从字母串中组出学习过的词汇：

anolhatreeightruckeyes

（a，an，no，not，that，hat，at，tree，eight，truck，key，eyes，yes）

生理学和心理学的研究表明，大脑具有感受、贮存、判断和想象四大功能。人的智力主要由观察力、记忆力、思维力和想象力所构成。大脑的各种功能相互依存、相互联系、相互制约、相互促进，只有作为一个整体性功能进行工作时才能收到最佳效果。因此，在注意培养儿童思维能力的同时，应注意发展他们的其他智力。教学活动的组织及安排，应做到既不应由于注重大脑的贮存功能而妨碍了其他功能的发展，又不应以死记硬背而压抑其他智力的发展。

例如，运用内在逻辑记忆法，即通过对所需记忆单词本身结构的分析，找出所需记忆单词内部除含着的结构关系，提高记忆效果：

（一）包孕关系

"today"是由"to+day"内在逻辑结构组成的。记忆时只要在熟词"day"前加"to"即可，对星期的名称也可运用该法识记。

（二）组合关系

如"homework""classroom""pencil-box"。它们都是由两个熟词构成的。

（三）意念关系

如"address"。该词的前头是"add"（加），因为我们在写完信后，还要在信封前面加上地址，收信人才会收到我们的信。ad-dress 的后五个字母是 dress，该词意为"给……穿衣服""衣服""女服"。人的地址只是人的外表，像衣服一样，而且地址也常常写在信封上，信封也像是包裹着一封信的衣服。

四、发展儿童的自学能力，培养他们学习英语的良好习惯

科学研究表明，遗传只能部分地决定儿童的能力，教育在人的能力的发展中起着很大的作用。所谓教育，指的是成功地学习（通常是在教师的辅导下）知识、技能和态度的过程。对儿童的教育不应当片面地理解为对儿童的直接作用。事实上，在6岁儿童的教育中已包括相当比例的自我教育，即自我培养的因素。来自教育者方面的一切作用，只有通过儿童自身的需要、价值、兴趣的"折射"，才能为儿童所接受。

现代教育将儿童看作自身教育过程的积极参与者，即自我教育的活动者。自学能力，就是通过自己的学习而获得知识、本领的一种能力，它是创造性的基础和前提，教师即使在教学的起始阶段，也要注意培养学生自学英语的能力。例如，如何开展听音模仿自检活动，如何记忆与运用词汇，如何预习课文，如何联系新旧知识，如何质疑问难，如何运用参考材料和工具书，如何记笔记、制作单词或语音音素卡片，如何确立目标、制订计划、利用时间、自己解决学习问题等。对上述学习内容，教师都应有系统生动的指导，使学生在经过一定阶段的学习实践之后，逐步形成既适合自身特点，又符合英语学习规律的自学能力。只有这样，才能实现学生尽快摆脱教师教学的最终目的。

五、激发学生兴趣，培养良好的学习习惯

由于经济及教育发展的不平衡性，我国小学目前开设英语课的地区还不是很普遍。但经济发展比较发达的上海、广东省的广州和珠江三角洲地区等沿海城市多年小学英语教学所反馈的信息表明：小学英语教学的目标还应当

包括激发学生兴趣，培养学生良好的学习习惯。小学生的情感自我调节和自我控制能力不够强，他们正进入心理半成熟、半幼稚时期，独立性和依赖性，自觉性和盲目性，相互交错。教师在教学中要根据他们的心理特点及英语学科的学习特点激发学生学习英语的兴趣，调动学生的学习积极性和求知欲，帮助他们形成良好的学习习惯。教师在起始阶段要针对学生年龄小、好奇心强但注意力容易转换的特点，以直观形象的示范及穿插游戏、歌谣等多变的教学手段激发他们的学习兴趣，使他们感知正确的学习习惯。

比如，养成细心倾听、积极模仿、大胆发言练习的习惯。模仿是英语学习成功的钥匙之一，语言学习在很大程度上取决于听准教师的发音，取决于模仿教师或教学语音材料的技能。但这种学习习惯的形成最好与儿童的兴趣需要结合起来。例如，选取意境丰富、能为他们所理解的简易童谣，供他们休息与玩耍时唱：

Row, boys, row!

Up the river we go,

With a long pull,

And a strong pull.

Row, boys, row.

又如，根据眼、耳、口、手、脑并用可以增强学生记忆效果的原理，要求学生形成经常对有关语言材料进行抄读的习惯；根据客观事物是彼此联系着的，人在认识客观事物的时候，会在头脑中形成复杂、有系统的联系，从一开始就启发学生对学过的词汇进行归类识记，编织联想记忆之网；根据语言运用的特点，让学生在复习中养成词不离句、句不离文的朗读习惯。例如，指导学生通过运用"主题记忆法""同义词记忆法""构词记忆法""中心词记忆法"以及"逻辑记忆法"等达到养成科学学习习惯的目的。

（一）主题记忆法

以某一题材为中心，尽量记忆与该题材有关的一系列词汇。如人体器官：

head，hair，face，ear，eye，nose，mouth，tooth（teeth），neck，arm，shoulder，foot（feel），leg 等。记忆的方法既可以是学生之间相互通过指着自己的器官部位，运用"What's this？""What's that？""Is this a…"Is that a…""Are these…"等句型对话来完成；也可以通过绘制简单形体图，通过为器官配文的方式等来实现。

（二）同义记忆法

英语中同义词数量极其丰富，尽管严格地说，它们各有特定的用法，但从积累单词、方便记忆的角度上说，它不失为一种值得重视的学习方法。例如，big，large；cap，hat；cup，mug；father，dad；mother，mum；home，family；hill，mountain；how many，how much；like，love；good，nice；look，see；speak，say，talk 等。

教师在运用示范法时，目的应明确，内容要具体，操作性要强，使学生易学易做。要注重运用多种形式的检查和积极性评价手段以增强学生的自信心。学习习惯的养成是一个循序渐进的过程，因此，要贯彻先易后难、先简后繁的原则，随着学生智力的逐步提高、意志的增强，逐步完善。

第三节 小学英语教学的原则

一、直观性原则

直观性原则是指在教学中通过实物、模型、电教手段、语言等形成直观形象来描述有关教学内容，使学生对要学习的内容形成清晰的表象，丰富学生的感性经验，为他们形成新概念、掌握规律奠定良好的基础。

小学生的思维处于从具体形象思维逐渐向抽象逻辑思维过渡的发展阶段；而低年级小学生基本上以具体形象思维为主，抽象思维的能力不强。因此，他们对英语或其他外语的概念、单词、句子结构等的学习要依靠直观形象的帮助。运用直观手段进行教学，形象鲜明生动有趣，感受深刻。既可以提高教学效果，又可以增强学生学习英语的主动性和积极性。

直观教学手段一般可分为实物直观、模型直观、图表直观、电教直观和语言直观。实物直观包括使用各种实物、标本以及参观和实验；模型直观是指观察实物的模拟形象；图表直观包括利用各种图片、图表、表格、图解、简笔画等；电教直观是指利用现代化教学媒体包括幻灯片、投影片、电影、录像乃至计算机媒体辅助教学达到直观形象的目的；语言直观是指教师鲜明、生动形象的语言。教师艺术化语言的表现可以体现在用声、停顿、重音、语调等方面上。值得指出的是，教师无须借助别的物质材料，只要通过自己的活动，便可以在许多方面实现这种直观性教学原则。例如，在传达语言信息时，运用手势、动作和表情。"语言"是由语言符号和言语组成的。所谓"言语"是指"一个人向另一个人（借助手势、发音或书写符号）交流任何要说的（通过动作或表情）话时，他的心理及其有关生理活动的总和"。教师可以创造性地运用手势来组织班级学生的学习活动。例如，用右手食指在空中画平面圆圈，表示全班回答或重复；通过掌心向上与向下、上下徐徐移动手臂，以提示语调的升降；用双手掌表示上颚与舌头，演示舌部和牙齿的位置，以帮助学生认识和理解发某些音时，相关发音器官的位置；用手指或铅笔轻轻地拍打，表示双音节或三音节词的重读部分或句子的节奏。

为了充分发挥直观性原则的教学作用，在贯彻该原则时应做到：

（一）依据教学实际设计直观手段的具体内容和具体形式

尽量以最恰当的直观手段服务于某一特定的内容，以期达到最佳的教学效果，提高教学效率。我们要清醒地认识到，直观是教学的手段而不是目的，不能为了直观而滥用直观手段。对于学生尚未感知过或较难感知的新内容、抽象内容、重点内容，可以发挥直观手段的作用，而对于通俗易懂或已知的内容就没有必要堆砌使用直观手段。

（二）教师应积极引导学生运用直观手段进行学习

在引导的过程中，教师要心中有数，引导有序，充分调动和发挥学生的注意力、观察力，达到教学的目的。

（三）课前应精心设计

考虑好各种技术细节的实施方案，在操作技术上也要先做准备，以最佳的状态发挥直观教学的手段和功能。

二、目标原则

目标原则是指在教学过程中要有明确的教学目标，并围绕实现教学目标来开展全部教学活动。教学目标是教学活动的出发点和归宿，任何教学活动都是在一定教学目标指导下开展的。教师和学生的指向、内容、方式方法和结果的评价，都应受教学目标的制约。

小学英语的教学目标应该着眼于公民素质教育，在教学中除了传授适量的英语基础知识外，更重要的是要在语言能力、语言思维方面提出具体目标，启发思维，培养兴趣和发展智力。

小学低年级学生英语教学的主要目标是：根据地区经济、环境特点和学生的实际，要求学生掌握最初步最基本的语言知识，着重培养学生的听、说技能和言语习惯，发展学生初步利用英语进行交际活动的能力，在素质教育过程中培养学生的积极情感。而小学高年级学生英语教学的目标可根据地区特点和学生实际，要求学生掌握一定量的语音、语法知识，以及积累一定数量的积极性词汇，形成初步运用英语进行交际的技巧。在着重培养听说能力的同时，也要兼顾读写能力，为进一步学习好英语奠定良好的基础。

小学高低年级教学目标的制定和实施，都必须服从于国家总的育人目标，必须着眼于学生诸方面素质的提高，还应适度、具体、便于检测。教师应有强烈的目标意识，并要帮助学生确立自我实现的学习目标。教师有了明确具体的教学目标，就会在处理教材、选择教法、检测成绩的时候主动遵循教学

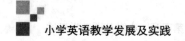

目标的指引，发挥整体效能，提高教学质量。

三、启发性原则

启发性原则是指在教学过程中，教师应充分地利用各种合适的教学手段和教学方法，调动学生学习的主观能动性，促进他们自觉地细心观察、独立思考，主动获取知识和发展能力。

由于大多数学生很少有机会在社会上运用英语——尽管我们可以充分利用直观教具与手段帮助学生学习，但语言环境与社会环境常常干扰着英语的语言学习，因此，提高英语教学质量的途径，将更多地表现在学校与教师调动学生学习的主动性上，启发他们积极创造学习英语的氛围，积极在日常生活中接触与使用英语。教师在教学过程中要做到：1. 彻底改变传统的教学观念，帮助学生成为学习的真正主人；2. 想方设法充分调动学生的学习积极性和自觉性，教学中要广泛运用儿童所喜欢的歌曲、游戏、动作表演、图案等生动活泼的形式；3. 教师应在学生理解教材、掌握规律的关键处巧设问题，发挥引导、启发的作用。教师的示范表演也常常能对学生的学习有积极的启发作用。

下列一些做法可供教师参考使用。

（一）通过对发音规则的联想，启发学生读出新词

例如，从 room、school、soon 中字母组合"oo"的发音规律，悟出新词 tool 的发音。

（二）利用情境，启发学生运用恰当的功能项目

例　如，You don't have any pens. You want to write some letters. Your classmate, Li Hua, has two pens. What will you say to her？（Will you lend me a pen？）

（三）利用简易问题，启发学生猜测或想象

比如，教师可为学生讲故事，在情节进一步发展时，教师可用 "What will happen next？ What is the result (end)？" "What will happen to…" 来启发 学生思维。

（四）教师通过自己的动作演示，启发学生了解语言的运用及所传递的信息内涵

例如，在初期的教学中，教师可用相关动作配以像 "Listen to me attentively." "Turn round and face me." "Stay in your seat." "Draw a bus and colour it red." "Take out your crayons." "Get into a queue." "Go and join the back of the queue." 之类的课堂教学活动组织用语，启发学生推测用语的含义。甚至教师的眼神与面部表情都可以启发学生开展积极的学习活动。这种启发式教学可以将学生不知不觉引入一个个语言交际的情境中。

四、循序渐进和听说领先原则

循序渐进原则也叫系统性原则，是指教学要按照语言学科知识内在的逻辑顺序和学生认识发展的顺序进行，使学生掌握知识结构，形成良好的认知结构。听说领先原则是指在语言学习中按照学生学习语言的认知顺序和心理特点以及英语语言的具体特点，要求学生对英语知识的学习先以会听、会说、会交际为主，循序渐进。

循序渐进原则和听说领先原则有着十分密切的联系。英语语言有它本身的逻辑系统和一般规律，而小学英语教材的编写必须考虑语言的科学体系，不管在什么原则指导下编写教材，都必须遵循一定的逻辑系统。如果教学不按教材的逻辑顺序进行，学生就不能学到系统的知识和技能，会给教学带来许多意想不到的困难。而听说领先原则正是体现循序渐进的原则，体现了学生学习英语的认识规律和心理、生理的机制。

所以，教师首先要掌握教材系统，弄清教学内容是按一种什么结构安排

前后顺序和横向联系，教材中出现过哪些语言功能项目或句子结构，一共要训练哪些技能，发展什么能力，听说训练该如何展开，展开到什么程度，这些都是一位合格小学教师所必须掌握的。

教师在教学中，要按照学生掌握知识形成技能的认知程序，帮助学生建立良好的认知结构。认知结构是教材的知识系统在学生头脑中的存在方式，不同的学生会有不同的认知结构。教师的主要任务就是帮助学生理清基本知识的顺序、条理及相互关系。例如，在教学中不能像教中学生那样对小学生教"How do you do？"这句用语。因为在真实的语言环境中，小学生初次见面都会说"Hi"或"Hello"，而不会讲出成人化的英语。少儿的模仿能力特别强，他们（尤其是在课堂环境中）比成年人更能整体地理解事物，更能集中精力捕捉信息的完整性，而不是支离破碎地理解信息中个别的组成部分，如语速、语法和词汇等。因此，小学英语教学中，多运用自然的语言，大量开展听说活动，能帮助他们充分感知英语，形成丰富的语感。

五、交际性原则

交际是人与人之间的往来接触。交际性原则就是教师必须把英语当作交际工具来开展教学。英语教学的主要目的是培养学生运用英语进行交际的能力。

社会语言学家认为，语言的社会功能是作为交际工具为社会各项交际活动服务。任何一项交际活动都包括两方面，其一是为了达到一定的交际目的而说的内容；其二是内容的表达形式，即意念和意念的表达。语言的学习应从功能到形式，从意念到表达，这才是学习外语的一条捷径。心理语言学和转移生成语法学派认为，人的大脑先天具有掌握语言的能力，而交际性原则就是要注意发挥学生先天具有的学习和使用语言的能力。它的主要特点是：第一，教学内容以语言功能为纲。如问候语、介绍语、打电话、道歉等。第二，教学过程交际化。这也是交际性原则在教学中的具体体现。教学活动以学生为主体，要求学生理解所学的语言材料，主动地、创造性地去学习和运用语言。在学习的过程中，交际性原则还要求注意吸收目的语所在国的语言文化因素。例如，在回答他人对自己的赞扬或鼓励的话语时，中国人习惯于谦虚，而英语中的回答则用 "Thank you." 或 "I'm very glad to hear that." "That's very kind of you to say so." 之类的用语。第三，在贯彻交际性原则的过程中，不要盲目排斥语法结构的分析和翻译教学手段。只要它们有利于语言功能的表达，那便是可取的。教师不要过分拘泥于语法和语音，对于学生在口头表达中出现的小错误或今后能逐步克服的毛病，应采取宽容的态度，因为学习语言必须经历一个"中继语言"阶段，过了这个阶段以后，学生会意识到自己存在的问题而自行纠正。

六、活动性原则

活动性原则是指在小学英语教学过程中根据小学生活泼好动的特点，结合具体教学内容，布置情景，提供材料，让学生积极参加教学，自由操作，自己发现问题，通过自己的动作表演所学的语言内容。

学生在表演和操作过程中全身心地投入，并独立观察、分析和思考，因而对所学的知识或提供的语言材料理解更深刻、记忆更牢固、表达更顺畅，呈现在头脑中的形象也更加具体，达到事半功倍的效果。

比如，在教人体各部分名称的词汇时，教师可以组织学生做 "Simon says" 的动作游戏。当学生听到教师说 "Simon says" 这句话时，应表现出教师要求的指令性动作，而缺乏 "Simon says" 的指令应视无效。比如，教师说："Simon says，Close your eyes." 学生应马上一齐闭上眼睛。教师又说："Open your eyes." 因为教师这时没说"Simon says"，所以学生应保持原来的动作状态，如果有人睁开眼睛，他就犯了规。依此类推，听说与活动其他身体部位的英语单词名称。这种活动实际上是"全身反应教学法"。又如，教现在进行时时，教师让一学生到黑板前做动作，其余的学生用含有进行时态的句子提问，形成语言交际：

A： Are you playing football？

B： No, I'm not playing football.

A: Are you dancing？

B： Yes, I am dancing.

（A 代表提问的同学，B 代表动作者表现的学生）

这种方法有很广泛的练习范围："Is he singing？""Are you speaking？" "Are they jumping？"等。

利用这种动作表现特点明显的课堂游戏，不仅可以提高学生的学习兴趣，还可以锻炼学生听力的准确性和速度。

在贯彻活动性原则的过程中，必须做到：

（一）活动的开展应有其目的性和计划性

在教学过程中必须让活动为教学内容服务，不要为活动而活动。因为活动毕竟是一种形式，如果没有明确的内容，就会变得毫无意义，毫无价值。实质上，我们的教学活动应是依照句型和语法结构进行的认识活动。

（二）活动的形式必须多样化

设计活动形式的出发点是保持和提高学生的学习积极性和学习兴趣。多样化的活动形式，如角色扮演、游戏、交流、竞赛、猜谜、音乐、绕口令等，可以适应小学生注意力易分散的心理特点。例如，关于问路及其回答就可以有方位判断、给盲人带路和方向指令查阅地图等多种活动方式。

（三）活动的开展应结合实际情况

语言教学是复杂的社会交际活动，教师必须让教学目标、教学内容、教学方法和教学形式基本适应学生的年龄特点和智力水平。

（四）活动的开展应做到个别、小组和集体相结合

学生的个别活动用于检查复习所学知识或引入新课、巩固新课，或检查学生对知识的运用技能。小组活动在进行语言交际的过程中可以集思广益，消除部分学生的畏惧心理。集体活动省时、高效、活动面广，有利于增强课堂教学气氛。多种形式配合使用可以达到相得益彰、全面训练的效果。

七、兴趣性原则

兴趣性原则就是教师在教学过程中，利用生动的语言材料或多样的教学形式不断刺激、提高和保持学生的学习兴趣，寓教于乐，变被动为主动，变乏味为有趣，实现知识、技能与情感同步发展的目标。布鲁姆说，学习的最好刺激，即是对所学材料的兴趣。兴趣是个体积极探究某些事物或进行某些活动的倾向。学习兴趣是学习积极性中很主动、很活跃的心理因素。它同时还是"当教材被适当地提示的时候，心对它感到满足这样一种自然的爱好或倾向"。它决定着学生的多方面的取舍和成绩的提高。兴趣是可以在教学实践中培养的。成功的教师，特别注意培养学生的兴趣，当学生带着浓厚的兴趣学习时，大脑的两个区（左边的逻辑思维区和右边的非逻辑思维区）都发挥作用。

因此学生对知识的感觉更加清晰，想象更加丰富，思维更加活跃，记忆的储存也会更加稳固。教师可以从以下几方面提高学生学习英语的兴趣。

（一）让学生认识到学习英语的必要性和重要意义

当今世界处于信息时代，科学技术的迅猛发展使人类社会将成为一个互相依存的整体。一个国家要自立于世界民族之林，除了学习和发展自己的民族文化之外，还必须学习世界其他民族，特别是先进国家的科学技术和文化，以提高国人的文化素养，开发智力。语言，特别是英语，是世界各国用于交际的重要工具。在小学阶段开设英语，正是为了适应不断发展的经济形势，培养现代型人才的客观要求。其战略意义尤为深远。

英语是当今世界上主要的国际通用语言之一。400 多年前，英语的使用范围不超过不列颠岛。而今，以英语为国语的有英国、爱尔兰、美国、加拿大（魁北克省除外）、澳大利亚、新西兰、圭亚那、巴哈马、巴巴多斯等国家。另外还有新加坡、菲律宾等 33 国，把英语作为官方或半官方语言。世界上有 75% 以上的邮件是用英语书写的，世界上发行的报刊有 20% 使用英文，65% 的广播为英语广播，计算机的 80% 的信息用英语处理。英语还是联合国的正式工作语言之一。总之，英语在国际政治、军事、经济、科技、文化、贸易、交通运输等领域起着其他语言无法替代的作用。学生如果从小就逐渐通过各种现实生活途径了解这门语言的作用，并逐渐确立正确的学习目标，作为内部因素的学习心理动机就会更加强烈，有利于学习获得成功。

对于小学生来说，由于他们尚未完全形成自己的学习兴趣，教师应尽量将课上得生动有趣，所选用的教学方法和教学手段应符合学生的感知活动特点，努力促使学生主动学习。这里所说的主动过程有两个含义，其一是学生直接作用于他的环境，其二是他们在心理上也是主动的。

（二）利用语音及其结构上的特点激趣

英语的文字是 26 个字母拼写的拼音文字，在语音和语法上与汉语有着较大的差异，如单元音的长短音之分，单词的辅音结尾、句型的变化、语序不同。但我们仍可以利用其拼音文字的特点自编一些简易的英语小诗或绕口令来帮助学生学习语音，提高兴趣。如：

Hello! Hello! How are you ?	One, two, three, four.
Hello! Hello! How do you do ?	Come in please and shut the door.
I'm fine. I'm fine.	Five, six, seven, eight.
Thank you. Thank you.	Nine, ten, nine , ten.
And hope that you are too.	Don't be late for school again!

利用单词押韵的方法，把所学的知识串起来，既朗朗上口，又易于牢记。

（三）以游戏和歌曲激趣

在课前准备阶段，让学生唱一首英文歌可以达到渲染英语课堂学习气氛、转移学生学习兴奋点的目的。有时在教学阶段的过渡中，唱一首短歌同样可以达到平静学生心情或者做短暂积极性休息的目的。游戏是儿童特别迷恋的活动，如果我们把教学内容用游戏的形式表现出来，小学生就会乐学、想学，从而也达到易学的效果。游戏的种类与范围包罗万象，也无绝对固定的模式，教师与学生完全可以根据教学内容用游戏的形式表现学习活动。比如，可用"边听边画"的方式来开展培养听的能力的游戏活动；用"找朋友"开展按主题记忆词汇或按同义、近义归纳词汇的小竞赛，组织小型游园活动。另外，还可以组织短剧表演、角色扮演、编讲故事、舞蹈等激发学生的学习兴趣。

八、以学生为主体的原则

以学生为主体的原则是指在英语教学过程中，要充分调动学生参与的积极性、主动性和自觉性，着重培养技能技巧，发展交际能力，使知识的吸收和技能的培养同步发展。

在英语教学的过程中，必须做到以学生为中心，精讲多练，把大量的时间留给学生。任何知识只有通过学生认真感知、反复实践才能成为其认知结构的一部分。为此，应注意以下几方面：

第一，教师提供合适的材料，设计教学并确定每节课的教学目标和内容，设计课堂教学的架构和各种活动的开展方式。

第二，教师是课堂教学的组织者和参与者。在呈现新的语言点时，教师要通过各种活动，将新知识的音、形、意、结构与功能明示给学生；在语言操练阶段，组织学生参与各种交际活动，如单人、对偶、小组和集体的操练；在语言活用阶段，教师要作为活动的一名成员，平等对待学生，将自己放到与学生平等的地位上，通过示范，培养学生各种良好的学习习惯。

第三，教师指导、评价、纠误时，要多运用鼓励机制。要允许学生出错，只有出错，才能发现问题，解决问题。教师多运用启发的方式帮助学生克服自己在语言学习中的障碍，逐步形成一套适合自己的学习习惯和学习方式。

第四，因材施教。即教师应依据学生的个体差异提出不同的要求，施行不同的教学手段。对于一个班来讲，教学目标应该是大体统一的。全体学生在接受知识，提高技能、技巧方面都必须努力达到大纲所规定的要求。但是，由于学生在智力与非智力因素上的差异性，教师要采取分别对待的教学态度：对于成绩好的学生，要向他们提出更高的要求，促使他们冒尖；对于成绩差的学生，要帮助他们找出不利因素，提出与他们的条件相适应的要求，采取恰当的方法帮助他们进步。通过学习实践，最终帮助所有的学生学会学习。

九、巩固性原则

巩固性原则是指教师应引导学生在理解的基础上牢固地掌握所学的知识和技能，使之能相对长久地保存在记忆中，当需要的时候，还能准确地再现并加以运用。

为了完成教学任务，教师有必要注意在教学的过程中帮助学生通过反复地运用达到巩固所学重点内容的目的。除了巩固新内容，还要注意巩固旧的知识，这是由人的记忆规律所决定的。事实上，教材内容的编排已体现出反复巩固和加深的学习特点。如何体现教学中的巩固性原则？下列几点可供教师参考：

首先，在学习新内容时，教师要采用直观教学手段和启发式的教学方法，使学生感知清晰、理解深刻。比如，利用图画、儿歌、动作、游戏等形式，可使教学内容生动有趣、形象直观，儿童自然会将注意集中于教学内容上面。例如，教钟点表示法时，可以利用自制挂钟教具，让学生随着教师拨动钟面的指针，用英语读出钟点。还可以向学生显示电子钟面上表示钟点的阿拉伯数字，让学生同样将其转换成英语。钟点表示法的练习还可以以交际的方式来体现。在不同练习方法中教学的内容易于得到巩固。

由于英语是一门外国语言，现有环境制约着学生开展经常的、大量的听说等实践练习，无论英语单词还是句法结构，遗忘率都很高。这就给知识与技能的巩固带来了很大的困难，如果不及时反复地复习，学生再往前学会感到越来越吃力，乃至使少数学生产生厌学情绪。在启蒙阶段的教学中，巩固性原则应当得到教师的足够重视。小学英语教材中每一课的学习内容均较少，句子简单，单词易学，这就有利于教师对其组织复习。教师在教新课时，要有计划地安排对旧内容的复习和巩固，达到温故知新的目的。

贯彻巩固性原则特别要注意语言中各要素的内在联系，在经过一个阶段的学习之后，进行单元、期中与期末的复习是十分必要的，这样会使语言知识更加系统化、条理化，易于理解和记忆。语言技能会更加娴熟。值得注意的是，即使是复习，也要运用符合儿童生理和心理认知特点的教学方法，避免使用单调机械的重复和循环。

十、控制使用母语的原则

母语的学习更多的是一个自然的习得过程，而外语，如英语的学习，则多留下经过加工的痕迹，后者不断受到母语和学习环境的干扰。小学生学习英语有个显而易见的优点，即其母语的学习过程尚未完全完成，因而母语的知识、结构、经历还没有定型，这样在学习英语时受母语的干扰相对少些，母语与英语学习可以获得同步发展。有人认为，小学生学习英语会影响他们对母语的学习，其实这种担心是多余的。因为儿童正处于语言学习的最有利时期，他们对语言的感知、模仿和接受能力特别强，只要环境条件许可，儿童同时学习几门语言是完全有能力做到的。因此，教师要致力于为学生创造更多的听说和接触英语的机会，使他们在学习过程中尽量避免翻译转换这一中介现象的产生，以利于培养语感，提高对语言的输入、理解和输出的速度。教师在教学中可以用简易英语来组织课堂教学。起初，这些用语的表达可以伴随着教师的动作和表情对它们进行释义。在后来的教学过程中，要不断地运用已经使用了的英语教学用语，使学生养成听英语讲授与根据这一信息做出相应学习活动的习惯。

运用直观手段也是成功地避免使用母语的最佳方法。教师可以通过表情、动作对一些动词的语义进行解释，以实物和图画表达相关事物的概念。种种直观手段使所要教的语言单位（单词、习语、短语和句子）和它们所表示的概念（物体、动作、性质等）之间建立最直接的联系。

利用电教手段、教师的示范表演也可以简化乃至替代运用汉语进行烦琐讲解的过程。在对一些抽象程度较高、其他的直观手段难以清楚说明的语言材料进行教学时，母语的适当运用也是十分必要的。科学地运用迁移理论，从两种语言的比较或对比中加深对英语的结构理解，在教学中有时也是很有作用的。

十一、语言学习与文化吸收同步的原则

在英语教学中，社会文化因素起着重要的作用。有学者提出现代外语教学应遵循的三大原则。就低年级学生学习语言的特点来看，交际法与情境启发法更能达到良好的教学效果，而这两种方法的操作均离不开目的语的文化背景知识。

语言学习与文化吸收同步进行的原则指的是在英语教学中，把系统地学习目的语与学习目的语的社会文化结合起来，使学生在学习目的语的同时了解和适应这种语言所处的社会文化，以增强学生学习的兴趣和更灵活、更自然地开展语言交际教学活动，达到学好语言的最终目的。

语言学家韩礼德认为可以把语言看作社会行为，看作行为潜势的一种形式。在语言中，行为潜势成为意义潜势，意义潜势又通过语言系统转换为词汇——语法潜势。每一阶段通过选择形式表述。社会语境或情境语境决定意义选择。所有可能的社会语境之和组成社会系统或文化语境。文化既是意义潜势又是行为潜势，因此可以认为文化与社会语境共同决定着人们的行为方式，包括言语行为方式，人们的交际活动就是从这里开始的。

儿童的母语发展及其运用离不开社会、文化语境。语言、社会、文化从来就不可分割。小学生学习英语同样需要认识和了解一定的英语社会、文化

知识，让他们在英语语言环境气氛中进行学习。中国人和英美人士在社会活动方式、意识形态、言语行为以及价值观等方面存在着差异。文化这个概念含义广阔，它包括实物、知识、信仰、艺术、道德、法律、风俗以及其他人们在社会上习得的能力和习惯。文化一般可分为两类：知识文化与交际文化。知识文化包括社会、政治、经济、文学、艺术、历史、哲学及科学技术成就等。交际文化则包括社会习俗、生活方式以及行为准则等。在英语学习的初级阶段，对文化的学习与吸收重点可放在交际文化上。例如，学习如何问候、邀请、称赞、致谢、道歉、求助、许诺、祝贺等待人接物的行为规范以及学习一些常用的委婉语、禁忌语和身体语言。

贯彻同步原则可从下列几方面着手：

（一）综合运用各种教学手段，设计和布置语言学习的环境

有计划地利用教学录像片的播放，可以使学生有明显的直观感觉，产生亲临其境的效应。语境的启示、上下文的暗示、教师的讲解、与外国人的接触乃至阅读有关的中文读物，都有助于贯彻同步吸收原则。

（二）反复练习，巩固加强

语言和未经强化而吸收的文化、社会知识，常常难以巩固。因此，组织学生在模拟目的语社会文化氛围中开展模拟表演，是最有效的手段。

（三）发挥教学中的创造性

在实践过程中加强对语言知识的巩固和运用。这里的创造性包括两方面：一是教师创造性地运用各种教法，设置情境，帮助学生开展交际活动；二是诱导学生勤思考，多练习，反复强化，以便在各种环境中灵活地运用所学的语言知识。

十二、面向全体学生原则

教师教学要尽量兼顾全体学生的学习需求，要充分考虑学生之间的内部差异，使他们的学习需求得到最大限度的满足。不同学生的语言水平、学习风格和偏好都可能存在差异，教师的教学应考虑到这些不同的学习情况。例如，现如今有不少小学生参加了各类校外英语培训班，有的甚至从幼儿园就开始学习了，而另外一部分学生没有这样的经历和基础，因此学生水平差异可能较大，这就成为教师不得不面对的挑战。因此，教师在教学中就要特别注意在教学难度和教学方法上给予这些没有相关经历和基础的孩子足够的关注和帮助，要让他们建立起学习的兴趣和信心。总之，教师在教学前应充分了解学生的现有语言基础和学习风格方面的内部差异，并以此为依据设定和调整教学内容难度和教学策略。

十三、在语境中实践原则

语境是指说话的现实情境，即运用语言进行交际的某种具体场合。在课堂教学中应尽量通过教学设计和各种课程资源创设真实的情境，从而使小学生对英语的使用具有更真实的交际性。英语中所有词句等表达的学习，不能脱离情境进行教学。只有融入语境的语言使用，才是让学生印象深刻的和有真实意义的。语言教育专家王初明教授就曾指出，在我国，"跟外语表达式匹配的现实语言环境（亦称"外部语境"）不存在"，而"语言的使用又少不了语境"，那么外语教学就应该尽力地补缺这些语境。因此，教学中应引导学生在语境中通过体验、实践和探究语言规律，并经由大量的语言使用来内化语言规律并形成一定基于语境的语感。

十四、恰当处理教材原则

教师应认真分析所教教材的内容，熟悉该教材的编排特点和理念，并根据教学需求对教学内容进行增减和重组，以满足教学目标的要求。小学英语教材中的词句表达往往是在场景和故事中出现的，这些场景或故事就成了词句的背景线索，它们可能是关于时间顺序的、因果的、冲突性的、并列联想的，教师应充分挖掘和拓展这些线索，依据学生学习情况对教学内容进行加工或取舍，将零散的词句关联起来开展教学。同时，教材中各单元都有听、说、读、写等活动，教师则应思考这些活动间的联系，使得教学活动间有机衔接，让学习过程呈螺旋式上升趋势，从而使学生对知识和技能掌握得更加牢固。

十五、语言输入形式多元化原则

小学生的英语学习依赖大量的语言输入，而语言输入的具体形式应该是多元化的。小学英语教学应丰富教学资源，根据教学的需要经常性地使用实物教具、音乐、视频、游戏、纸质或电子图文、幻灯片、电视、杂志及网络资源等。多元化的语言输入能够丰富英语教学方法，使语境更生动，从而吸引学生的注意力，提升学习兴趣和学习效果。

第四节 小学英语的学习方法

一、小学英语学习特点

（一）学习的界定

在我国，"学习"一词最早见于《礼记·月令》里的"鹰乃学习"一句，意思是雏鹰学习飞翔。在我国古代，表示从口头或书面上获得的知识或经验的时候，多用"学"或"知""智"；而表示行为活动和运用知识经验的时候，多写作"习"或"行"。如荀子说"知之不若行之"，朱熹主张学习"当体之于身"，明末清初的学问家颜元则认为"得之于行""不从身上习过，皆无用"。当"学"和"习"合用的时候，则偏重指"习"。

从广义看来，学习是指人和动物在日常生活中习得经验而引起行为变化的过程。凡是因获得经验而发生的行为变化，都可称之为学习。狭义的学习是指人的学习，它是人在社会实践中，通过语言的中介作用，自觉地、积极主动地掌握个体或人类社会历史经验，从而构建经验结构的过程。

由此看来，学习的关键在"学"，其重心在于"习"，二把主要力气花在"习"上，才是"学习"。"学"的活动主要是认知，是获得知识，获得心理效能；"习"的活动主要是运用，是行为方面的操作。对此，可以这样来理解"学习"："学"是认识，"习"是实践，学习就是认识和实践。

小学英语学习就是创造性地运用言语符号，系统地掌握以言语为核心的英语知识、习得英语技能并逐步形成相应的言语智能、科学文化素养及思想道德素养的言语实践活动。

（二）小学英语学习原则

1.大量背诵和活用练习结合

大量背诵是中国人学习本国语文和外国语文的传统，是保证学习成功的经验之一。因为大量背诵的是整篇文章，甚至整本书，所以由此而学得的不是孤立的词和句，而是有上下文、有内容、逻辑性强和情节性强的连贯话语。这种背诵学习实质上是综合性学习的一种重要方式：词、句和文；结构、功能和情景；语音、语法和语用；语言、逻辑和文化，在这里都实现了一体化。从而使英语学习自然就具有很强的统筹性质、总体性质或整体性质。许多英语学习有突出成就的人，在谈到学习成功的经验时，总是提到背诵，这不是偶然的。

2.直接学习和翻译学习结合

直接学习就是非翻译学习，即无论是理解还是表达，都不经过英语到汉语，或汉语到英语的转换。直接学习有助于直接使用能力和用英语思维能力的发展，但不能以此而排斥必要的翻译学习。无论是学习理解，还是学习表达，翻译都有积极的作用。因为，在学习者掌握英语之前，所借以认识客观世界与主观世界的主要工具是母语，母语作为代表存在事物的符号系统或信号系统，在大脑里是根深蒂固的。

准确表达是在深刻理解的基础上发展起来的，翻译既然是达到深刻理解的重要的必要手段，就同时也是获得准确表达能力的重要的必要手段。

3. 精学与泛学结合

精学与泛学结合，这是我们中国人学英语的成功经验之一。精学代表质，泛学代表量。精学与泛学结合，就是质与量并重，以质带动量的增加，以量保证质的提高。也可以说，精学代表学习深入，泛学代表学习广博。深入学，对英语的理性认识会加深；广博学，对英语的感性认识会增长。

精学和泛学结合，既适用于语言学习方面，又适用于言语学习方面。

4. 求易学习和求难学习结合

英语学习，无论是在语言材料方面，还是言语技能方面，都有难易之分。难易划分的根据不是材料和技能本身，而是学习者的实际水平。语言材料的难度取决于语音、语法、词汇、语篇等结构的复杂度，以及与相应的汉语结构比较的差别度。言语技能的难度则除此以外还包括速度和整体内容的深度。英语学习材料和技能练习的确定，一般说来应该难易适度。但在一定时机和条件下，可以适当偏难或偏易。

求难和求易学习都是为了更好地、更快地提高英语水平，保证英语能力和英语学习能力的全面发展，并且使学习自身不断产生新的动力。

5. 整体学习和重点学习

语言是一个整体。读、写、听、说等言语活动互相联系，互相推动；语音、词汇、语法在语言使用中不可分割地联结为一体；交际能力离不开语言能力，语言能力需要表现为交际能力。这一切都表明语言在本质上的整体性。所以学英语首先要抓整体学习。

重点学习是课文中的重点词句和听说读写技能中的关键性技巧。重点学习的重点是基本的结构模式及其变化。重点不一定都是难点，难点一般都应作为重点。

6.口语学习和书面语学习统一

口语学习包括听和说，也包括念书，即朗读。书面语学习包括读和写。口语学习和书面语学习的统一，既符合人类语言的发展规律，又符合个人言语的发展规律。

7.分散学习和集中学习统一

英语学习有技能形成的一面，又有知识获取和材料积累的一面。这在学习全过程中的具体表现形式，就是分散学习和集中学习。分散学习和集中学习结合，相互策应，才能最大限度地发挥优势，即集中学习要适当，集中的量恰如其分，集中的时机合适，同时分散性的巩固和复习、练习和使用也要配合好。

8.知行统一

坚持知行统一的原则，就是坚持理论与实践的统一。

英语课程的基本目标是培养学生运用英语的实践能力，而提高英语能力的主要途径是英语实践。实践性原则是指学生在真实的语言环境中，通过自身的听说读写活动，发展提高听说读写能力。我们应当把课堂的时间还给学生，让学生做课堂的主人，让学生在课内和课外主动自由地听说读写，在阅读中学习阅读，在写作中体味写作。这样，学生的英语素质和能力才会有切实的提高。

二、小学英语学习策略和方法

（一）小学英语学习策略

对所有英语学习者都适用的基本策略主要有以下几项：

1.目标性和计划性学习策略

这是一个对所有学科的学习都适用的重要学习策略，但对于英语学习来说尤为重要。因为英语与其他学科相比，学习者更难主动控制学习进程和实行自学。所以英语学习要成功，学习者的主动性要充分发挥，第一重要的就是要明确学习目标，制订学习计划，使学习有计划地向着目标不断前进。

2. 常用词和典型句学习策略

对于英语学习的功效来说，常用词和典型句的学习是具有战略意义的。英语学习者既掌握常用词，又掌握常用的构词手段，因而所能认识的词的数量就会大大增加。英语句型数量是有限的，特别是基本句型更是有限。基本句型就是英语基本句法结构。对学习者来说，常用词和典型句就是语言的精华。

3. 理解性和推理性学习策略

理解和推理是外语学习取得高效率的重要原因之一。所谓理解，就是把正在学习的与已经学习的，以及正在学习材料的内部各个部分之间建立起逻辑联系，形成系统，概括规律，并从深层上把握住语言形式的意义。推理则是在理解的基础上，经过逻辑判断，达到由旧而知新，由前而知后，由此而知彼。在英语学习中应充分发挥理解和推理作用，也就是积极运用理性、智力、认知和思维、想象，化机械性的死学为理解性的和意义性的活学。

4. 实践性和交际性学习策略

学英语要重视练习，而练习又要尽量多地和实际应用结合，这是不用多说的道理。实践性和交际性学习策略就是这种道理的具体化。说语言是交际工具，这一论断是对的，只是不要把它同语言是思维工具、是理性认识的工具对立起来。在英语学习中，实践性和交际性策略要和其他策略结合，才能充分发挥其积极有效的作用。

5. 文化性和意义性学习策略

英语学习要具有文化性和意义性才会取得全面成功。文化和意义在这里是广义的，既包括宏观性的文化和意义，也包括英语学习具体内容的文化性和思想性。英语学习材料的意义与学习者的经济地位、教育程度、年龄、性别、理想、爱好等密切相关，既具有集团特征，更具有个人特征。因此学习个性化的一个重要方面就是学习材料在文化品位和文化需要方面的多元化。使学习者有一定的选择余地，充分发挥文化和意义对学习的促进作用。

另外，英语学习者不应该只是文化和意义的被动接受者，而应该是文化和意义的主动创造者。学习者要善于发掘语言的深层意义和文化蕴含。文化的深层和意义的深层是密切联系难以分开的。英语学习中的跨文化问题、文化鸿沟问题，随着意义性学习的深入自然就会迎刃而解。由语言到文化，再到意义和思想，中国人和外国人之间的差距和差异在不断缩小。从这个角度来说，文化性和意义性学习策略不但极富进取性，而且可使英语学习由陌生变熟悉，由困难变容易。

（二）小学英语学习方法

1.视觉记忆与听觉记忆结合

这里说的视觉既包括图像，也包括文字，而听觉则除去英语之外，还有辅助性的自然声音或临摹声音，以及配合的音乐等。学习新词时，如果一边快速出示词，一边听词的读音，并配合以音乐，效率可达一小时记忆几十个词。

2.发音动觉记忆和书写动觉记忆结合

发音动觉记忆和书写动觉记忆结合的具体有效方式之一，是"书空"加朗读。"书空"就是在空中写，这样写可以不用笔和纸，而只须用手指在空中画就行。而且可以写得大，即书写动作的幅度大、力度大，更加有助于记忆。至于朗读，一般说来应该声音洪亮，同时配合以一定身体动作，使语音节奏和身体节奏谐调。这样，在动觉记忆中除去发音和书写动觉外，就又增添了身体其他部位的动觉，所以效果会更好。中国人过去读书和吟诗，总是要摇头晃脑，甚至手舞足蹈，这是符合记忆规律的，也是在英语学习中可以借鉴的。

3.形象记忆和抽象记忆结合

单词、句子和课文的记忆都要尽量与一定的形象联系，同时又有一定程度的抽象或概括。双管齐下，就会记得牢，重现得快。在课文记忆中，形象化可以通过表现课文内容的画面或学习者在头脑中对情景的想象而实现。

一般说来，词和文的记忆的形象化与抽象化应该由学习者自己创造性地完成。学习者自己对所学材料进行加工，这本身就是对记忆很有助益的活动。

4. 循环记忆和分类记忆结合

这是两种最常见的词汇记忆方法，同时也可以用到课文记忆上去。课文背诵应该按照遗忘先快后慢的规律，在初步背过之后，最近期间多复习，然后逐渐减少，复习的间隔逐渐加大。另外，课文在题材、体裁、内容、结构等方面都可以加以分类，背诵和记忆时可以按照共同的框架从总体上加以把握。这也可以说是课文分类记忆。

三、小学英语学习方式

（一）小学英语学习方式的界定

学习方式（又译为学习风格），由美国学者哈伯特塞伦于1954年首次提出。然而，至今还没有一个受到广泛认同的学习方式的定义。但不同的定义在本质上有着许多共同点：

第一，学习方式的实质是学习者喜欢的或经常使用的学习策略，反映了学习者对不同教学方式的偏爱以及学习倾向。

第二，稳定而独特是学习方式的本质属性。稳定指学习方式在长期学习过程中逐渐形成，很少因学习内容、学习环境等因素的改变而改变。独特指学习方式在学习者生理结构及其基础上，受到特定的家庭、教育和社会文化等因素的影响，通过个体自身长期的学习活动而形成，具有鲜明的个性特征，因人而异。

第三，学习方式受到社会、家庭、学校教育方式的影响。

简单地说，小学英语学习方式指小学生在完成小学英语学习任务过程时基本的行为和认知倾向，是小学生在自主性、实践性、探究性和合作性方面的基本特征。

小学学习方式和学习方法的区别与联系在于：学习方式是学习者持续一贯表现出来的学习策略和学习倾向的总和。学习策略指学习者完成学习任务或实现学习目标而采用的一系列步骤，其中某一特定步骤称为学习方法。

学习方式较之于学习方法是更上位的概念。两者类似战略与战术的关系：学习方式相对稳定，学习方法相对灵活；学习方式不仅包括相对的学习方法及其关系，而且涉及学习习惯、学习意识、学习态度、学习品质等心理因素和心灵力量。所以，学习方式转变对促进学生发展更具有战略性的意义。

（二）《英语课程标准》倡导的学习方式

《英语课程标准》关注学生的个体差异和不同学习需求，爱护学生的好奇心、求知欲，充分激发学生的主动意识和进取精神，倡导自主、合作、探究的学习方式。

1. 自主学习

（1）自主学习的原理与实现

自主学习也称为自我导向学习，与之相对的是"被动学习""机械学习"和"他主学习"。从 20 世纪 50 年代开始，自主学习成为教育心理学研究的一个重要课题。维果斯基学派、操作主义现象学派、社会认知学派、意志理论、信息加工心理学等都从不同角度对自主学习做过一些探讨，其内涵也越来越丰富，并成为指导学习的一种理论和模式。

行为心理学家认为：自主学习包括三个子过程：自我监控、自我指导、自我强化。自我监控是指学生针对自己的学习过程所进行的一种观察、审视和评价；自我指导是指学生采取那些致使学习趋向学习结果的行为，包括制订学习计划、选择适当的学习方法、组织学习环境等；自我强化是指学生根据学习结果对自己做出奖励或惩罚，以利于积极的学习得以维持或促进的过程。

认知建构主义学派认为：自主学习是元认知监控的学习，是学习者根据自己的学习能力、学习任务的要求，积极主动地调整自己的学习策略和努力程度的过程。自主学习要求个体对为什么学习、能否学习、学习什么、如何学习等问题有自觉的意识和反应。

我国学者还将自主学习概括为：建立在自我意识发展基础上的"能学"；

建立在学生具有内在学习动机基础上的"想学";建立在学生掌握了一定的学习策略基础上的"会学";建立在意志努力基础上的"坚持学"。

何谓自主？当人们在面对一项任务时可以：①独立地完成；②能够将所学的知识和技能用到其他所需的场合；③能够考虑到特殊情况的特殊需要而灵活地完成任务。何谓自主学习？根据国内外学者的研究结果，概括地说，就是指学习者自觉激发内在的学习动机、确定学习目标、选择学习方法、监控学习过程、评价学习结果的活动。

（2）自主学习的特征

①能动性

能动性是相对于受动性而言的，能动性指人对自己发展的自觉意识和能动作用，它是自主性最基本的特征。它在人的具体活动中表现为自觉（自律）与主动（积极）。自主学习把学习建立在人的主动性的一面上，它以尊重、信任、发挥人的能动性为前提。从这个角度说，自主学习是一种自律学习，一种主动学习。

②独立性

自主学习把学习建立在人的独立性的一面上，独立性是自主学习的灵魂。每个学生都是独立的人，不以教师的意志转移而客观存在，他们在整个学习过程中就是一个争取独立和日益独立的过程。开展自主学习，必须让学习者参与确定对自己有意义的学习目标，自己制订学习进度，参与设计评价指标；学习者积极发展各种思考策略和学习策略，在解决问题中学习；学习者在学习过程中对认知活动能够进行自我监控，并做出相应的调适。

③独特性

独特性是指学生主体有不同于其他主体的特点。它首先来自先天素质的差异性。同时，由于在社会化的过程中，每个人所处的环境千差万别，个人选择也各不相同，便逐渐形成了具有鲜明特点的个性。学生的学习也客观上存在个体差异性，不同的学生在学习同一内容时实际具备的认知基础和情感准备不同，即不同的学生学习的起点不同；学生的学习能力倾向不同，决定了不同的学生对同样的内容和任务的学习速度和掌握它所需要的时间及所需要的帮助不同。

（3）自主学习的实施策略

①激发学生的学习内驱力是开展自主学习的前提

要促使自主学习顺利进行，必须激发学生的需要，特别是高层次的自我价值实现的需要。只有学生产生了学习的需要和愿望时，学生才会积极主动地投入英语学习活动中去，他们在英语学习过程中，才会有情感的投入，并且从英语学习活动中获得积极的情感体验。设计学生英语自主学习体系时，必须充分注意学生的需要和兴趣，充分调动学生"最近的经验世界"，使学生感到学习有"自由发展区"。一旦学生从英语学习的过程中充分理解所学知识和自身价值的关系，理解学习的科学意义、社会意义和个人的生命意义，学生学习的兴趣和自主探索的精神也油然而生；一旦学生成功地在学习过程中实现了自我价值，学生学习的难度、深度与期望达到的水平自然也就提高了。

②营造良好的学习氛围是开展自主学习的基础

一棵幼苗的成长需要有土壤的滋养，生动活泼的学习环境和气氛是开展自主学习的土壤。学生愿不愿意投入英语学习活动中去，有没有信心去克服学习中遇到的问题，除了激发内在的学习欲望外，还必须给学生外在的影响。教师应该竭尽全力创建积极的学习环境。良好的学习环境包括物质和心理两方面。其中最关键的一点就是：学生要有足够的情绪安全感。它来自乐于自主的学习氛围，来自教师和优秀学生勇于冒险的示范作用，来自一个彼此熟悉的、相互接纳的温暖的学习集体。教师的责任在于细心发现学生细微的进步，及时给予表扬，大力支持鼓励学生自主学习，及时发现并推广学生自主学习的巧妙的方法，让学生有一种成就感。教室的布置也应该有助于在心理上、视觉上营造宽松的、能够激发创造力的心理氛围。

③掌握科学的学习方法是开展自主学习的支柱

《礼记·学记》中云："善学者，师逸而功倍，又从而庸之；不善学者，师勤而功半，又从而怨之。"善于学习和不善于学习的差别在于有没有良好的自主学习的方法，会不会自主地学习。掌握学科学习的特点与规律，独立地选择学习的步骤与方式，策略性地学习，这是自主学习的技能要素。

④教师适当地指导与点拨是开展自主学习的保证

学生是一个发展的个体，其自学能力相对比较低，强调学生的自主学习，但绝不能弱化教师的指导、教师的教育；没有教师的引导和教育，完全要学生自发地去学，等于放任自流，也是不可能实现的。在强调自主学习的课堂中，仍需要教师的"教"，但这种教并非传统意义上的教，否则又回到教师为主体的教学旧路上。这种"教"要求教师要创造性地教学。首先，学生先自主学习相关知识内容，然后教师做"点睛"式的讲解，并将学生在学习中遇到的困难提出来全班讨论，集思广益，必要时做一定的引导。最后，通过运用知识解决一些实际问题，从应用中再次深化对知识的理解。总结起来就是"学—讲—练"模式，与传统的"讲—学—练"仅顺序不同，但体现了学生的主体地位，同时，教师所做的点拨，也正体现出创造性的"教"。

2. 合作学习的原理与实践

（1）合作学习的基本含义

合作学习是与"个体学习"相对而言的，是20世纪70年代初兴起于美国，并在70年代中期至80年代中期取得实质性进展的一种富有创意和实效的学习方式。对合作学习内涵的理解主要有：合作学习是以小组活动为主体进行的一种教学活动；合作学习是一种同伴间的合作互助活动；合作学习是一种目标导向活动，是为达成一定的教学目标而展开的；合作学习是以各个小组在实现目标过程中的总体成绩为奖励依据的。我们所认为的合作学习就是以"合作思想"为灵魂，以"小组学习"为基本形式，系统利用教学中动态因素之间的互动性，促进学生的素养全面而和谐地发展，以达成英语学习目标的学习活动。

（2）合作学习的特征

①互动性

互动性是合作学习中最令人注目的特性。由于合作学习视教学动态因素之间的互动为促进学生学习的主要途径，因而这种互动观无论在内容上还是在形式上都与传统的教学观有所不同，它不再局限于师生之间的互动，而是将教学互动推延至教师与教师、学生与学生之间的互动。合作学习认为，教学是一种人际交往，是一种信息互动，充分开发和利用了互动这一特性，把教学建立在更加广阔的交流背景之下，这对我们正确地认识教学的本质，减轻师生的负担，提高学生学习的参与度，增进教学效果，具有重要的指导意义。

②目标性

由于合作学习强调动态因素之间的合作性互动，并借此提高学生的学业成绩，培养学生良好的非认知品质，因而这种学习方式较之传统的学习方式更具目的性。树立一个学生"跳一跳，能摘桃"的目标，这是开展合作学习活动的前提条件，也是促使小组成员顺利开展合作学习的动力系统。

③合作性

小组成员的协同工作是实现合作学习目标的保证。小组协作活动中的个体将其在学习过程中探索、发现的信息和学习材料与小组中的其他成员共享，甚至可以同其他组或全班同学共享。在此过程中，学生之间为了达到小组学习目标，个体之间可以采用对话、商讨、争论等形式对问题进行充分论证，以期获得达到学习目标的最佳途径。因此，小组成员的竭诚合作，将个人的目标系统纳入小组共同的目标系统，获得 1+1 > 2 的学习效应是关键。

④情境性

合作学习除了要有合作的目标外，还必须有明确的合作主题，必须创造一种"利己利人"的学习氛围作为开展活动的依托，才能在突出合作的主导地位的同时，将竞争与个人活动的价值，有效地纳入整个学习活动中，使个人的能量和集体的能量兼容互补、相得益彰。学生才会学会如何与他人合作，如何为趣味和快乐而竞争，如何由合作学习自觉地、自主地进行独立学习。

（3）英语合作学习的实施策略

①培养合作的意识和掌握合作学习的方法

合作学习不仅仅是完成学习任务，更重要的是通过小组合作学习，培养学生的合作参与意识，与人友好相处、共同完成任务的责任感和使命感。因此，教师要注意结合英语课堂教学的内容，将合作学习意识的培养以及合作学习方法的传授渗透到平时的教学当中去，让学生一进入英语学习后就能够得到合作学习的训练，在与同伴分工合作的过程中，逐步领悟合作的重要性，并因此主动地学习，掌握与人沟通、交流、合作的技巧。学生在这种活动中就可以体验到合作意识与方法，体验到合作的成功。长期坚持下去，学生就能够彼此认可、信任、交流、接纳、支持，从而创造性学会学习、学会生活。

②树立正确的交往观

合作学习主要是加强生生之间的交流，但也必须加强师生之间的交流。在学生合作时，教师要充当学生学习的合作者，一定要走到学生中间去参加学生的讨论，获取学生中的信息，为有效调控教学做好充分的准备。

第一，不仅要重视师生交往，更要重视生生交往。第二，要建立融洽的师生关系和生生关系，要充分信任每一个学生，帮助他们在交往中寻找各自恰当的位置。第三，教学交往要面向全体学生，尽可能实现学生之间的直接交往。第四，教学交往要为实现一定的教学目的服务。教学交往存在本身并不是目的，要根据不同的教学目的创设多样化的确切的教学交往形式。

③选择好合适的切入点

我们知道：一项需要分工，需要大家共同完成的任务是促成合作行为的最基本条件。在以往的教学中我们会看到这样的现象：教师让学生小组合作学习，乍一看，学生人声鼎沸，似为积极。但仔细一听却不尽然，虽有分工，但各人的工作基本能独立完成，缺少讨论、帮助和支持。这样的合作学习对合作意识、合作精神、合作能力的培养意义不大，所以教师选择好合作学习的切入点是有效开展合作学习的关键。

教师在选择好合作学习的切入点后，还可以适当增加任务的难度。如取消过于周到的讲解、细致的分析。放手让学生合作，大胆探索。孩子们在完成任务的过程中就会出现问题，多些合作机会，使他们为解决问题而相互协商、配合、互助，真正达到合作学习的目的。

④采用多种形式的合作学习方式

根据英语学科特点及教学内容上的差异，在具体的教学过程中有不同的合作学习策略。

其一，导学讨论式。在英语学习的活动中，必须尊重学生的主体地位，充分调动学生课堂上的主动性，同时，也充分发挥教师组织者角色功能，让学生在讨论与探索中发现知识、研究知识和应用知识。在集体合作中培养积极思维的学习品质，从而达到掌握知识、发展能力的目的。那么实施"导学讨论式"合作学习的方式，是较为理想的合作学习方式。其基本模式为"创设情境，导出目标—独立学习，个别辅导—自主质疑，讨论交流—总结汇报，巧妙评价"。

其二，拼盘式。拼盘式就是将全班学生分成若干个小组之后，把一项学习任务分割成几个部分，各小组的各个成员负责掌握其中的一个部分，然后将分在不同小组学习同一部分任务的学生集中起来，组成一个个专家组，共同学习和研究所承担的任务以至熟练掌握。然后全部学生都回到自己的小组中去，分别就自己掌握的那部分内容教给组内其他同学，从而全面掌握全部的学习任务。一个单元结束后进行测验，检查每一个学生任务的掌握情况。每个学生测验成绩单独记分，小组之间不进行比较。拼盘式小组合作学习的显著特点在于，任务的关联性很强，大家对其他同学的学习都会产生兴趣并表示关心，促进小组成员之间互帮互教，从而共同掌握学习内容。

其三，游戏—竞赛式。它与基本方式在许多方面是相同的，不同之处是用学业竞赛代替了基本式的测验。在游戏—竞赛中，学生都作为不同小组的代表，同以往成绩与自己相当的其他小组成员展开竞赛。其教学流程是：教师精讲小组合作活动—游戏与竞赛，其中前两个步骤与基本式基本相同。

其四，自学—交流式。知识经济时代需要具备独立学习的能力，作为未来的人才，必须具备人际交往能力，在充分合作的前提下，共享信息，整合教学资源，这就需要我们的英语学习提供既能发挥独立学习的能力，又能得到及时的信息反馈的学习机会。基于此目的，实施自学—交流式的合作学习机制是较为理想的选择。其主要模式为"课前自学—信息交流—精讲点拨—深化巩固"。

以上介绍的是英语合作学习的基本模式，但由于学习的目的、内容等方面的不同，因而在其基本模式的基础上可以派生不同的合作学习变式。

⑤处理好合作与竞争的关系

在合作学习中学生不可避免会发生冲突，教师不能为强调友好与合作而一味指责任何冲突，应鼓励他们去协调合作中的认知冲突。通过多种途径和措施，使小组内学生之间密切合作，保持和谐的同伴关系，增强内部团结。

同时又要使小组之间彼此能有一定的竞争，把小组之间的竞争建立在小组内合作的基础上，培养学生的合作与竞争意识，促进他们的共同发展。原汁原味的合作学习是生生互动，是针对传统被动接受学习提出来的新的学习方式。合作动机和个人责任，是合作学习产生良好教学效果的关键。合作学习将个人之间的竞争转化为小组之间的竞争。如果学生长期处于个体的、竞争的学习状态之中，久而久之，学生就很可能变得冷漠、自私、狭隘和孤僻，而合作学习既有助于培养学生合作的精神、团队的意识和集体的观念，又有助于培养学生的竞争意识与竞争能力。因此，合作学习必须处理好合作与竞争的关系。

3. 探究性学习的原理与实践

（1）探究性学习的基本含义

从广义上看，探究性学习泛指学生主动研究的学习活动。它是一种学习的理念、策略、方法，适用于学生对所有学科的学习。

从狭义上看，所谓英语探究性学习即从英语学科领域或社会生活现实中选择和确定研究主题，在英语学习活动中创设一种类似于学术（或科学）研究的情境。通过学生自主、独立地发现问题、实验、操作、调查、信息收集与处理、表达与交流等探索活动，获得知识、技能、情感与态度的发展的学习方式和学习过程。探究性学习着力于学生的学，以独立或小组合作的方式进行探索性、研究性学习活动，注重学生的主动探索、体验和创新。这是与接受式学习本质不同的学习方式。

当然，学生的英语探究学习是在教师的指导下，以个人、小组或班级集体学习的形式进行的学习活动，它有别于个人在自学过程中自发的行为。而教师的主要角色则是英语学习活动的组织者、引导者与合作者。用类似科学研究的方式，即让学生通过"进行观察比较、发现、提出问题，做出解决问题的猜想，尝试解答并进行验证"的过程去揭示知识规律，求得问题的解决。其实质是让学生学习科学研究的思维方式和研究方法，从而培养学生主动探究、获取知识、解决问题的能力。

探究学习是一种发现学习，是相对于"接受学习"而言的。和接受学习相比，探究学习具有更强的问题性、实践性、参与性和开放性。经历探究过程以获得深层次的情感体验，建构知识，掌握解决问题的方法，是探究性学习要达到的三个目标。

（2）探究性学习的特征

①主体性

探究性学习体现了以学生为本的教育主体观，在教学过程中，把学生作为活动的主体，立足于学生的学。以学生的主体活动为中心来展开教学过程。

学生在积极主动地参与教学活动过程中以自己的经验和知识为基础，经过积极的探索和发现，亲身体验与实践，对新的知识信息进行选择、加工、改造、变革，并最终以自己的方式将知识纳入自己的认知结构，建构了新的认知结构，并尝试用学过的知识解决新问题。教师在这个过程中只是一个组织者、指导者和参与者。探究性学习方式有利于学生主体意识和主体能力的形成和发展。有利于塑造学生独立的人格品质，有利于培养他们主动参与、勇于探索、善于合作、敢于超越的学习品质。

②探究性

探究性学习的内容是在教师的指导下，学生自主确定的研究课题；学习的方式不是被动地记忆、理解教师传授的知识，而是敏锐地发现问题，主动地提出问题，积极地寻求解决问题的方法，探求结论的自主学习的过程。学生正是在充满对未知世界的好奇心和探究欲的前提下，在不断探索发现过程中获得发展，探究性学习正是适应了学生个体发展的需要和认识规律的一种非常重要的学习方式。这种探究性改变了接受学习的弊端，强调了学生学习的能动性、自主性和创造性。

③实践性

探究性学习强调英语学习与社会、科学和生活实际的联系，特别注意引导学生关注现实生活，亲身参与社会实践活动。同时探究学习的设计与实施为学生参与社会实践活动提供条件和可能。学生借助一定的手段，运用多种感官，通过自己的主体活动，在做中学，在学中做，教学就合而为一，融为一体，使得学生的实践活动贯穿于学习活动的始终。探究性学习，特别强调学生的感知、操作和语言等外部的实践活动，强调学生的直接经验和间接经验的交融、统一，使认知活动建立在实践活动的基础之上。用学习主体的实践活动促进学习者的发展。

④互动性

探究性学习是一个多向互动的学习过程。一方面学习主体通过和学习客体间的交互作用—活动来获取知识，培养能力。另一方面非常注重教师和学生之间、学生和学生之间的交流、合作。在探究过程中，学生间的交互学习（对话、协商与合作等）有助于他们发现问题、形成假设并进行验证，并有助于他们用多重观点来看待知识和信息，从而更加深入地探究问题。

⑤过程性

探究性学习追求学习过程和学习结果的和谐统一。接受学习重视学习的结果，探究性学习更加关注学习的过程。探究性学习非常注重学习过程中潜在的教育因素。它强调尽可能地让学生经历一个完整的知识的发现、形成、应用和发展的过程。让学生充分感受隐含在知识的发生过程中前人的智慧和科学方法。它强调让学生尽可能地像科学家那样发现问题、解决问题，经历一个完整的科学研究过程，体验发现知识再到知识创新的过程。

⑥超越性

学生探究性学习的过程就是一个不断超越现实的过程。探究性学习，打破了传统教学在统一规定下的教学模式，为学生提供了能够大胆创新、实现自我超越的学习环境。学生在探究性学习的过程中，能够超越现实。大胆地怀疑，提出问题；大胆地猜疑，进行假设猜测；大胆地质疑尝试，探讨解决问题的方案。能够超越课本，不被教材内容要求所禁锢，汲取教材以外的知识信息。能够创造性地学习，不被教师的教学要求禁锢。能够以永不满足的进取精神和强烈的创新欲望，挑战自我，不断超越自己。

（3）英语探究性学习的实施策略

①创设积极的探究情境，调动学生的探究兴趣

学生探究性学习的积极性、主动性，往往来自一个对于学习者来讲充满疑问和问题的情境。创设问题情境，就是在教材内容和学生求知心理之间制造一种"不协调"，把学生引入一种与问题有关的情境的过程。通过问题情境的创设，使学生明确探究目标，给思维以方向；同时产生强烈的探究欲望，给思维以动力。

第一，教师应该把宽容、微笑带进课堂，为探究性学习营造一种民主、平等、和谐的教学氛围。心理学家认为，一个人如果处于轻松、和谐、愉快的状态中，思维就会发挥到最佳状态，接收外界信号的速度就会非常快捷。第二，应形成一种"不唯书""不唯师""不唯上"的风气，要大胆地探究和怀疑。第三，多表扬，重鼓励。在探讨问题时，学生只要言之成理就应得到肯定；凡发表准确、深刻、新颖、有创意的看法的学生，要大加表扬。这样，学生自主思考的兴趣才会更浓，信心才会更足。另外，探究问题时，还应注意把关：既要保护好学生回答问题的积极性，又不要漫无边际，正误不分。

②鼓励学生独立探究，获得亲身参与实践的积极体验和丰富经验

探究性学习要努力将学生的英语学习引向自然，引向社会，引向生活。在这广阔的天地里，让学生选择感兴趣的主题和领域，主动探索，发现问题，并通过主动操作、亲身体验、加工、创造等实践性活动来解决问题。在整个学习过程中，不仅强调动脑思考，而且强调动手操作，注重通过触、听、看、嗅等感官的参与，获得感性认识；通过测试、计算、推理等活动获得理性认识。就在活动中学，在活动中悟；在体验与探索自然中不断成长；在参与和融入社会中不断成熟；在认识和提升自我中不断完善。

探究性学习离不开自主、独立探索。所谓独立探究，就是让每个学生根据自己的体验，用自己的思维方式自由地、开放地去探究、发现、再建构英语学习图式的过程。在探究性学习过程中，教师要鼓励学生独立探究，努力做到：要给学生独立探究的时间和空间，不要将教学过程变成机械兑现教案的过程；要鼓励学生大胆猜想、质疑问难、发表不同意见，不要急于得到圆满的答案；要给学生以思考性的指导，特别是当学生的见解出现错误或偏颇时，要引导学生自己发现问题、自我纠正，将机会留给学生，不要代替学生自己的思考。总之，凡是学生能发现的知识，教师绝不代替；凡是学生能独立解决的问题，教师绝不暗示。

③注重引导学生合作交流，养成良好的个性品质

所谓合作交流，是指在学生个体独立探究的基础上，让学生在小组内或班级集体范围内，充分展示自己的思维方法及过程，相互讨论分析，揭示知识规律和解决问题的方法、途径。探究性学习有较大的自主性，学生兴趣、爱好能得到最大的发展，能最有效地培养他们的特长。同时，探究性学习往往还不是一个人、一次能完成的，这就需要学生有合作、民主、竞争等现代意识，要善于表达自己的意愿，学会和他人沟通，愿意接受别人的好建议，遇到困难要坚定方向，增强胜利的信心，有坚强的意志，顽强的毅力，经得起磨难、挫折。这都是现代人应具备的品质。

④树立为学生发展服务的评价理念

探究性学习要关注学生的学习过程。重视过程性的评价。把学习中学生的参与程度、情感体验、努力程度、合作能力等作为评价学生的主要依据。同时，评价还要发挥其指导和激励的作用，引导学生反思自己的学习，改善学习的方式，丰富生存的体验，促进学习的顺利实施。最终令评价成为师生共同学习和提高的机会。评价的重点体现在如下几方面：一是对学生进行独立探究、合作发现、实践运用等学习活动中表现出的自主性、主动性、独创性等主体精神和品质进行评价，使学生获得主动探究获取知识的情感体验，增强学生学习的信心和动力；二是要引导学生对探究学习的活动过程进行反思，重点是提炼解决问题、获取新知的有效策略和方法，以提高主动获取新知、解决问题的能力。

（4）探究性学习活动的程序

探究性学习的实施一般可分为三个阶段：进入问题情境阶段、实践体验阶段和表达交流阶段。在英语探究性学习进行的过程中这三个阶段并不是截然分开的，而是相互交叉和交互推进的。

第一，进入问题情境阶段。

本阶段要求师生共同创设一定的问题情境，一般可以开设讲座、组织参

观访问等。目的在于做好背景知识的铺垫，调动学生原有的知识和经验。然后经过讨论，提出核心问题，诱发学生探究的动机。在此基础上按兴趣或特长将学生分成一个个学习小组，小组规模适中且允许人员流动，学生在原有知识的基础之上，提出解决问题的一些初步的想法，确定研究范围或研究题目，形成一个解决问题的行动方案。

第二，实践体验阶段。

在确定需要研究解决的问题以后，学生要进入具体解决问题的过程，通过实践、体验，形成一定的观念、态度，掌握一定的方法。

本阶段实践、体验的内容包括：

①收集和分析信息资料

这是充分体现学生自主学习的阶段，学生开始收集与解决问题相关的信息，这时要提供给学生必要的帮助与指导，让学生了解和学习收集资料的方法，掌握访谈、上网、查阅图书、报纸、杂志、问卷等获取资料的方式，并选择有效方式获取所需要的信息资料；学会判断信息资料的真伪、优劣，识别与本课题研究有重要关联的有价值的资料，淘汰边缘资料；学会有条理、有逻辑地整理与归纳资料，发现信息资料间的关联和趋势；最后综合整理信息进行判断，得出相应的结论。

②调查研究

学生应根据个人或小组集体设计的研究方案，按照确定的研究方法，选择合适的地方进行调查，获取调查结果。在这一过程中，学生应如实记载调查中所获得的基本信息，形成记录实践过程的文字、音像、制作等多种形式的"作品"，同时要学会从各种调研结果、实验、信息资料中归纳出解决问题的重要思路或观点，并反思是否获得足以支持研究结论的证据，是否还存在其他解释的可能。

③初步的交流

学生通过收集资料、调查研究得到的初步研究成果，在小组内或个人之间充分交流，学会认识客观事物，认真对待他人意见和建议，正确地认识自我，并逐步丰富个人的研究成果，培养科学精神与科学态度。

第三，表达和交流阶段。

在这一阶段。学生要将取得的收获进行归纳整理、总结提炼，形成书面和口头报告材料，利用各种不同形式来汇报自己的结论以及得出结论的过程。

学生通过交流、研讨与同学们分享成果，反思探究性学习的成败得失，这是探究性学习不可缺少的环节。在交流、研讨中，学生要学会欣赏和发现他人的优点，学会理解和宽容，学会客观地分析和辩证地思考，学生对探究性学习的过程进行反思，有助于发展学生的元认知技能。

四、小学英语学法指导

所谓小学英语学法指导，是教师对学生学习小学英语的方法的指导，它是教育者通过一定的途径对学习者进行小学英语学习方法的传授、诱导、诊治，使小学生掌握科学的学习方法并灵活运用于学习之中，逐步形成较强的自学能力。

（一）小学英语学法指导的内容

小学英语学习方法指导的具体内容有哪些，尤其是适应当今时代要求的新的学习方法有哪些，这是需要不断总结和不断完善的。对小学生进行学法指导一般有如下的内容：

1. 培养自觉地获取知识的心理状态

指导学法旨在使学生产生自觉的学习心愿、意向、目标；在学习过程中，能根据环境和条件，自我调节学习行为和学习方式；有宽泛持久的求知欲和学习兴趣；有勤奋好学、刻苦钻研、踏实训练的学习态度。

2. 掌握科学的学习方法

对学习方法的学习能够有效地促进学习的进展。小学英语学习的方法具体说来，主要指听、说、读、写的方法。听有听法，如听知法、听课法、听记法等；说有说法，如提问法、答问法、演讲法、辩论法、讲述法、介绍法、背诵法等；读有读法，如识字法、字典词典检索法、朗读法、浏览法、精读法、略读法、跳读法、猜读法、圈点法、"三到"读书法等；写有写法，如写字法、观察法、思选材法以及各类文章的写法、文章修改法等。方法往往比较抽象，为便于学生内化，都是要根据小学生学习英语的规律和年龄特征，把有关学习方法变为学习过程中可供学生实际操作的具体步骤和内容，让学生在学习过程中一步一步按照此方法的程序进行小学英语学习，从而逐步培养起学生的小学英语学习能力。

3. 揭示小学英语学习的规律

揭示小学英语学习的规律便可以化繁为简，从根本上摆脱小学英语学习的盲目性。小学英语学习规律很多，主要概括如下：英语知识与英语能力辩证统一的规律，感悟与理解相辅相成的规律，课内打基础、课外练功夫的规律。

随着科学技术的飞速发展，小学英语学习也必须有所充实，有所发展，以适应当代社会的需要；学生今天的学习，就应尽可能考虑到掌握未来社会中会出现的学习方式和方法。

（二）小学英语学法指导的原则

以英语课程标准为指导，以英语学科本身的特点和小学生学习英语的特点为依据，英语学法指导应遵循以下若干原则：

1. 改革教法与指导学法并行不悖的原则

就教学过程而言，教与学是同一事物的两个方面。好的学法是以好的教法为前提而获得的，好的教法又是为保证好的学法的运用而选定的，教法与学法必须协调同步。而英语学法指导，则是探索教法与学法的融合规律，解决教法与学法怎样组合、渗透更科学的问题，它的基本思路就是：实现教法与学法在教学过程中的最佳结合。教师指导学生学习英语好比指导学生去掰一个壳子，既要讲清掰开壳子的目的、知识、方法，又要重视学生在得到知识与方法后更想掰开壳子摸到核心的心理，从而使教法与学法得到有机组合。

2. 在掌握知识过程中发展智力的原则

学生的智力，既是教学培养的目标之一，也是影响教学效果的一个很重要的因素。按照学法指导的理论，传授知识本身，是为了让学生在掌握一定知识基础上具备分析问题、解决问题的能力，这就是思维能力，而思维能力是智力因素中的核心，由此看来，向学生传授知识的目的的一个极其重要的方面就是发展学生的智力，而不是单纯地积累知识。

庄子《逍遥游》中说："水之积也不厚，则其负大舟也无力。"离开了知识就谈不上学习，离开了智力就谈不上会学，离开了方法就谈不上善学。知识积累越丰富，就越有利于智力发展，学法的掌握也就越容易。因此，学法指导，必须把知识的习得、智力的开发与学法的掌握有机结合起来。

3. 在发展智力因素过程中开发利用非智力因素的原则

英语教学目标的完成固然与学生的智力因素有直接的联系，与学生的非智力因素，如学习兴趣、学习动机、学习情绪、学习意志等也不无关系，有时甚至有很重要的关系。根据学生学习英语的心理分析，学生掌握知识、形成技能，是通过对学习材料的感知、理解、巩固、应用四个基本环节来实现的，而在这些环节中学习兴趣、学习动机、学习意志都起着十分重要的作用。

学法指导如果不解决"愿学""乐学"的问题，也就谈不上"会学""善学"的问题。学习方法的掌握和学习能力的发展作为一个动态过程，"愿学"和"乐学"是推动其发展的前提和动力。

4. 从学法理论指导操作训练中体验学法的原则

对学生实施学法指导，可以让学生适当了解一些有关学习的理论知识。例如，指导学生掌握记忆的方法，可先让学生知道什么是记忆和记忆的心理过程，如何提高记忆水平等有关知识。又如，智力水平问题，对学生而言是一个极其敏感的问题，教师有必要就智力的内涵、各要素的核心及其相互间关系、拓宽开发智力的途径等知识做深入浅出的讲解，使学生明确学习的关键是什么。然而学法指导绝不可停留在对方法知识的介绍上，而应当通过实际的操作训练，让学生体验到学法是否可行有效，以资转化为技能，养成习惯。

5. 坚持统一指导与个别指导相结合的原则

统一指导是学法指导的重要形式，它可以面向全体学生使学生，掌握学法的一般知识。但每个学生都有各自的性格特点、学习基础和学习习惯，只有当学法指导和学生各自的特点、各自的知识与经验水平产生共鸣时，才更有针对性，才能发挥方法的功效。因此，教师在重视统一指导的同时，要针对学生的实际情况进行个别指导，指导学生选择适合自己个性特点的行之有效的科学学习方法，使二者相辅相成。

（三）小学英语学法指导的途径与方法

小学英语学法指导的途径是多方面的，不能单靠各种形式的介绍，也不能让学生一味地模仿和简单地套用，而要在具体的学习过程中，在实际运用中帮助学生去总结、去选择、去体验、去完善、去创造。学习方法的指导也离不开思维方式的训练，它实际上是人的思维方式的体现，它直接受思维方式的支配。另外，教师本身的示范作用，对学生也会产生很大影响，这也是学法指导中不容忽视的一个因素。学法指导的基本途径方法可以概括如下：

1. 精心计划，多形式进行学法指导

小学英语学法指导，要结合小学英语学科的特点，以小学生的学习心理、学习过程和认知规律为研究对象，揭示小学英语学习的本质、规律，探索科学的小学英语学习方法，加强语言修养，指导学生学习，提高英语能力。学法指导从内容上讲，首先要重视指导学生掌握优化小学英语学习环节的方法；其次要从端正学习态度、锻炼学习意志、培养良好的学习习惯等方面，对学生加强激发学习动力的方法指导；再次要加强开启智力潜能，培养创造才干的指导。从具体操作上看，应当长计划、短安排，坚持循序渐进，一以贯之。

2. 有机渗透，寓学法于教法之中

课堂教学，是学法指导的根本途径，也是学法指导经常化、具体化、出效益的最有效途径，因此，学法指导必定应走到课堂教学这个主渠道。课堂教学应是一个过程，而不是一个支离破碎、杂乱无章、随意组合的复合结构。

在这个过程中，要以学生"怎样学习"为导向，教学生学会学习。为此目的，就必须改革传统的以"教"为中心的课堂结构，设计以"导"为核心的课堂教学结构。按此结构，课堂教学应从以下几个环节有机渗透学法指导：（1）备课要明学情，备学法；（2）预习设计要指点方法；（3）教法的选择应有利于指导学法；（4）教师讲解过程要示范学法和点拨学法；（5）整个教学过程要重视指导自悟和总结学法；（6）练习设计要有助于学生运用学法，迁移学法。

3. 建立常规，确保学法指导到位

学习常规，是学法指导的合理积淀，能对学生学法实行有效调控，并使之处于有序运行和良好运行状态，具有较强的激励、制约和导向作用。叶圣陶先生曾特别强调，"凡是好的态度和好的方法，都要使之化为习惯。只有熟练得成了习惯的好的态度才能随时随地运用，好像出于本能，一辈子受用不尽"。要使学生形成良好习惯，就要帮助学生拟定一些学习常规，如自学常规、上课常规、阅读常规、作业常规、复习常规、课外学习常规等。让学生按照常规学习，以便养成良好的学习习惯。

4. 横向联系，实现学法"三个沟通"

横向联系，就是要在学法指导中把小学英语课程的学习同其他学科的知识广泛联系起来，由局部转向全面，由微观转向宏观，使英语知识同其他学科知识在相互渗透中融会贯通，协同发展，产生互相促进的"共生效应"，从而有利于学生英语综合素质的提高。

所谓"三个沟通"，就是英语学法指导与社会生活沟通，课内小学英语学习与课外活动相沟通，英语学科与其他学科相沟通。学法指导还必须重视学生在学学法、用学法、创学法方面的积极性、主动性、创造性。

第五节　小学生英语学习规律及教学启示

一、母语习得与外语学习

著名语言教育家克拉申认为，掌握一门语言的使用有两种不同的途径：一是语言习得，即通过典型的母语学习的方式，无意识地、自然而然地学习一门语言；二是语言学习，即有计划地学习语言知识和语法规则，这一过程主要依赖于认知、推理等手段来分析语言知识和规则，并辅以有意识的记忆和操练来巩固语言知识和技能。从学习目的来看，在语言习得中，学习者获得语言技能是他们生活和认识世界的需要，而语言学习则更多的是出于跨文化交流、考试升学等方面的现实需要。在学习环境方面，母语习得是"沉浸式"地完全暴露在母语语境中，母语成为生活的主要工具，能获得大量的使用语言的机会，而外语学习过程并没有这种"沉浸式"语境。

当前，外语教育界也使用广义的"第二语言习得"的概念作为对母语习得之后外语学习的统称。这也体现了两个概念的紧密联系：外语学习可借鉴诸多小学生母语习得的规律。有研究表明，小学生早期学习外语能更好地利用习得优势，尤其是在语音方面的学习优势。

有鉴于此，我们在外语教学中应充分考虑和借鉴小学生母语习得的优势。例如，当前我国小学英语教学就摒弃了多年前一开始学英语就学国际音标的主张，而倡导自然拼读法。这是由于英语属于拼音文字，英语国家的孩子在学习母语时是不会学习国际音标的，而是直接用字母拼读。因此，在小学英语教学中教授自然拼读法正是借鉴了国外小学生英语母语习得方式。另外，小学生能较轻松地习得母语，在很大程度上得益于纯母语的语境支持。因此在我国小学英语课堂中应尽量创设真实的语境，在涉及语法、词汇的教学中，尽量让学生在真实语境中使用语言，在大量使用语言的基础上让学生对语法规则和词汇用法形成初步的语感，再引导学生总结这些规则和用法，一定要避免在语言使用体验不足的情况下灌输规则。

二、语言输入与输出

克拉申认为，语言学习需要大量的语言输入，当输入达到足够多的时候，学生就能掌握语言的使用。他认为如果现有学生的水平为 i，那么输入的语言难度就应该为 i+1，这里的 "1" 是指略高于学生接受水平的新的语言学习内容，如词、句等。这对小学英语教学的启示是：课堂教学提供的输入（语言学习内容）要难度适中，即略微高于学生的理解水平，让学生通过语境、推理获取有关语句的意义。而语言教育家斯温纳则更强调输出对于语言习得的贡献，他认为语言技能的掌握仅仅靠输入是不够的，输出对语言习得有决定性意义。这是因为在输出的过程中，语言学习者需要运用语言规则对语言进行组织和加工，而理解、输入则没有这样的过程，因此输出过程是语言习得的关键过程。

总之，语言的输入和输出是小学生英语学习的核心环节，教师在教学过程中应该以丰富的活动形式为学生尽可能多地提供听力和阅读形式的输入以及口语和写作形式的输出。

三、个体差异

学生在性格、学习风格、偏好上都存在一定的差异。例如，有的孩子性格内向，有的外向；有的喜欢与人交流，有的偏爱自己分析思考；有的喜欢动手活动，有的偏爱听说话动；有的喜欢图片和视频，有的偏爱游戏与竞赛，还有的对音乐和舞蹈着迷。此外，哈佛大学认知心理学家霍华德·加德纳提出了多元智能理论。他指出人类主要有9方面的智能，即语言、逻辑—数理、空间、身体—动觉、音乐、人际、自我认知、自然观察和存在等智能。每个人的各项智能发展是不平衡的，所擅长的学习方式也是不一样的。因此，教师的教学方法和教学资源的选择和设计应重视以上个体差异，使教学满足不同学生的学习需求。

四、学习动机

学习动机是影响英语学习的重要因素，知名外语教育专家王蔷就指出：参与、愉悦和成就是影响小学生英语学习兴趣的三个关键因素。首先，小学生寻求在学习活动中的参与感和存在感。教师应在游戏、活动、表演和竞赛等教学活动中，让尽可能多的学生以不同的形式参与进来，扮演一定的角色，使他们在互动中分享自己的想法、创意，展现想象力。其次，小学生希望在英语学习中有快乐的体验，感受学习的乐趣。教师则可采用趣味竞赛、游戏、歌谣及动画展示等多种形式增强教学的趣味性，使得英语学习成为一件快乐的事情。最后，小学生希望在英语学习活动中得到各种积极的评价，这是他们学习积极性得以延续的重要因素。在教学活动中小学生得到的口头表扬、积分、奖励小标志以及在终结性评价中的得分，都能够给他们带来成就感，激发其学习动机。

第四章　小学英语教学中的学习理论

第一节　行为主义学习理论

一、行为主义学习理论的基本理念

行为主义者认为，学习是刺激与反应之间的联结。他们的基本假设是：行为是学习者对环境刺激所做出的反应，他们把环境看成刺激，把与之伴随的有机体行为看作反应，认为所有行为都是习得的。

行为主义学习理论认为，人类的思维是与外界环境相互作用的结果，即"刺激—反应"，刺激和反应之间的联结叫作"强化"，通过环境的改变和对行为的强化，任何行为都能被创造、设计、塑造和改变。例如，在教学中，对学生理想的行为要给予表彰和鼓励，还要尽量少采取或不采取惩罚等消极强化手段，只有强化正确的"反应"，消退错误的"反应"，才能取得预期的效果。行为主义学习理论把"强化"看作程序教学的核心，认为只有通过强化，才能形成最佳的学习环境，才能增强学生的学习动力。

二、行为主义学习理论的主要特征

美国心理学家约翰·华生在20世纪初创立了行为主义学习理论。后来，经过斯金纳、班杜拉、桑代克等心理学家的不断充实和完善，行为主义学习理论表现出一些主要特征。

第一，强调学习者对语言现象的观察和模仿。学习者主要是通过对周围语言环境中所出现的语言现象的观察和模仿进行学习。

第二，强调学习者的反复实践。为了养成语言习惯，学习者需要进行机械的重复、反复的实践，进而达到"刺激—反应"的效果。

第三，强调对学习者的鼓励。在学习过程中，当学习者取得一定成绩时，应及时地进行鼓励和表扬。尽量少采取或不采取惩罚等消极强化手段，只有强化正确的"反应"，消退错误的"反应"，才能取得预期的效果。

第四，强调学习过程中的间隔性原则。为学习者提供语言实践的机会，需要有计划地、间隔性地提供。学习者掌握语言现象需要有间隔地不断重复。

三、行为主义学习理论的学习模式

在行为主义学习理论的基础上，学习者的学习模式基本可以概括为"模仿—强化—重复—成形"四个步骤。

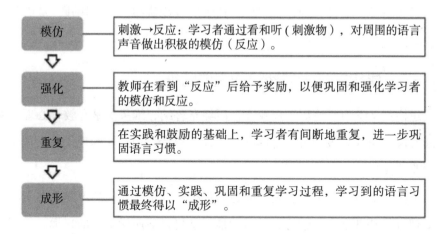

图4-1　行为主义学习模式步骤

第二节　建构主义学习理论

一、建构主义学习理论的基本理念

建构主义理论是行为主义和认知主义的进一步发展。行为主义认为学习是通过强化建立"刺激"与"反应"之间的联结，但无视了这种过程中学生的理解及心理过程。认知主义则认为学习是使外界客观事物（知识及其结构）内化为内部的认知结构的过程。建构主义的核心思想强调学习者在认知过程中对知识的主动建构，创设与知识内容有关的情境，提示新旧知识的联系，组织有利于学习者知识建构的协作交流。例如，在教学中，提倡将学生作为课堂主体，教师则起主导作用。建构主义认为，教学不在于教师讲授，也非学生听讲，而是教师通过引导，让学生自我认知、自我构建，从而获得知识。

二、建构主义学习理论的主要特征

建构主义学习理论源于皮亚杰，后经布鲁纳、维果茨基等教育心理学家不断发展和完善。该学习理论体现了"以学习者为中心"的现代教学理念。其主要特征为：

第一，学习是一个积极主动的建构过程。真正有效的学习建立在学习者主动理解的基础之上。学习者学习的最好动机是对所学材料的兴趣。他不是被动地接受外在信息，而是在学习中独立思考和自主探索，建构当前事物的意义。

第二，协作学习是意义建构的关键。学习者并不是把知识从外界搬到记忆中，而是以已有经验为基础，通过与外界的相互作用来建构新的理解。它强调在对话或协作中学习，认为理解和学习应产生于师生之间、学生之间、学生与教学内容及媒体的交互作用中，在交互协作中激活旧图式，建构更准确、全面的语言意义，完善、深化对主题的意义建构。

第三，学习情境对意义建构起重要作用。学习总是与一定的社会文化背景即"情境"相联系。知识不仅是个人建构的，而且是社会建构的。在真实或类似于真实的情境中学习，可以使学习者的认知结构在与周围环境的交互作用中通过"同化"与"顺应"逐步建构，并在"平衡—不平衡—新的平衡"的循环中得到不断丰富、发展和完善。

第四，信息资源对意义建构起支持作用。为支持学习者主动探索和完成意义建构，在学习过程中应为学习者提供多样化、开放性的信息资源，使学习者能通过社会、大自然、计算机网络、学习伙伴等多种来源最大限度地获取信息，完成意义建构。

三、建构主义学习理论的教学模式

依据建构主义学习理论发展起来的最常见教学模式是支架式教学模式。支架式教学是以苏联著名心理学家维果茨基的"最近发展区"理论为依据的。支架原本指建筑行业中使用的脚手架，在这里用来形象地描述这种教学方式。支架式教学应当为学习者建构对知识的理解提供概念框架，要把复杂的学习任务加以分解，以便把学习者的理解逐步引向深入。支架教学中的"支架"应根据学生的"最近发展区"来建立，通过支架作用不停地将学生的智力从一个水平引导到另一个更高的水平。

支架式教学模式主要由以下几个环节组成：

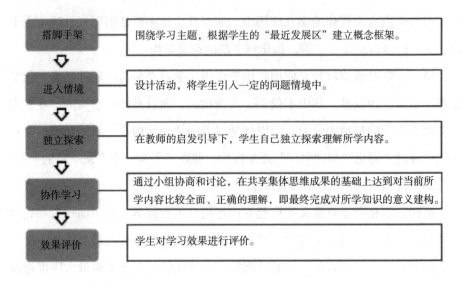

搭脚手架	围绕学习主题，根据学生的"最近发展区"建立概念框架。
进入情境	设计活动，将学生引入一定的问题情境中。
独立探索	在教师的启发引导下，学生自己独立探索理解所学内容。
协作学习	通过小组协商和讨论，在共享集体思维成果的基础上达到对当前所学内容比较全面、正确的理解，即最终完成对所学知识的意义建构。
效果评价	学生对学习效果进行评价。

第三节　多元智能理论

一、多元智能理论的基本内涵和主要内容

多元智能理论是由美国哈佛大学教育研究院的心理发展学家霍华德·加德纳于 1983 年提出。他认为人类至少有九种智能，而这九种智能彼此相互联系又相对独立，并以不同的形式得以表现和发挥。而且这些智能间通常是相互作用的，智能的表现方式也是丰富多样的。每个人都有不同的智能强项与智能弱项，且它们的表现程度不同。多元智能理论认为，如果给予适当的鼓励，提供丰富的环境与适当的指导，实际上每个人都有能力将所有智能发展到一个相当高的水平，对某些智能的培养和发展是能够带动或迁移至其他智能的发展的。

九种智能的基本内容包含：

（1）语言智能：听、说、读、写的能力。

（2）逻辑数理智能：有效利用数学进行推理的能力。

（3）空间智能：准确感知视觉空间世界的能力。

（4）身体—动觉智能：善于运用整个身体的能力。

（5）音乐智能：感受、辨别、记忆、改变和表达音乐的能力。

（6）人际智能：与人相处和交往的能力。

（7）自我认知智能：认识、了解和反省自己的能力。

（8）自然观察智能：认识植物、动物和其他自然环境的能力。

（9）存在智能：对生命、死亡和终极现实提出问题，并思考这些问题的能力。

二、多元智能理论的主要特征

根据加德纳多元智能理论的内容，可以概括出该理论具有以下主要特征：

（一）注重多元性

加德纳认为，智能是以多元化的方式存在的，每一种智能因素同等重要，不能把某种智能置于最重要的位置，要对各种智能给予同等注意力。

（二）强调差异性

尽管每个人都同时拥有相对独立的九种智能，但由于受各种不同环境和教育的影响和制约，在每个人身上以不同方式、不同程度的组合使每个人的智能各具特点。因此，多元智能的核心在于认真对待个别差异。

（三）突出实践性

智力是个体解决实际问题的能力。每个人在不同方面、不同程度拥有一系列解决现实生活中实际问题（特别是难题）的能力及发现新知识的能力。

（四）重视开发性

人的多元智能发展水平的高低关键在于开发，而帮助每个人彻底地开发他的潜在能力，需要建立一种教育体系。学校教育应是开发智能的教育，其宗旨是开发学生的多种智能，并帮助学生发现其智能的特点和业余爱好，促进其发展。

三、多元智能理论下的教育教学观

多元智能理论在教育领域的运用中，重点关注学生以下六种能力：语言表达；逻辑与思维；音乐节奏与视觉空间；自我检查；合作；观察外在事物。其教学观主要体现在：

（一）积极乐观的学生观

每一个学生的智力都各具特点并有自己独特的表现形式，因而他们也有各自不同的学习类型和学习方法。因此，没有所谓"差生"的存在，对所有学生都应抱有热切的成才期望，充分尊重每一个学生的智力特点，使我们的教育真正成为"愉快教育"和"成功教育"。同时，要针对不同学生和他们不同的智力特点进行"对症下药"的教学，对学生的评价应该从智力的各方面，通过多种渠道、采取多种形式进行，并以此为依据选择和设计适宜的教学内容和教学方法，使我们对学生的评价确实成为促进每一个学生充分发展的有效手段。

（二）注重学生的创造能力的培养

从本质上讲，解决实际问题的能力是一种创造能力，因为它主要是综合运用多方面的智力和知识，创造性地解决现实生活中没有先例可循的新问题的能力。因此，要及早培养学生的创造能力，即解决现实生活中实际问题的能力。在有组织的教育教学活动中挖掘、增加培养创造能力的内容并进行创造性地教与学，使学生的创造意识不断萌发，创造能力得以提高。

（三）强调学生的全面发展

人的智力领域是多方面的，人们在解决实际问题时所需要的智力也是多方面的。因此，向学生展示的智力领域应该是全方位的，是能够在真正意义上保证学生全面发展的。在课堂中基本知识和基本概念的教学应该涉及多个智力领域，从不同的角度，通过不同的活动帮助学生理解和学习，以期调动学生多方面的智力潜能，提高教学活动的质量。

（四）促进学生特殊才能的充分展示

人的智力特点和表现是不平衡的，每一个体都有相对而言的优势智力领域，我们的教育教学应该充分尊重每个学生的优势智力领域，并努力挖掘每一个学生特殊才能的巨大潜力。在设计和组织教学活动中，充分考虑每一个学生的优势智力领域，并使其在教师有目的、有计划的教育教学活动中，在对相关教学材料的接触和学习中得到最大化的发展，并由此培养起所有学生的自信心和自尊心。

第四节 图示理论

一、图示理论的基本内涵

图示是认知语言学中一个十分重要的结构概念。它主要指学习者已经获取的知识以"概念"的形式存储于大脑中，在适当的时候被诱因激活并参与新知识的理解。著名认知语言学家乔治·莱考夫认为，人在认识事物的过程中，不仅会获得对事物本身的认知，还会对事物之间的关系有一定的认知。在二语习得过程中，已经存储在学习者大脑中的图示，会帮助或者阻碍学习者对新知识的学习。图示的形成也是根据储存在脑海中先前的图示之间的交互作用，用已有的图示习得新的图示。图示的交互在二语习得过程中也得到广泛应用，如文化图示交互、语言图示交互、语境图示交互、百科知识图示交互等，都是二语习得过程中不可或缺的图示交互活动。总的来说，图示是人在认知过程中逐渐积累起来的经验和知识结构，无论自觉与否，人都在用已有的图示去认识世界。

"图示理论"一词在 1926 年被皮亚杰在心理学领域初次引用，图示理论认为，人们将从外界吸收到的知识以一定的规律储存在大脑中，即形成一个个图示。人们在认识和处理新事物时，总是以图式为认知基础，依据图式来预测、解释、吸收外界的信息，然后在头脑中构建新图式，并通过同化和顺应促使内部图式认知结构的变化。

二、图示的分类

Carrell 和 Eisterhold 把图示分为三种：语言图示、内容图示和形式图示。

语言图示：读者以前的语言知识，包括语音、词汇、语法知识以及连接和代替等各种衔接手段，它是其他图示的基础。

内容图示：材料的内容范畴，即材料的主题，包括与材料内容相关的背景知识和文化知识。

形式图示：文章的文体结构和知识，包括各种文体以及写作方法和修辞手段。

三、图示理论在英语教学中的运用

图示理论被广泛地应用于英语教学中。以阅读教学为例，它的运用模式如下：

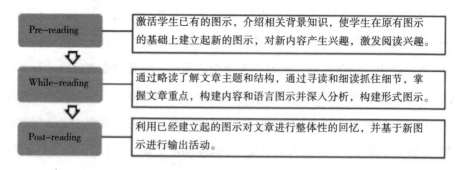

第五章　小学英语教学的四种类型

小学英语教学的任务是通过基本训练的途径培养学生运用英语的能力，即培养学生运用英语获取信息的能力。在教材中，教学内容和编排体系都是针对学生进行各项基本训练和听、说、读、写能力的培养而科学安排的，而且在教学中，不同的教学内容可以划分为不同的课型，不同的课型因为重点不同，操作特点也不同。

第一节　小学英语新授课的教法探究

一、新授课的含义

新授课，顾名思义就是讲授新课、新知识。它是教师在研读、理解课标基础上，确定教学目标和重、难点，依据教学设计，综合各种教学方法引导学生学会学习的一种课型。通过有效的学习方法引导，学生可以提高价值认知能力，增强价值判断水平，同时可以锻炼思维，提升文化素养，在这些核心素养基础上建构的知识才真正有价值、有意义。

小学英语新授课的主要特征是教师教授新的教学内容并组织学生进行操练，以让学生达到识记和理解新的知识，初步掌握一些在涉及的话题范围内所需要的简单技能为主要目的。在新授课中，教师呈现给学生某种语言现象，让学生在创设的语言情境中感知、理解语言点，经过操练，初步掌握具有特定功能的句型，了解句型结构，学会拼读、拼写、运用词汇，培养正确的语音语调，学会情景对话和课文。

二、新授课的特点

（一）生疏性

新授课的教学内容安排的是学生以前没有接触过的新课文、新对话、新词汇、新语法现象、新语音项目等，这些对于学生来讲是新鲜的、陌生的，所以学生在学习过程中对新知识、新内容具有生疏感。

（二）新颖性

小学生本性好奇，特别是对新鲜的事物有极大的兴趣，容易被新鲜事物和新异刺激所吸引。新授课的内容，包括新授课中展示的图片、投影片、教具、练习等，都比复习课具有更大的吸引力，更能使学生产生浓厚的兴趣。教师为使学生更好地感受语言内涵而创设的情境、设计的教学活动都生动地体现了教材与教学内容的新颖性。

（三）感知性

新授课的内容和教学目标决定了此课型的感知性。学生的认知发展是由浅入深、由表及里、由简单到复杂的过程。要使学生理解新知识，了解新词、新句的使用场合及正确的使用方法，必须充分地将新知识和运用新知识的语言环境、使用方法、规则、注意事项等呈现给学生，让学生听、看、模仿、思考，不断地对新知识形成深刻的和理解性的记忆。

（四）综合性

新授课中除部分课为开门见山、单刀直入的新知识、新内容，多数课仍与旧课、旧知识有联系，或由旧引新，或以旧添新。

（五）实践性

根据英语课程标准，我们可以把新授课的实践性理解为活动性。学生必须在做游戏、听指令做动作、涂色、连线、角色表演、唱歌、说歌谣、交流个人信息、书写字母和单词等活动中感知、学习英语。

（六）发展性

新授课在给学生创设的语境中使学生感知新知识，在教师设计的情境中使学生实践新知识。这种实践不应只是一个层次、一种水平的实践，因此，教学不能停留在机械重复、模仿、套用上。一成不变的操练即使密度再大，练习的人数再多，也收不到满意的效果。这就要求教师让学生在感知、理解的基础上，通过练习巩固新知，通过巩固克服遗忘，在巩固中记忆、掌握、运用新知，对所学知识产生迁移，做到举一反三，而不是学了一种新句型，只会这一个句型。要学一个句型，会三个、五个、十个、百个，凡是这一类的都能总结归纳出来，通过说、练，熟练掌握，运用自如，在练习中求发展，在巩固中求发展。只有这样，才能实现教会知识、培养能力，教学生学会学习的方法。学生学会了学习的方法，才有在今后知识快速更新的年代里适应变化万千的环境。因此，发展性是完成新授课高层次教学目标的重要特性。

三、新授课的原则

（一）学生主体，教师主导

《礼记·学记》有云："道而弗牵，强而弗抑，开而弗达。"学习是学习者的事，他不想学，你教也没用，惩罚的效果虽然短暂有效，但长期效果极差。只有引导学生学会学习，认识到自己是学习的主人，才能真正体现"教"的意义。

（二）依据教材，超越教材

教材是水，教师想做水的搬运工，还是加工成茶水做一个驿站老板，或是想做五星级大厨，把水做成美味的汤？学生可能更喜欢选择汤。

（三）价值先行，知识跟进

在小学阶段，培养学生的价值取向永远排在第一位。根据心理学阶段性原理，小学阶段并不是大量接受知识的阶段。小学阶段培养学生的学习兴趣和生活能力，远比让他们掌握更多的知识重要百倍。

（四）情感互动，教学相长

教育的复杂性在于它的对象是生命，任何生命体在长时间的接触下都会产生感情。教师应该加以利用，正确引导，互相成长。

（五）源于生活，回归生活

知识源于生活，是对生活经验的总结。作为教育者，更要把这种经历还给学生，这样学生才能在生活中运用知识解决问题。

四、新授课的教学环节

一堂完整的小学英语新授课应该具备以下几个环节。

（一）准备活动——内容相关、集体参与

热身活动通常也是复习活动，是一堂课的开始，其有效程度直接决定了这节课的学习效果。教师要精心设计，以引起全体学生的兴趣和注意为目的，让学生迅速进入学习英语的状态。形式可以是歌曲、咏唱、游戏、日常问答等。无论是哪一种形式都要与将要呈现的教学内容相关，尽量让全体学生都能参与活动，激活他们原有的相关知识。

（二）新知识呈现——教材为市、准确简明

在平日的教学中，教师每堂课都应采用直观手段，用学生熟悉的句型引出生词，用熟悉的词语引出新句型，并适当加以汉语解释等手段来呈现新知识。

1. 教材为本

教材每一个模块和单元中都设计了学生喜爱的以同龄人物生活为中心的教学背景，教师要充分利用教材所提供的教学情境和配套资源，通过简短准确的教学语言，辅之以图片和示范等直观的教学手段，按照从已知到未知、从简单到复杂，循序渐进地呈现新的内容。教师也可以根据教学目标，自己创设与教材不同的情境呈现新内容。

2. 准确简明

简约就是美，教师要把握好教材，把有限的时间和资源用于呈现教材提供的情境和语言知识。对于有完整情境的课文要整体呈现，让学生对课文首先有整体了解，然后再逐步掌握语言要点。教学词汇和句型要简明，教学语音、语调要准确规范，充分利用学生的拼音基础，让学生逐步形成单词的音形联系、自然拼读和重音意识。

（三）操练巩固——循序渐进、有效充分

在英语教学过程中，教师都知道操练巩固环节的重要性，因为只有通过操练巩固，学生才能对信息进行多次加工，使其内化为学生认知结构的一部分，才算学会了这些知识。

1. 循序渐进

操练活动应该先易后难，逐步提高要求。操练的第一步是模仿—机械操练。模仿练习是在知识呈现的基础上，在学生对新的语言材料认知、感知的基础上，将外部物质活动进行内化，通过大量的机械模仿练习，把所学知识与该知识的运用自然结合起来。第二步是情境操练。机械模仿练习时间长了，学生会失去兴趣，降低学习的积极性。在完成模仿练习后，教师应及时创设情境让学生进行替换练习和转换练习。第三步是拓展操练，也就是知识的综合应用。综合应用是在替换练习的基础上进一步放松控制，让学生综合应用所学知识，把单项的语言技能提高到应用英语进行交流信息的能力。这一步跨度大，练得好更能达到活用的水平。要更好地达到这个目标，须借助情境、图表、实物等直观手段。

2. 有效充分

课文的操练要充分，达到能够熟读并且理解的程度，能够熟练问答，在教师的指导下能够复述课文、谈论所学的话题，所以操练的过程和方法设计要以让学生理解为目的。操练活动尽量以句子为单位，鼓励学生用完整的句子来表达，词汇的操练要放在句子中，句子的操练要放在语境里，做到"词不离句，句不离篇"。操练活动要让每一个学生都处于积极的学习状态之中，教师要尽量多设计小组合作式的课堂操练活动，给学生提供充分的操练机会。小组的划分要合理并且固定，课堂上可以节省时间，提高操练的效率。教师在倾听和指导活动的同时还要善于发现"火花"，给予学生充分的肯定、表扬和鼓励。

（四）归纳总结——准确到位、便于记忆

归纳总结的目的是让学生对一堂课的重点、精髓加深印象，教师在巩固操练之后再次整体呈现学生需要掌握的基本内容，便于学生记忆，也便于教师根据学生所学内容布置课后作业。教师应引导学生回忆、梳理所学的内容，逐步找出或领会语言的规律。

（五）布置作业——实际运用、综合提高

作业布置尽量延伸到学生的生活中，能实际运用，然后辅助以文本知识。在上述四个阶段过程中，应动静交替进行。在进行了一些如说、唱、模仿、操练之后，应进行较安静的活动，如写一写、听一听、画一画、勾一勾等。这样，学生不会对每一个环节单一的教学内容或教学活动感到疲劳而失去兴

趣，反而更能激发小学生的兴趣，使他们更有新鲜感，更能集中注意力。要达到这一目的，整个过程的各个环节必须自然衔接，节奏适中，从"热身—呈现—操练—总结—作业"这五步教学模式中，学生的听、说、读、写都能得到训练。学生在整个教学活动中，是教学的主体，在练习与操练运用中，学生对基本知识达到熟练掌握程度，就能获得成功的喜悦感，增加学习信心和兴趣。

五、如何上好新授课

小学英语教师要上好英语新授课，就必须认真研究新授课各个环节的内容及相互之间的联系，不能顾此失彼或者厚此薄彼。要精心设计每一堂课，上好每一堂课，从而提高教学效率。

（一）注重差异性，以学生为中心

在新授课中要树立新的学生观，尊重每一个学生的人格与个性。只有把集体讲授和个别指导有机地结合起来，把"全面发展打基础"与"发展特长育人才"结合起来，才能使每个学生扬起希望的风帆，达到预期的教学效果。

（二）灵活运用教学方法，因材施教

讲授教学重点不仅在讲，更重在导，在教学过程中要"见风使舵"，善于点拨。教师适时地点拨、提示、点化、诱导，使课堂教学更具有启发性，启发、诱导学生积极运用创造性思维，主动去获得知识，真正达到发展智力、培养能力的目的。所以说，讲授不仅要让学生获得知识，更重要的是教会学生学会学习、学会思考，培养他们的思维能力。

（三）教学内容生动有趣

小学英语教学的重点在于教学内容是否生动有趣，是否能够吸引学生，让学生不由自主地想要参与课堂活动，这就需要教师观察、了解学生。玩是

学生的天性，在课堂上可以适当增设游戏环节，运用教学游戏，使学生能够全神贯注地投入学习中。充分利用直观教具，可以使学生不容易理解的复杂的教学内容简单化，使教学内容具体生动，充分调动起学习积极性；在教学信息量增大的同时增强教学知识量，帮助学生最大限度地正确理解知识，激起学生浓厚的学习兴趣，在赋予了课堂教学的声形俱现的同时也有效地提高了英语教学的效率。

（四）加大互动程度

互动能让学生集中注意力，积极主动地学习。在互动过程中，学生也常常能得到意想不到的收获，性格变得更加开朗，开始主动地探求知识。

（五）提供自然的语言环境

学习语言最好的方法是营造合适的语言环境，充分调动学生的交流热情，引导学生在课堂上积极参与交流活动。

（六）掌握课堂教学的节奏

快节奏与慢节奏实时转换，有效配合学生的关注点，张弛有度，适当地停歇或者加快教学，把握好学生的学习状态，充分利用他们注意力集中的时候增加教学难度，而在其感到疲乏时松弛教学节奏。

第二节　小学英语练习课的教法探究

一、练习课的含义

练习课是由英语学科特点决定的一种重要的课堂教学课型。其主要特征是在教师的指导下，发挥学生的主体功能，利用已经掌握的英语基础知识和已具备的技能，通过一定量的语言任务、词汇和词法的训练、专题讨论等多种方式完成课堂练习的任务，以达到领会、巩固、加深理解所学的基础知识，掌握基本技能，提高应用能力和阅读能力的目的。

小学英语练习课是以学生独立练习为主要内容的课型，它是新授课的补充和延续。心理学认为，一个正确认识的获得，总要经过由实践到认识、由认识到实践的多次反复。反映在教学规律上，学生要获得知识和能力，也有一个多次反复的过程。

总之，要上一节高质、高效的英语练习课，既要发挥英语的语用价值，又要发挥英语的应用价值，需要教师细心地钻研教材、研究学生、设计练习、组织学生、及时总结，做到"情趣"并茂，其难度不亚于一节新授课。

二、练习课的特点

练习是学习者对学习任务的重复接触或重复反应，是学生形成心智技能和动作技能的基本途径。练习是学生在教师指导下独自运用知识、解决问题、发展智能的教学活动，是学生学习过程中的重要实践活动，具有"巩固技能、反馈评价、形成策略，解决问题、拓展思维"的功能。

三、练习课的原则

（一）目的性

要围绕课堂教学重点、难点设计练习，要针对学生存在的问题展开练习。

（二）层次性

练习的设计要由易到难、由浅入深、由单一到综合，要有一定的坡度。多层训练有利于暴露差异，发展学生的思维能力。

（三）多样性

练习的形式多样，有利于学生学习兴趣的激发和思维的发展，要加强知识的应用性和开放性，培养学生灵活应用知识和解决问题的能力。

（四）调节性

及时了解学生练习的情况，适当调整练习。

（五）灵活性

分量要适中，做到质、量兼顾，能促进各个层次学生的发展，让每个学生都得到不同的收获；无论做什么练习都要面向全体学生，让全体学生都有练习的机会，都能得到提高。

四、练习课的教学环节

（一）问题引入，回顾再现

教学目标：使学生通过对问题的问答或习题的解答，回忆、再现新授课中有关的词汇、词法、语音等。

操作要领：围绕前面学习的内容（知识、方法）设计问题。问题的形式可以是一个概括性的问题，如上节课我们学习了什么内容；也可以是典型的一组对话、一篇阅读；还可以通过检查上节课的作业提出相关的问题。

作为新授课的补充和延续，在练习课开始时，学生通过对问题的回答或对习题的解答，回忆、再现新授课中有关的知识及方法。教师能够根据学生的情况做出诊断及点拨，同时为后面的练习做好准备。

（二）分层练习，强化提高

通过分层练习，巩固学生的英语基础知识，形成阅读、会话基本技能，提高学生的英语思维、解决问题等能力。本环节是练习课的主体部分。分层练习中的"分层"：一是指习题分类，由易到难，由简单到综合，分为基本练习、综合练习、提高性或扩展性练习，学生逐题练习，及时订正；二是指因学生学习能力不一，做题的速度有差异，作为提高性或拓展性练习，是作为调控练习时间、培养优等生英语能力的选做性练习。

（三）自主检测，评价完善

通过学生自我达标性的独立练习，进一步强化"双基"，找出存在的问题，订正错误。本环节的主要目的是对学生本段学习状况进行自我达标性检测，通过检测使学生体验到成功的喜悦和发现存在的不足，教师及时收集反馈信息，采取相应的措施。自主检测内容要围绕教学目标，以"双基"为主，并具有层次性，可以是以测试的方式呈现，也可以指定课本或练习册上的题目让学生完成。

（四）归纳小结，课外延伸

引导学生对所练习的语言知识完善认识、感受语用；通过课外延伸作业，落实"双基"，培养有关的能力。本环节的主要目的是对本段学习的知识进行系统的梳理提升，突出重点和难点，并注重知识在实际生活中的应用。

五、如何上好练习课

（一）培养学生的练习兴趣

学生的学习兴趣是一种求知的愿望，是他们力求认识事物、渴望获得知识的一种意向活动。爱因斯坦说过，兴趣是最好的老师。教育心理学也告诉我们，兴趣是组成学习动机的因素之一；兴趣在动机中处于中心地位，是动机的最活跃的成分。

小学英语练习训练由于受小学生年龄特点和枯燥练习内容的制约，很容易使学生对练习训练失去兴趣，从而失去练习动机。因此，如何在练习中培养学生的练习兴趣，成为亟须解决的问题。教师可以试图通过下列策略，培养学生的练习兴趣，激发学生的练习动机。

1. 加强感情投入，激发练习兴趣

在教学过程中，教与学双边活动的顺利进行，需要融洽的师生感情做基础。教师热爱学生、关心学生，时刻让学生感受到教师对他们的理解、信任、关怀和鼓励，不仅会赢得学生的尊敬和信赖，而且教师的言行也将会成为他们学习的动力，从而提高他们对教师所教课程的学习兴趣，产生学习欲望；反之，任何伤害学生感情的言行，都会使学生产生逆反心理，增长厌学情绪。所以，在练习过程中，教师要用充满感情、亲切的语言鼓励和引导学生参与练习过程，用生动有趣、富有启发性的语言带领学生积极思维，使学生产生练习兴趣，变被动练习为主动练习，进而培养学生的自主练习能力。

2. 选好练习材料，引发练习兴趣

教育心理学家布鲁纳曾说："学习的最好刺激乃是对学习材料的兴趣。"因此，在练习训练中，教师一方面要挖掘练习材料中的兴趣因素，把兴趣附在知识上；另一方面要注意捕捉学生生活中的兴趣点，并善于把学生不甚明白的课外问题恰当地引入练习内容。这样，不仅练习内容组织得系统、严密、循序渐进、逐层深入，而且所练知识新颖、奇妙，使学生获得积极的情绪体验，尝到练习的乐趣。

（二）培养良好的作业习惯

学生的练习习惯是在长期的练习过程中逐步形成的一种本能。良好的练习习惯不仅可以提高练习效率，而且有利于自学能力的培养。因此，培养小学生良好的练习习惯是小学阶段练习教学的一项重要任务。在小学英语练习教学中，应该培养学生下列良好的练习习惯。

1. 勤于思考与全神贯注的练习习惯。

2. 参与课堂练习活动的习惯。

3. 多动脑、勤动手的习惯。

4. 大胆发言，敢于质疑，敢于表达自己见解的习惯。

5. 独立完成练习作业与自我评价的习惯。

6. 课外阅读练习的习惯。

7. 在练习中善于倾听的习惯。

（三）抓好练习的科学反馈

控制论的创始人维纳曾说："一个有效的行为必须通过某种反馈过程来取得信息，从而了解目的是否已经达到。"作为教学过程控制者的教师，就必须通过教学反馈来把知识信息的系统输出转变为系统的输入，促使教学恰到好处地适合学生的学习水平，使学生对知识的好奇心理和探求欲望能够在自己设置的情境中被激发出来，顺利地按照目标要求形成学生的思维活动，从而呈现以教师为主导、学生为主体的教与学最佳状态。因此，教学反馈是影响教学质量的极其重要的因素，是活跃于师生之间的重要媒介，是教师执行教学计划过程中或执行后把系统的真实情况反映出来，从而对知识信息再传递发生影响的过程。在英语练习训练中，教师可以通过课内外相结合的方式组织实施反馈策略。

1. 教师提问

这种方式最为直观、便捷，便于教师随时发现问题，依据实际情况及时调整教学，在形式上也更灵活，可以是自由谈话、回答问题、复述等。提问时，教师应采取分层的方法，针对不同层次的学生提出不同的要求，注意问题的深度和难度，以免挫伤一部分学生的学习积极性。对于学生的回答应及时评定，指出其中的优点与不足，对于不足应帮其找出原因，以免下次再错，而不应采取批评的方式，从而真正达到教学的同步有效进行。

2. 随堂检测

随堂检测不宜量大、面广，而应立足本节，稍有扩展，抓住重点，在检测结束后，教师可抽一些典型层面的学生进行批阅，然后依据抽样结果进行分析讲解，从而达到预期的教学效果。

3. 学生独立反思

在英语练习中，教师都应留有一定的时间让学生自由支配，回顾本课的练习内容，让学生自己找出薄弱环节，由教师给予指导并及时解决。由于受到时间的限制，课堂上练习的反馈面往往很小，教师很难有时间对大部分学生逐一了解，部分涉及面大的问题无法拓展，只能课后去解决。

（四）在练习中培养创新能力

创新，不断把人类推向新的黎明。当人类社会进入知识经济时代，如何实施素质教育，培养新时代有用人才，从而提高国民素质，是摆在教育工作者面前的一项紧迫任务。创新，是知识经济的灵魂，是素质教育的核心。"创新是一个民族进步的灵魂，是一个国家兴旺发达的不竭动力。"那么，在英语练习教学中如何培养学生的创新能力呢？

1. 在练习中想象，培养学生创新意识

想象，就是充分利用头脑的想象力来构想、设计、创造新事物，想象不仅是创新的方法，同时也是创新的一种动力。

在练习训练中，教师可利用多媒体课件等多种教学手段，充分发挥学生的想象力进行思维活动，从而培养创新意识。

2. 巧妙利用设问，培养学生创新能力

陶行知先生曾说："发明千千万，起点在一问。"可见，练习中精巧的设问能激发学生的创造性思维。在练习教学中，教师可以根据练习内容中有利于启发学生创造性思维的因素，组织学生开展练习活动，从而诱发学生的创新意识和创造性思维，培养和提高学生的创新能力。

3. 巧妙利用练习活动，培养学生创新能力

活动是指在课堂内外，由教师有目的、有计划、有组织地通过多种项目和方式，综合运用所学知识，开展的一种以学生为主体，以实践性、自主性、创造性、趣味性为主要特征的教学形式。在练习教学中，教师要充分利用活动这一有效载体，善于在活动中引导学生掌握一定的创新方法。例如，在练习训练中组织学生进行课外阅读、办英语小报、编英语故事、表演英语课本剧等，既可以充分发挥学生的参与积极性，又可以培养学生的创新能力。

第三节 小学英语复习课的教法探究

一、复习课的含义

在英语教学中，复习是通过复习课的形式来完成的。复习是整个教学环节中不可缺少的一个环节，也是十分重要的一个环节。复习课的主要任务是帮助学生梳理知识，使知识系统化、结构化，以加深对知识的理解与记忆；帮助学生进一步巩固和熟练《英语课程标准》规定的所要掌握的基本技能与技巧；帮助学生进一步提高运用所学语言知识进行交际的能力。好的复习应达到巩固所学知识的目的，能对学过的内容进行综合、归类，找到它们的联系，从而提高综合运用语言的能力。因此，如何上好复习课一直是教师关心的问题。

二、复习课的特点

（一）知识的归纳整理

无论是哪一类型的复习课，都要将所学的有关知识进行归纳、整理，如按纵、横向归类，进而做知识的系统整体综合，形成结构化的知识。

（二）知识的迁移训练

复习不是简单的重复，其最终目的在于培养和提高学生运用知识、解决问题的能力。在复习过程中，要加强知识的迁移训练，培养学生举一反三、触类旁通、运用所学知识解决问题的能力。

三、复习课的原则

（一）系统性原则

复习不是把平时学习过的内容重复一遍，而是要把平时所学的、局部的、分散的、零碎的知识纵横联系，使之系统化、结构化，使学生进一步明确各部分教材的地位与作用，揭示各部分内容之间的内在联系。

（二）基础性原则

无论哪一种复习，都要抓住基础知识复习与基本技能训练。基础知识的复习要弄清这些基础知识是怎样提出来的，具体内容是什么，运用时应注意什么，它和其他基础知识有什么联系等。基本技能训练在复习中应引起高度重视，要有意识地让学生多练习一些基础知识。

（三）重点性原则

复习课内容一般都较多，时间又有限。因此，不能面面俱到，不能眉毛胡子一把抓，而是要有重点地复习。教师要做一个有心人，要把复习重点放在难点、弱点及容易出错的内容上面，努力做到有的放矢。

（四）针对性原则

复习课中方法的选择、题目的设计、重难点的确定等都要有针对性，要根据《英语课程标准》的要求，针对教材的重难点，针对学生的薄弱环节，针对学校及学生的实际情况进行复习，不能带有任何盲目性与随意性。

（五）精选性原则

复习课中习题的配备必须精心考虑，题目必须有一定的基础性、综合性、启发性、代表性与典型性，帮助学生从练习中找出规律、发现方法，使学生通过复习有新的收获、新的体会。

（六）主体性原则

复习课应同样把学生看成是学习的主体，要千方百计让学生积极地参与复习过程；要鼓励、引导学生主动探究，主动思考，主动学习。

（七）指导性原则

教师应指导学生复习的方法，明确复习目的，确定复习重点，落实复习措施，特别对学习困难生要加强指导。

（八）及时性原则

教师在复习过程的每一个环节，都要及时地了解学生的复习情况，及时帮助学生排忧解难，及时地反馈评价和矫正学生复习的情况，使每一位学生通过复习都有所提高、有所进步。

四、复习课的教学环节

（一）创设单元情境，进入复习主题

首先，教师要围绕单元主题设计好复习的主线情境，可以采用闯关类游戏贯穿始终，逐一设置关卡型任务，使得每个环节不孤立，衔接得恰如其分，过渡得顺其自然。以情带词，以词带句，以句带篇，以篇入境，开展一些有趣的活动，可以是说唱歌谣或进行交际会话练习，通过一些欢快的形式，在复习巩固语言的基础上，营造愉悦复习的氛围，让学生尽快进入状态。

（二）基础知识梳理，融入巩固训练

根据所复习内容，教师引导学生完成梳理有关语言知识要点的任务，让学生多说，进一步培养学生的理解能力，从而巩固语言知识的记忆。借助信息技术为扶手，让学生多做，通过听做、表演、视听、配音等形式的活动，

把知识内化在技能训练之中，从而使学生能高效复习。

（三）渗透课市文市，提升综合能力

复习课的再现课本知识，不只是简单进行一些听、说、读、写的活动，而应在学生原有知识技能的基础上，开展交际会话、分角色表演、配音、考眼力、小游戏等活动，在熟练掌握课本内容的前提下，提高学生的综合语言运用能力。

学生在教师的引导下进入课本知识的复习，对课文和短文进行交际应用，如分角色朗读、表演等活动。

（四）拓展应用练习，回归生活市质

教师可根据实际，创设贴近学生生活的情境，设计一些有一定难度、有一定梯度、有一定挑战性的活动，进一步培养学生灵活运用知识的能力。

教师根据所创设的情境对本单元的内容进行应用，如设计改编对话、小记者采访、动笔做练习题等活动，使学生在真实情境中或模拟的真实情境中运用语言、掌握语言、回归生活。

（五）进行当堂检测，展示学习成果

在完成知识串联后，教师利用 10~15 分钟时间对学生进行当堂检测。学生的掌握程度怎样，最终通过测试结果来体现。这就需要教师精心设计重难点突出的检测题，要做到设计合理，层次分明，结合每个课时的要点，把语音、词法、词汇、句型、语篇融合在其中，使语言知识与语言应用相结合。教师也可以分组对学生进行测试，并做相应的评价，同时要收集学生的易错点，以便进行平行性检测。

（六）组织课堂小结，布置家庭作业

总结、回顾本单元复习要点，简要反馈并评价学生学习情况，找出存在

的问题，布置有针对性的作业，更好地巩固语言知识。回顾本单元知识点，让学生整理自己的易错词、句，完成平行性试题。

五、如何上好复习课

（一）有计划、针对性地整合教材，选择合适的教学方法

复习课需要在课前梳理知识，整合内容。一般来说，复习课较少，复现频率低。各单元间应找到语言知识和结构上的关联，根据复习内容和目标进行整合、归类。

对于句型相互联系的几个单元，教师可以设计一个主题，以词汇、句型为主线，安排场景不同的任务模块串联起来。

（二）调动学生学习的积极性，激发学习兴趣

有什么样的复习目的就会有什么样的复习方法和复习效果。复习时，应该以激发学生学习兴趣、提高学生自主学习能力为根本目的。要注意训练形式不要过于机械，要尽量创设一些学生感兴趣的活动，如听音做动作、猜词游戏、接龙游戏、拼图游戏等。

对于后进生的辅导要将大目标分成小步走，比如，每天掌握多少单词或句子，每天巩固 2~3 遍，并由教师及时检查督促，多给予后进生关心和鼓励，多给予他们表现的机会。当后进生有了成就感的时候，他们就会加倍努力。

（三）发展学生的综合语言运用能力

在复习课的教学过程中，教师更要注重对学生语言知识、语言技能、情感态度、学习策略、文化意识的修炼，加强学生听、说、读、写、认知和理解能力的训练。例如，教师可以向学生传授学习策略、单词记忆方法、看图回答问题的方法，完成听力题的技巧等。

（四）发展学生思维能力，培养创新精神

学生在认知事物时，要经过一系列的思维活动，包括观察、注意、想象、类比、分析、推理、判断、概念化等。教师应根据学生的这一认知规律，在复习过程中设计相应的语言任务活动，使学生在活动中发展思维能力。

（五）弥补教学不足，组织复习材料

在教学过程中，难免会出现"教"与"学"两方面的不足。有时候教学中的不足是可以事先知道的，比如，在新授课过程中，对某一语言点训练不够，学生在操练过程中会出现共性问题。但有时候教学中的不足是事先不知道的，只有在复习过程中才表现出来。对于这些问题不是都可以在复习课上通过操练的形式加以弥补的。那么教师在组织复习材料时，要善于将学生平时的共性问题提炼出来，如 she 和 he 分不清、be 动词的使用不准确等。

（六）合理安排复习时间

复习课应是强化记忆，熟练掌握基础知识和基本技能，并使之转化为能力的重要手段，它的功能应使学生把"忘的记起来，漏的补上，错的纠正，差的赶上"。在复习过程中，教师要始终围绕提高学生学习英语的兴趣，提高学生听、说、读、写的综合水平，提高学生活用能力和应变能力，达到"温故而知新"的目的来进行。

第四节　小学英语活动课的教法探究

一、活动课的含义

《英语课程标准》提出"采用活动途径，倡导体验参与"的理念。《基础教育课程改革纲要》也做出了明确的规定：改变课程实施过于强调接受学

习、死记硬背、机械训练的现状，倡导学生主动参与、乐于探究、勤于动手，培养学生收集和处理信息的能力、获取新知识的能力、分析和解决问题的能力，以及交流与合作的能力。随着基础教育改革的深入与发展，新课程体系多样化格局的形成，围绕着新课程标准和素质教育的目标要求，为了培养21世纪合格的综合性人才，我国已将活动课程纳入了课程体系，成为课程体系的重要内容之一。小学英语活动课教学正契合了我国基础教育改革与发展的需要，顺应了时代的要求。小学英语活动课主要是采取活动的方法进行英语教学，完成教学任务，达到教学目的。"活"是指把文字活化为话语，把教材内容活化为生活，把教学过程活化为交际；"动"是指身体各部分器官的动，认知结构的动，人的主体意识的动。

二、活动课的特点

（一）学生课堂学习的自主性与参与性

在英语活动课中，学生应该始终处在动态之中，居于教学主体地位。每个学生都有较大的自主权，学生要最大限度地发挥自己的主观能动性，参与活动的设计、策划，参与活动的准备，在活动中发挥聪明才智。学生还应积极参与活动的总结。每堂英语活动课要根据学生的实际情况和特点，让学生自己"活"，自己"动"，使学生在统一组织的活动中培养自主意识，发挥主体作用，真正成为活动的主人。

（二）学生在获得知识途径上的实践性与牢固性

教育家夸美纽斯要求："要让学生从书写学书写，从谈话去学谈话，从唱歌去学唱歌，从推理去学推理。"学生将所学知识加以运用并且能解决实际问题的话，知识"便成了他身上的一部分，如同他的手指一样"。真正牢固地掌握了知识，也就实现了教学的目标。例如，教师准备让学生充当一次英语小记者的角色，前半个月就应该有意识地向学生介绍被访问者（外籍教师等）国家的风俗习惯、地理位置、资源以及经济状况等，还须向学生提供一些书本上没有学过的有关采访的句子、词汇等，让学生自由组合。采访前，学生应将所提问题准备好，并且要准备一些答案用以回答被访问者的问题。

通过这种途径让学生在实践中使用英语，学生学到的英语知识会牢记在心，终生难忘。

（三）教师组织教学形式的多样性与灵活性

教师在组织英语活动课时应根据活动课程的自主性特点，在体现学生学习的自主性、独立性、创造性上下功夫。利用社会这一广阔的天地，充分挖掘每个学生的潜能。要设计和组织多种层次、多种形式的英语活动课，让学生根据自身的英语基础、兴趣、爱好和特长，在活动的内容与方式上有所选择。教师还应适当考虑学生的年龄特点和英语知识水平，选用适当的形式和方法，循序渐进，逐步提高，把英语活动课开展得有声有色，不流于形式，使学生的英语交际能力真正得到提高。

三、活动课的原则

（一）学生为主体，教师为主导

以学生为主体进行教学，要充分考虑学生的智力、年龄、心理等因素，积极调动学生学习的积极性，大力培养学生学习的"乐"与"趣"，重点培养学生运用语言的能力，而教师仅仅是引导者。英语活动课应体现"学生自由原则"。

（二）轻形式，重实践

鼓励学生在活动实践中学习英语，学会使用英语，并且把所学的语言运用于现实生活中，以实现英语学习的交际目的。只要学生重视用英语进行日常交际活动，学生就会在实践中取得进步，体验到学习语言的乐趣。

（三）真实性和趣味性相结合

活动设计在体现趣味性的同时，要更多地体现情境的真实性，真实性高于趣味性。如学完"A wolf coming"后，要求学生模拟表演，首先应帮助学生排除本组成员对本课内容不熟悉的生词难句等困难，然后大家各自选择自己喜欢的角色，或者由组长合理分配角色。

（四）注重培养文化意识

课本不仅仅是载体，同时也是师生共同探求新知的朋友。每个学生都有自己对新知识的理解，书中也蕴含了许多异国风情。例如，如何表达交际意向，在交际者之间如何根据彼此的熟悉程度和关系采用什么样的交际风格，在与外国友人一起出席宴会、出门游玩时要注意的礼节，等等。学生在接触知识的同时，也应注重文化意识的培养，并注重在实际语言中的使用，让学生感受到各国间的文化差异。

（五）评价多元化原则

评价是学生认识自我、改造自我的重要因素。教师要适时地给出符合学生心理的评价，科学的评价可以更好地发挥学生的潜能，增强他们的信心。

（六）必须贴近生活

知识来源于生活，同时又能改善生活。活动的内容应当结合小学生的生活感受，使活动具有一定的科学性、思考性、可操作性。教学中可打破时空的限制，结合教材内容，适时适当地安排相应的活动内容。

四、如何开展小学英语活动课

（一）开辟英语小天地

学生可以在这片小天地里进行对人生观、价值观的讨论与交流，可以阅读一些小报和故事，收看和收听与英语相关的电视节目和广播节目等，让他们在学中用、用中学，学中有乐，乐中有趣。

（二）自己创办英语板报

板报创办既增加了学生的文化意识，也营造了学习英语的氛围，增强了学生学习英语的主动性，同时也锻炼了学生的口语与写作能力。

（三）举行英语素质能力竞赛

英语演讲比赛、基础知识测试等能力竞赛既培养了学生的竞争意识，也提高了学生应用英语语言的能力，推动小学英语教学向高层次目标发展。

（四）大力开展游戏教学

小学生天性好动，乐于参与游戏活动，将知识融于游戏之中，让学生在情趣盎然的游戏中练习所学知识，在蹦蹦跳跳中学习英语，学生是非常愿意接受的。例如，讲到人体部位时，让学生都站起来做 "Touch your face / mouth\nose / ear / hair / foot / arm\eye / head / leg / hand" 等动作，做错的学生淘汰出局来当裁判，这样既增加了英语活动课的趣味性，又能让学生积极参加，并且容易记忆新学知识。

总之，以活动课为核心组织英语教学，教师在完成每堂课的教学任务之外，还要将学习内容设计成真实而有意义的学习活动，以活动为核心组织学生学习。俗话说："英语是学会的，不是教会的。"只有通过活动情境的设计，以"活动"促"说"，以"活动"促"用"，经过长时间的积累，英语的魅力才能从学生的日常生活中体现出来。

第六章　小学英语教学设计与实施

第一节　小学英语教学设计的基本要求

一、小学英语教学设计的基本含义及意义

小学英语教学设计是指教师针对小学英语教学中出现的各种问题，根据小学生年龄、心理特征分析得出其学习需求，依据教学理论，运用系统方法对各种教学资源进行有机整合，设计英语教学目标、教学过程、教学活动、教学方法、教学评价等，以进行英语教学准备的过程，其最直接的结果是为教师实施教学提供一个全面的指导性计划。

科学合理的教学设计，在英语教学过程当中可以起到极大的作用。不仅能够使教学的过程变得更加简单、流畅，还能让课堂变得更加生动活泼、丰富多彩，能使学生更加积极主动地参与到课堂活动中来，进而提高课堂效率。教师应当积极主动地学习，不断改进自己的教学设计，使自己的教学设计更加科学合理，从而指导自己的课堂教学，以更好地达到设定的教学目标。这样才能提高教学效果，为学生的英语学习打下坚实的基础，提高学生英语学习水平和能力。

二、小学英语教学设计的基本要素

美国著名教学设计研究专家马杰提出的教学设计程序的理论认为小学英

语教学设计包括以下几点：教学目标设计、教学对象分析、教材分析与组织、教学策略设计、教学过程设计、教学评价设计。

陈冬花把小学英语教学设计基本要素总结为以下几点：

（一）教学起点分析

教学起点分析也称为学情分析，指的是要对教学内容和教学对象进行分析。为了顺利地完成教学任务，更好地满足学生需求，教师在进行课堂设计之前要做的第一件工作就是进行教学起点分析。

对教学内容的分析是指，对所选用的教材进行分析，通常称为教材分析。教材分析是指，教师对所选用的教材进行系统的研读，对教材的编写理念、内容体系、编排顺序、结构特点、学习要求等深入认识与理解的过程，是教师进行教学设计的首要工作。通过全面、系统地分析教材，教师能够正确理解教材的内容，把握教材的教学重点和教学难点，为确定教学目标和选择教学方法奠定基础。教材分析的结果是教师确定教学设计思路的重要参考，也是教师确定学生学什么的依据。教学设计首先要解决的问题是教师教什么或学生学什么及学习内容，它是教学设计的基本依据。

教学对象分析是指教师对所教授班级学生情况的综合分析，一般包括教学对象起点水平分析、学习态度分析、学习动机分析等方面，也称为学情分析。

教学对象起点水平分析，指分析教学对象的初始能力，目的是确定教学起点。在进行教学设计工作之前，分析教学对象学习水平，主要实现两个目的：一是明确教学对象现有的英语听、说、读、写处在一个什么样的水平，确定他们是否具备学习新知识的能力；二是了解学生对原有知识的掌握程度，更好地确定学生的最近发展区。

教学对象学习态度分析，涉及的主要内容有：学生对学习英语的态度，学生的性格特征、学习风格、能力倾向，班级的精神风貌等。

教学对象学习动机分析，是指教师了解学生学习英语的态度和心理倾向，这是教师设计教学活动、选择教学方法的重要参考，这些动机是激发学生学习的主要动力之一。准确把握学生的学习动机，对教师设计教学活动、指导学生学习、实现教学目标有很大的帮助。

（二）设计教学目标

教学目标的设计，是教师在把握教学内容和学生学情的基础上，要通过教学使学生达到的标准。教学目标是教学活动的出发点，是教学活动的最终归宿，也是判断教学效果的标准。一切教学活动，都要围绕教学目标进行，因此，确定教学目标是非常重要的。

（三）确定重点、难点

教学重点、难点是进行教学设计的必备要素之一。教学重点就是学生必须掌握的基础知识与基本技能，即学科教学的核心知识。教学难点，是指学生不易理解的知识，或不易掌握的技能与技巧。在分析教学内容和学生学习情况的基础上，根据学生的实际水平来确定教学重点和难点，正确把握教学重点和难点，对顺利完成教学任务、实现教学目标非常重要。

一般情况下，对于大多数学生感到困难的内容，教师要着力设计有效办法加以突破，否则不但这部分内容学生始终听不懂、学不会，还会为其理解以后的新知识和技能造成困难。

（四）设计教学过程

教学过程是为完成教学任务，达成教学目标所采取的步骤和方法。小学英语教学过程一般分为以下几个：课堂导入、新知呈现、课堂操练、拓展运用、课堂总结与作业。

（五）设计教学评价

教学评价是根据教学目标，衡量教师的教和学生的学的效果的过程，分为准备性评价、形成性评价、终结性评价。在教学过程中，教师们应该弄清楚评价的目的。首先，教学评价要起到检测的作用，看一看学生对语言的综合运用能力。例如，在讲美国英语和英国英语的区别时，教师就需要让学生获得一种理解能力，让他们知道这两种语言在日常生活中的使用。其次，教学评价设计还要起到激励作用。教师可以采取一些有趣的活动，如游戏、竞争、演示、表演等，使学生参与其中，让他们能够在一种情境中较好地掌握和理解这两种语言的差别。然后，教师对学生的这些活动进行评价，这非常有益于学生更好地认识自我、树立自信。最后，评价还应起到使学生发展的作用。整个评价设计必须要考虑如何促进学生的发展，有效的评价应该有助于学生的反思和调控自己的学习过程，从而促进综合语言运用能力的不断提高。

总之，教师在进行教学评价时，要结合自己的教学目标、教学内容、学生的学习环境以及学生的个体差异等，设计适合自己的教学和学生学习的评价工具，制定切实可行的评价标准。例如，形成性评价：教师根据教学目标，挑学生单独站起来读单词或做对话练习，对于能够正确朗读单词或对话的学生，教师给予表扬：Wonderful!、Good job!、Excellent!、Super! 教师采取形成性评价方式，具体是通过观察学生的课堂表现、提问学生，根据学生回答问题的结果来评价学生对于知识的掌握情况，并给予相应评价。这样的评价方式，可以动态了解学生学习情况，并对教学活动随时进行调整；可以对于学生的学习成果给予肯定，激发学生学习的兴趣和动力，顺利达成教学目标。

（六）撰写教学反思

教学反思是教师在教学结束后，根据本节课的教学目标，对本节课的教学过程、课堂组织、决策以及教学效果进行反思和分析，从而发现教学中的不足，为今后的教学设计提供借鉴。教学反思的内容是多方面的，比如，教学目标的反思、教学内容的反思、教学方法的反思、教学效果的反思等。撰写教学反思是改进教学、促进教师专业发展的重要途径。下面是一篇教学反思案例：

本节课是人教版小学英语（义务教育教科书）三年级下册 Unit6 How many？ Part A Let's learn 内容，教学重点：学习五个单词，eleven、twelve、thirteen、fourteen、fifteen，以及理解运用句型：How many…can you see？我设计了不同的游戏和操练方法学习这几个单词，并加入了一些表达自己喜好的句型，让学生在特定的语境内领悟和使用，进行有意义的交际，以此达到语言教学的真正目的。下面我就结合这节课谈谈自己在突破难点时的一些做法和体会。

歌曲开篇，引入情境。刚上课时我用英语与学生打招呼，和他们一起唱"Ten little candles"，活跃了课堂气氛，消除了紧张，使学生的注意力很集中。激发了学习兴趣，使学生很自然地进入了良好的学习状态，并且为下面的教学环节做好了铺垫。

不同方式，教学单词。小学生对新事物总是充满着好奇，真实的水果对于他们来说是再熟悉不过，恐怕很难让他们保持长时间的注意和高涨的情绪，所以五个单词我分别设计了不同的呈现方法。首先，让学生用数数形式学习，学生兴致高昂；其次，通过礼物教学，使学生眼前一亮，调动了他们的积极性；再次，我利用简笔画让学生主动参与，以此保持了他们学习单词的兴趣，另外又让学生通过游戏形式导出新单词，激发了学生的好奇心；最后利用"我说你做、大小声、生说生指"的游戏，给学生提供了一个有趣、轻松、活泼、竞争的氛围去操练单词。

联系实际，灵活运用。倡导体验、实践、参与、合作与交流的学习方式是英语教学的一个重点。本课时，创造了真实的生活情境，拉近了所学知识与学生间的距离，同时练习了句型，小组内练习后分别汇报表演，让他们亲身体验、主动参与，真正达到语言的交际目的。

尊重全体，自主发挥。我们常说教学要面向全体，要因材施教，因此为了每个学生都达到一定的交际目的，我在最后设计了一个任务型活动，在这活动中，我让学生通过实物和 PPT 课件模仿对话，增强趣味性；师生操练句型，要求学生用基本的语句进行交流，每个学生根据自己的能力，自由发挥，达到了各自的语言目的，不仅如此，同学之间的情感也在此活动中不知不觉地有所提升了。

存在的不足：整堂课上完之后，虽然有成功之处，但也发现存在着不足的地方，如我的语速过快，有些课堂用语学生听得不是很清晰，这样就导致学生不理解教师发出的指令的意思，使学生在回答问题时无从下手。从学生们的眼神中我知道自己犯下了严重的错误，这是我在以后的教学工作中亟需改进的地方。

上面教学反思中，教师首先对自己的教学过程进行了系统的梳理，对教学设计的各个部分的设计意图解释说明和充分肯定，然后通过反思，找出本节课的不足之处，并提出改进的方法。教师本人的课后反思，有助于教师完善教学设计，提升教师教学设计能力，进而促进教师专业能力的发展。

三、小学英语教学设计的基本原则

《课程标准（2011 年版）》中明确指出基础教育阶段英语课程的任务之一是："激发和培养学生学习英语的兴趣，使学生树立自信心，养成良好的学习习惯和形成有效的学习方法，发挥自主学习的能力和合作精神，使学生掌握一定的语言综合运用能力，倡导体验、实践、参与、合作与交流的学习方式和任务型的教学途径，培养学生跨文化交际意识。"这就决定：小学英语教学设计应该把孩子从枯燥的知识讲解和死记硬背的传统学习方法中解放出来，根据小学生的心理和生理特点，创设出符合他们实际生活的、生动活泼的课堂情景、语言环境和课堂活动，使其能够积极主动地参与到课堂活动中来，从而大量进行语言实践，在体验成功的同时形成语感，进而提高学习的自信心。因此小学英语教学设计应遵循以下原则：

（一）趣味性原则

小学生的年龄特点决定了他们对于能够吸引自己注意力的事物会有更加

强烈的求知欲，因此教师进行教学设计时，要尽一切可能激发和培养学生学习英语的兴趣和积极性。教师可以根据教学内容，安排一些相关的游戏、歌曲、小韵文、动画等活动，让孩子们在玩乐的同时，激活相关的一些背景知识，在玩中学，提高孩子的积极性和学习英语的热情。

（二）学生主体性原则

在教学设计中，教师要切忌满堂灌的传统教学，把课堂还给学生，始终坚持学生的主体地位，通过各种形式的活动，如全班活动、小组活动、同伴活动、个体活动等多种操练形式，让学生真正"动起来"，成为课堂的主人。

（三）情境性原则

英语教学需要创设情境，教学设计中，教师要根据教学内容以及学生的实际生活来进行情境创设，只有贴近学生生活实际的情境，才能让学生感到亲切，才能调动学生学习的积极性和主动性。教师可以通过大屏幕呈现一些场景，或是通过展示声音、演示来复现教学内容中的情境，这种方法可以使孩子仿佛身临其境，在适当的情境中进行自然而然语言的交流。

（四）多媒体辅助原则

多媒体设备可以使课堂生动活泼、直观形象，这更加符合小学生的年龄和心理特点，可以让学生注意力更加集中，印象也更加深刻，从而使教学效果显著提高。此外，多媒体的特点可以突破教学中时间、空间的局限性，更好地为学生创设情境，使学生置身于真实语境中，因此，教学设计要注意多媒体设备的使用。

（五）激励性原则

小学生争强好胜，在教学设计中应合理使用评价和激励机制，从而提高教学质量和效果。在课堂活动中设置各式各样的比赛活动，学生在紧张的节奏中，注意力高度集中，锻炼了思维的敏捷性，教师可以采用口头或实物奖励的方法，给获胜一方荣誉。孩子们通过这些活动，既操练了所学知识，又增强了学习英语的信心；既活跃了课堂气氛，又培养了团队合作意识，起到事半功倍的效果。

第二节　小学英语教学过程的设计与实施

教学过程是教学设计的主体部分，也是教学设计的重中之重，小学英语教学过程一般认为包括课堂导入、新知呈现、课堂操练、拓展运用和课堂总结与作业这五个环节。

小学英语课堂教学过程的设计没有固定的程序，也没有一个必须遵循的规则，但是有共同的原则来判断教学过程的设计是否合理。

第一，以教学目标为导向。《课程标准（2011年版）》明确规定了小学生各个阶段需要达到的目标和要求。在设计教学过程时，教师要紧扣所确定的教学目标，以教学目标为导向。教学目标是一切教学活动的出发点和归宿点，教学过程是为实现教学目标服务的，教学过程中所采取的所有方式和方法都需要依据教学目标而定，在整个教学过程中，教学目标是纲，教学过程是目，教学过程是在教学目标的指引下展开的，背离教学目标或目标不明确，教学活动将失去方向，教学过程将失去目的性。

第二，环环相扣，由易到难。教学过程是由诸要素构成的一个完整、有序、有逻辑的系统，其中各个教学环节环环相扣，层层递进，相互依存又互为前提。教师设计教学过程应遵循"先易后难，先简后繁，由浅入深"的教学规律，使学生在学习过程中感受到自己的进步，获得成就感。

第三，以学生为主体，激发学生兴趣。教学过程不仅是教师教的过程，更应该是学生学的过程，教师作为教学活动的设计者、学生学习的指导者，应充分考虑学生的主体地位，考虑小学生的心理特点和认知规律，充分体现学生的主动性和创造性，使他们真正成为学习的主人。小学生的心理特点是乐于接受新生事物、好奇、注意力集中时间较短、注意力易转移等。教师设计教学过程应当符合小学生的年龄特征和学习特点，充分利用课堂的有限时间，力争使每一个环节都能够激发学生学习的积极性，提高课堂学习效果。

第四，灵活变通，随机应变。设计教学过程是对课堂教学活动的预设，每个教师在课前都很难完全预测教学实践中学生的反应和种种突发状况。例如，课前准备的教学课件在教室的电脑上无法使用；课堂上学生对某个问题表现出极大的兴趣，偏离主题，争论不休，等等。因此，教师在课堂教学之前不仅要广泛地收集资料，精心设计出一套具体可行的教学方案，而且要在每个教学环节准备多个预案，以便应对各种各样的教学意外事件。各个教学环节还应根据学生的反应、课堂变化情况等灵活调整，具有弹性。这样，一旦在课堂上遇到"意外"也不至于手忙脚乱或束手无策。

一、课堂导入环节

（一）含义及意义

课堂导入是一节课教学活动开始的第一个环节，是一节英语课的序幕，是教师开始上课的第一步，有助于将学生的注意力吸引到课堂上来，营造学习英语的氛围，这也是小学英语课堂特有的一个环节。通过课堂导入、复习和巩固旧知，降低学习新知的难度，为新内容的学习做好铺垫。小学英语课堂教学中的导入方法很多，教师需要根据教学目标、教学内容、学生的学习基础和态度以及教学环境、教师本人的优势等多方面因素综合考虑，设计合适的导入方式和方法，使一节英语课精彩开始。这个环节通常采用自由交谈、说唱等形式，旨在营造气氛，复习铺垫，设疑激趣，为新知呈现做准备。因此，设计恰当的课堂导入是设计好一节课不可或缺的一部分，不同类型的课堂，可以设计多样的课堂导入，良好的课堂导入具有如下重要意义：

1. 能在较短时间内集中学生注意力，快速激发学生参与课堂活动的积极性。

2. 能自然流畅地引导学生进入新知识的学习情境，减轻对新知识学习的焦虑感，对后阶段的学习起到"水到渠成"的效果。

3. 能使学生始终保持对英语课程的期待感，从而更主动地参与到课堂活动中。

（二）主要原则

课堂导入作为一节课的第一个环节，它设计实施的成败直接关系到接下来新知呈现环节是否能顺利进行。成功的课堂导入环节可以在最短时间内快速吸引学生的注意力，激发学生的学习兴趣和积极性，为接下来的学习做铺垫。

首先，有效的课堂导入活动对于吸引学生注意力，缓解学生在语言学习时的紧张感具有非常重要的意义。在上课之初，学生还没有从课间的状态恢复到上课的状态，或处于漫不经心的状态，或处于紧张的状态，有效的导入环节，可以让学生从之前的不佳状态中迅速抽离出来，快速投入新的课堂学习中。小学生活泼好动、好奇心强，因此课堂导入环节的设计一定要符合小学生的特点，要突出趣味性，可以利用多媒体设备，结合音乐、韵律诗、图片、动画、游戏等多种形式，激发学生的内驱动力。

其次，中国学生在日常生活中缺少英语学习环境，尤其是上课之初，学生可能还沉浸在汉语的世界里，不利于英语教学的开展。好的热身环节可以为学生营造良好的语言环境，激发学生的学习积极性和热情，让学生积极参与到课堂活动中来，激发学生的求知欲，活跃课堂气氛。

最后，教学过程是一个相互联系的有机整体，有效的课堂导入环节可以为接下来的环节进行铺垫和准备，为后面新语言知识的呈现打下良好的基础，尤其对于新知呈现环节的进行具有非常重要的意义，保障整个教学过程的顺利进行。

课堂导入尽管在一堂课中只有短短的几分钟，但对整堂课能否成功、能否激发学生的求知欲、能否促进学生自主学习、能否有效达成预定的教学目标作用重大。一般地，小学英语课堂的导入要符合以下原则。

1. 针对性

课堂导入的形式和内容要紧扣教学目标和教学内容进行设计，力求具体实际、简明清楚，切忌"下笔千言、离题万里"式的导入，那种兜了很大一个圈子却根本没有触及教学内容本质的导入设计是对宝贵教学时间的极大浪费。同时，导入方式的设计一定要紧密结合学生的最近发展区（ZPD）水平和学生的背景信息（年龄、人数、生活经验、学习风格等），否则，课堂导入设计得再独具匠心，也只能是博取眼球的"噱头"，没有实际的教学意义。

2. 趣味性

心理学研究表明：学习动机中最现实、最活跃的成分是兴趣。课堂导入要有趣，做到情趣盎然，妙不可言，引人入胜，余味无穷。教师应基于学习者不同的生理、心理特征进行巧妙而富有趣味性的导入活动设计。当学生对某种学习产生浓厚的兴趣时，他总是积极主动且心情愉悦地投入学习，这种强烈的"学习心向"会最大限度地激发学生的求知欲和表现欲，也会使学生的注意力高度集中，从而保证后续学习效果的质量。

3. 衔接性

教师在课堂导入时要善于以旧带新、温故知新，使导入的内容与新授课的重点紧密相关，揭示新旧知识的关联。每个学科在教材内容的体系安排上，都会注意单元与单元间、课与课间的内在联系。教师应在仔细分析教材的基础上，从对教材的准确认识出发设计出以旧引新、承上启下的导入活动，这不仅能引导学生对新旧知识进行联系对照，还能起到引导过渡、组织教学的作用。

4. 短时性

教师在课堂导入时要在有限的时间内取得良好效果。课堂导入要短小精悍，它能在较短的时间内把学生的注意力集中于课堂，迅速而巧妙地将学生引入新课的学习状态中。在设计导入方式时，要在较短的时间限度内（如1~3分钟）完成，如开端时间太长，就会削弱后面的教学主体环节。

二、新知呈现环节

（一）内涵及意义

新知呈现是指教师利用各种教学资源创设情境，为学生呈现出新的语言知识，让学生能够感知新的语言知识的语音、语调及语义，是课堂教学过程的关键环节之一。教师在这一环节会呈现本课中的重点、难点，并适时对学生新知的掌握情况给予反馈和评价。学生学习的起点是教师通过种种设计、使用不同方法最终呈现出来的新知识，如果这种新知的呈现对于学生来说显得枯燥无味，无法激起学习的动力，那么学生将难以对学习新知本身产生兴趣，因此，新知呈现环节是否科学合理又巧妙，直接影响着学生学习和掌握新知的效果和兴趣。

（二）主要原则

1. 整体设计，融入情境

学生的语言能力的形成，不是一蹴而就的，而是一个持续的和渐进的过程，语言能力的培养亦是如此。在新知呈现的过程中，教师应当遵循学习英语的整体性、渐进性和持续性的规律，学生在学习新的语言知识时，要在语境中获得对语言知识的感知认识，为学生创设一个贴近日常生活的真实情境，把零散的知识点融入其中，整合成一个有意义的整体，从而让学生更好地去感知和理解新知，为下一步的语言练习做好准备。

2. 贴近生活，切身体验

在英语学习中创设贴近生活实际的情境，可以帮助学生更好地理解语言在实际生活中的作用，让学生更好地在日常生活中使用英语，进而提高用英语进行交际的能力和水平。教师创设情境时，必须贴近学生的生活实际，这样可以更好地调动学生已有的生活经验，让学生更加积极主动地融入其中。例如，在学习农场动物时，可以用多媒体为学生呈现真实的农场，带领孩子们参观农场的动物；也可以利用简笔画，给学生呈现不同动物，让学生成为农场管理员，为大家介绍不同动物，描述其特点和习性。这样学生在不知不觉中融入新的学习主题，更好地掌握新知，为接下来的学习做好准备。

3. 寓教于乐，激活课堂

小学生的年龄特点决定了其天性活泼好动、好奇心强、注意力集中时间有限，因此在新知呈现时要注意运用各种多媒体手段，借助歌曲、动画、故事等多种形式，变枯燥乏味为生动有趣，从而调动学生的主观能动性，使其能够在最短时间内快速集中注意力，积极热情地学习新知，也可以激活课堂，进而提高教学效果。例如，在学习身体部位时，教师带着大家一起唱歌曲"Head, shoulders, knees and toes"边唱歌边用双手拍相应的部位，学生短时间内注意力非常集中，跟着教师一起边做动作边唱歌，整个课堂非常活跃，同时也使孩子们加深了对于身体部位的记忆，在玩中习得了语言。

三、课堂操练环节

（一）含义及意义

根据厄尔对操练的界定，小学英语课堂教学中的操练可以描述为巩固语言知识、培养语言交际能力而进行的语言行为训练。依据英语的习得过程，英语学习首先始于事实性知识的学习，如词汇的音、形、义，功能、句法的结构组成和意义等。这些事实性知识主要通过教师设计合理的呈现方式来完成，然后教师就需通过各种各样的操练活动，以促进新知识的吸收和保持，为后续实现事实性知识向程序性知识的逐步转化打好基础，最终帮助学生在特定语境中实现交际语言的有效"输出"。操练是小学英语课堂教学中重要的教学活动形式，是学生将新学知识进行"熟悉—内化—输出"的重要途径。经过新知呈现环节，学生对于新的知识点已经有了感性的认识和理解。为了帮助学生更好地掌握这些新知，教师就要设计各种形式的操练，使学生把这些新知逐渐转换为语言技能。可以说，课堂操练环节是一节课的核心，合理、高效的操练环节可以提高课堂教学效率。

（二）主要原则

课堂操练环节是学生练习新语言、掌握新语言的关键环节，通过大量的、多样的、循环的练习帮助学生掌握新的语言材料，是教学过程的主体环节。操练的方式和方法直接影响课堂教学效果，教师设计操练环节应注意以下原则。

1. 明确要求，循序渐进

清晰、准确地交代操练的内容、方式和要求，教师要先做示范，让学生明白目的和意图，这样更利于操练环节的顺利进行。避免学生因不理解教师意图而影响操练的效果。进行操练时，一定要注意符合学生的认知规律，先简后繁、先合后分、循序渐进地进行操练。这样可以使学生在一次次的操练中，水平自然而然地得到提升。

2. 因材施教，方法得当，关注效果的适切性

教师应根据不同的语言材料和不同程度的学生，选择适当的操练方式，从而达到更好的操练效果。如果过于简单，则达不到操练的目的；如果太难，则无法顺利进行操练，影响学生的积极性。教师对课堂操练效果的关注要合理、到位，过度关注积极的操练效果和不合理的消极效果都不利于调动学生学习的积极性。教师应该合理地设置情感预期，对学生在操练中呈现的真实效果进行"有温度"的评价。

3. 操练要有趣味性，多样化

操练环节要设置各种各样的活动，让学生在玩中学，在玩中习得，多样化的活动也会使学生保持学习的热情和积极性，让学生更加高效地学习。儿童的心理特点是好奇心强，喜欢接受新鲜事物，对带有新意的活动形式特别感兴趣，心理学研究表明，新颖刺激是学生关注教学内容的重要因子。教师在进行操练活动组织时，要千方百计"迎合"儿童的这种心理特点，一方面要注意操练形式的趣味性和多样化，善于运用多样化的手段或方法来组织各种操练活动。另一方面还要关注操练内容本身的新颖性，适当吸收生活环境中的时代信息，与课堂知识紧密结合在一起，促进学生的健康发展。

4. 注意教学的全面性和层次性

教师要注意受训面要广，无棱角、死角现象，不仅要使优秀的学生得到充分操练，更加要注重学困生的操练，根据不同程度学生设计相应的操练，使得每一个学生都得到充分操练。教师对操练形式的把控分为全控制、半控制和"无"控制三种，这三类操练形式的划分把学生在课堂上从领会知识到运用技能的过程对应得很清楚。可以说，这三种操练过程是层次逐级升高、难度逐步加大的梯级向上过程。一般来说，这样的梯级向上的过程不要随意逾越，在应用时应遵循各级操练的不同要求。全控制操练的重点在于熟悉知识的基本意义及其对词汇句式读音的准确把控。半控制操练的关键在于帮助学生加深对所学知识的意义理解，进一步建构对语言材料的自我认知，能尝试对所学内容进行"半加工"式的使用。"无"控制操练是操练层次的最高要求，是检验学生能否运用知识技能的关键环节，是培养学生实际交际能力的主要步骤，设计的练习环境应接近真实生活，要求学生能根据自己的生活体验自由表达自己的想法，而不必过多考虑语言的形式和表达的准确性。

5. 准确地把握操练的时间

由于小学生的注意力集中时间有限，因此操练环节时间不宜过长，否则会使学生感到疲惫，从而影响学习效果和整节课的完整性。同样，操练也不宜过短，这样会导致学生没有得到充分操练，无法真正掌握新知，从而影响后续课堂活动的顺利进行，造成教学效果不佳。

6.学生是主体，教师是主导

教师要逐渐减少对学生的控制，把课堂还给学生，让学生成为课堂真正的主体，让学生动起来，使学生在轻松自由、民主和谐的学习环境中学到知识，发展能力。数学家波利亚说："学习知识的最佳途径是由学生自己去发现，因为这种发现理解最深，也最容易掌握其中的性质、规律和联系。"教师作为课堂的主导，主要作用是指导、监督、监听和裁判。

单词教学要遵循词不离句的原则，由单词练习过渡到句型的练习，提高难度，充分调动学生思维，使学生的注意力处于集中兴奋状态。通过同桌合作练习句型，调动学生学习的积极性，培养学生注重合作学习的意识以及运用所学语言进行交际的能力。

四、拓展运用环节

（一）内涵及意义

拓展运用环节是强化新语言的环节，有复习、巩固的作用。教师要根据巩固新语言的需要，有目的地创设情境，组织活动，达到拓展、运用新语言的目的。《课程标准（2011年版）》中提出："基础教育阶段英语课程的总体目标是培养学生的综合语言运用能力。"

语言教学中的"拓展"意味着以下四方面：一是语言学习向技能方面拓展，使学生在语言学习的同时，全面提高听、说、读、写的技能，掌握良好的学习方法。二是挖掘教材中与日常生活相结合的素材，并进行拓展，提高学生在实际生活中运用语言解决实际问题的能力。三是根据教材中的文化因素，收集语言与文化相关的材料，使学生在学习语言的同时，了解不同国家语言中的不同表达方式和文化内涵，以确保语言表达的得体性。四是将语言与环境相结合进行拓展，多方位、多角度地为学生创设英语学习的氛围。拓展教学强调以学生为主体，为学生营造良好的英语实践环境，为学生提供具有生活性、时代性和文化性的学习内容，并为他们提供丰富的语言交际的机会。教师要根据巩固新语言的需要，有目的地创设情境、组织活动，达到拓展、运用新语言的目的。

（二）主要原则

教学过程中的拓展运用环节，是学生语言知识转化为语言技能的重要环节，不仅仅是复习巩固的作用，而是通过这个环节，实现学生语言技能形成的目的。这个环节是语言知识向语言技能转换的催化剂，教师要精心设计，巧妙利用该环节，为学生发展语言技能助力。教师设计拓展运用环节要注意以下原则：

1. 内容要贴近学生的生活实际和时代特点，教师提供的语言材料要与学生的生活经验紧密联系，不能超出学生的生活经验或理解能力范围。

2. 内容既与教材内容相关联，又要做适当延伸，达到拓展学生思维、开阔视野的目的。

3. 拓展的教学内容要地道，表现形式生动活泼，能使听、说、读、写等语言技能训练到位，有利于学生英语能力的全面发展。

4. 教师必须注意拓展内容的广度、深度和难度。以课本内容为主，学有余力的情况下适当拓展，让学生适当拔高。

五、课堂总结与作业环节

（一）内涵及意义

课堂总结与作业环节是教学过程的最后环节，包括总结和作业两个部分，是总结、评价学习效果，布置课堂延伸活动的环节，包括教师要设计不同的评价方式检验学生的学习效果，并根据学习效果布置课堂延伸活动。《课程标准（2011年版）》中指出，教学活动不能仅仅拘泥于课堂，而应更多地向课堂之外的学习和生活延伸，作业的布置就是课堂的延续和补充，因此在布置作业时，要注意把课内所学的知识延伸到课外，在减轻学生负担的同时，达到提高学生综合语言运用能力的目的。

（二）课堂总结的主要原则

一节英语课，不仅要有精彩的导入、引人入胜的讲解和丰富多彩的课堂活动，更要有一个能起到画龙点睛作用的结尾。小学生集中注意力时间较短，且下课前几分钟是学生最疲劳的时间，教师需要用精彩的总结吸引学生的注意力，设计课堂总结环节有以下几点要求：

1. 以教学目标为导向

结合本节课的教学目标，检查、评价并总结学生的实际学习效果。

2. 具有激励性

总结的语言要以鼓励、激励为主，充满情趣的课堂总结能有效地激发学生的学习动机，保持持续的学习兴趣。

3. 具有启发性

总结要对学生的学习具有启发性，学生对新知的理解往往只是停留在表面，通过教师的总结将学生的学习升华，促使学生在新旧知识之间建立内在联系，达到画龙点睛的作用。

（三）课堂作业的主要原则

如何设计作业，才能达到最佳效果呢？教师应注意以下几点：

1. 设计符合学生兴趣的作业

兴趣是学生学习的动力源泉，是学生学习的最佳催化剂。学生对学习有兴趣，学起来就轻松愉快，思维也最活跃，作业就能起到事半功倍的效果。教师在设计英语作业时应根据教学内容以及学生的生理和心理特点，设计一些让学生感兴趣的课外作业。

2.作业的设计要具有启发性

英语作业的设计要能够锻炼学生的思维能力。例如，在学习问路的内容后，教师可以提供一张本地区的地图，告诉学生一个外国同学想要从学校出发去图书馆，请学生运用学过的句型告诉外国同学该怎么走；用英语完成一些数学习题；分小组了解国外一些著名城市的四季天气，向全班汇报，等等。这样的作业不仅能够使学生把所学知识运用到生活中，而且能够启发学生，激发他们的探索精神。

3.作业的设置要具有多样性

不要只局限于传统的背单词、抄句子、背课文，要结合每节课的不同主题设计丰富多样的作业，可以是表演话剧、做绘本、改编歌曲、做节日卡片、介绍家庭成员、了解中外的风俗；也可以是做一张庆祝某节日的英语海报，等等。学生们在完成作业的同时，既锻炼了自己多方面的能力，同时也把课本知识和现实生活联系了起来。例如，在学习完食物以及询问吃什么饭之后，可以让学生回家用英语制作一个家庭三餐菜谱，把一日三餐具体的内容用菜谱形式展现出来，这样不仅能检测学生对知识点的掌握，也让他们能更深地体会到语言在实际情境中如何运用，还锻炼了他们的动手能力，可以在下一节课中安排菜谱的展示评比活动。

4.作业的设计要具有层次性

英语新课程标准要求教师要进行分层教学，由于学生性格、年龄、性别、水平、兴趣、习惯的差异性，面对全体学生，就要考虑对每个层面的学生进行分层练习，只有这样，才能使每个学生都能在原有的基础上有所收获，体验成功的喜悦。比如，学习完描述人物的外形和性格后，可以布置以下作业：（1）画一画你的好朋友，并试着描述他/她的性格和外貌特征；（2）改编对话：和同桌讨论你的好朋友；（3）用学过的句型描写一下你的好朋友，让大家猜一猜他/她是谁。这样可以让学生任选其中的两项来完成，让不同程度的学生都得到了锻炼和提高，调动了学生的积极性和学习热情。

再如，ABC套餐型作业，A套餐题型偏重理解运用，可给同一话题，让学生模仿课文结合实际编写英语对话或短文，如描述自己回家或上学的道路，描述你所在城市的四季等，要求不少于50个词。B套餐难度适中，大部分学生都应能完成的，要求按照教材内容默写出课文中的所有四会（会听、会说、会谈、会写）、三会（会听、会说、会读）句子及日常用语。而C套餐则是一般的知识巩固型作业，是针对一部分学习困难的学生，老师勾画出所学语料中的主要句子或关键词组，要求学生首先抄写正确，然后努力尝试默写正确。这样不同层次的学生都能体会到学习成功的乐趣。

《课程标准（2011年版）》强调重视学生非智力因素的培养，给小学英语作业的设计提出了明确的要求：（1）重视学生英语兴趣的培养，注重英语作业的趣味性；（2）结合不同学生的基础差异，注重英语作业的层次性；（3）发挥学生的主观能动性，注重英语作业的创新性；（4）结合时代特色，注重英语作业的生活性和实用性。

第三节　小学英语教学中的教学方法与实施

教学方法，是教学过程中教师与学生为实现教学目的和教学任务要求，在教学活动中所采取的行为方式的总称。教学方法包括教师教的方法（教授法）和学生学的方法（学习方法）两大方面，是教授方法与学习方法的统一。

小学英语教学中，常见的教学方法有任务型教学法、情景教学法、全身反应教学法等。

一、任务型教学法

（一）基本概念

任务型教学通常被称为任务型教学途径，是一种主张基于任务展开教学的交际语言教学形态。在小学英语课堂教学实际中，任务型教学是教师常用的一种教学方法，是教师预设任务并引导学生用所学语言完成任务而进行语言教学的一种教学过程形态，是培养学生语言运用能力的一种有效的教学方法。基于小学生学习英语的特点和学习目的，我国的英语教学倡导任务型教学模式，使学生在教师的指导下，通过感知、体验、实践、参与和合作等方式，实现任务目标，达到为用而学、用中学、学了就用的学习目的。

（二）基本步骤

任务型教学以任务为主要课堂教学活动，使学生在完成任务的过程中习得语言，而且任务要涉及真实的语言运用过程，在这个过程中学生要自主完成任务并明确其任务的交际性结果。强调学生自主学习与合作学习完成任务，这是任务型教学的基本特点。在实际教学操作过程中，运用任务型教学一般分为任务前、执行任务和任务后三个步骤，每个步骤的具体要求如下表：

表6-1　任务型课堂教学的基本步骤

主要步骤	目的	要点
任务前	任务呈现 任务准备	教师引入任务情节，明确任务要求，提供完成任务的语言知识。
任务执行	任务完成过程	学生运用语言解决各种问题：制订计划、实施计划、完成并提交任务。教师扮演组织者（organizer）、监督者（supervisor）、促进者（prompter）和伙伴（Partner）等角色，帮助学生完成任务。
任务后	任务展示 任务评价 任务提升	学生汇报或展示完成任务的结果。 教师对任务的完成情况进行评价，指出有待提高的地方，如学习策略、语言运用、合作学习等，同时鼓励学生相互评价。

三个步骤任务明确，教师为学生布置任务，提供完成任务的基本条件；指导学生执行任务，帮助学生解决执行任务的困难；组织学生展示任务的完成情况，及时评价，布置新任务。学生在教师的指导下完成任务又不断接受新任务，在体验成功的快乐中学习语言知识，练习语言技能。

（三）设计原则

任务型教学法的理论基础是认知心理学，认知心理学认为：人的活动离不开实践，人类所创造的知识都来源于人类的直接经验，但人类个体又无法每件事都亲身经历，这就需要通过社会交际来获取。学校教育就是传播人类已经创造的知识和经验，尤其在英语教学中，教师需要通过教材、教具和一定的教学活动，把知识和经验传授给学生，组织学生参与课堂任务，使学生始终处于一种积极、主动的学习状态。学生尽力用所掌握的语言材料进行交流，以解决某种问题，从而完成特定的任务，在完成任务的过程中，催化学生自然而然的、有意义的语言应用。

教师在组织、设计任务型教学时，要注意以下原则：

1.设计符合学生兴趣的任务

小学阶段是培养学生英语学习兴趣的关键时期，因此教师在设计任务时，可依据他们的年龄和心理特征，设计符合他们兴趣的形式多样、内容新颖的任务活动。

2.设计能够"输出"的任务

教师设计的任务应该是真实的、符合学生语言水平的输出活动，任务要能够以某种"语言输出"方式呈现出来，即"说、写、译"的活动。

3.设计符合实际的任务

活动的设计要符合学生的生活实际，从学生生活经验出发，具有意义性。学生通过完成不同类型的任务，掌握相关的语言交际能力和解决问题的技巧，同时也为把这些能力和技巧运用于现实生活中做准备。

（四）基本要求

1. 分清"任务"与"练习"的区别

任务活动与语言练习有着本质的区别，任务活动不是机械的语言训练，它侧重在执行任务中学生自我完成任务的能力和策略的培养，重视学生在完成任务过程中的参与和在交流活动中所获得的经验。任务一般要创造情境，其活动内容一般为有语境的、相对完整的真实的语言材料，需要综合运用多项语言知识和技能。任务的活动形式有分析、讨论、协商，通常有做事情的过程，需要小组合作完成；练习是为了检查知识的掌握情况，复习和巩固语言知识，操练语言形式，练习无须创设情境，其内容一般是语言技能，如单个句子、单词等。练习通常由学生独立完成、核对或检查答案，一旦出现语言性错误，教师要立刻做出纠正。

2. 准确把握任务的度和量

教师在设计任务时，应遵循维果茨基的"最近发展区"理论，正确把握学生现有的认识水平，任务的难易程度和数量多少要符合学生水平，既不降低教学要求，也不超过学生的语言能力。在教学过程中，教师所设计的任务应由简到繁、由易到难。

3. 注重教师的多重任务

教学中不能忽略教师的主导作用而一味地追求学生主体的课堂活动。虽然英语课堂教学强调以学生为主体的教学，但是教师在课堂中的作用也是不容忽视的。教师在任务型教学中所要承担的任务主要有：（1）设计真实且符合学生水平的任务；（2）提供完成交际任务的输入材料并帮助学生理解；（3）对学生的输出提供帮助；（4）对学生的输出结果及时提出针对性反馈。

任务型教学被广大小学英语教师应用于小学英语的课堂教学中，但由于受到各种因素的限制（例如，任务难度的判断、英语环境的缺失、大班现象的存在、自主学习能力的不足、师资力量的薄弱等），任务型教学在实施中仍存在着一些问题，这就需要大家在教学中积极学习、研究，认真开发、运用任务，让其在小学英语课堂中发挥出更大的作用。

二、情境教学法

（一）基市概念

捷克教育家夸美纽斯曾说："一切知识都是从感官开始的。"情境教学是指为了达到既定的教学目标，教师在教学过程中有目的地引入或创设与教学内容相适应的具体、形象、生动的场景，以引起学生的情感体验，从而帮助学生理解教材，达到在情境中获得知识、培养能力、发展智力的一种教学方法。情境教学法能够使学生身临其境，使其有真实的体验和感知，从而对所学知识有更加理性的认识，有助于提高学生学习的兴趣。

（二）创设情境的常见方法

1. 运用实物创设情境

小学生以直观形象思维为主，利用实物教学最容易引起小学生的兴趣。小学英语中的大部分单词是表示具体事物的，所以，在学习有关学习用品、动植物、交通工具等单词时，教师应该尽量利用实物或者实物模型来呈现单词。例如，学习关于学习用品的单词，就利用学生书包里的铅笔、橡皮、尺子等；学习水果单词时，教师可以事先准备相应的水果，带到班级中，这样学生会把英语与实物之间建立直接的联系，不仅能够吸引学生的注意力，激发学生的学习兴趣，还能够促进学生理解、记忆所学知识。

2. 运用游戏创设情境，激发学生学习兴趣

游戏注重过程的体验，可以让学生在娱乐的同时掌握所学知识和技能，因此对于小学英语教学，巧妙地采用游戏创设情境，可以激发学生的学习兴趣和学习动机，促进学生思维和想象力的发展，在最短的时间内达到最佳的学习效果。例如，在学习关于衣服的单词时，可以通过创设商店买衣服的小游戏，让孩子们身临其境地去学习和使用新知进行交流。

3. 运用多媒体手段，辅助教学情境的创设

英语教学一直坚持视、听、说领先的原则。因此，在课堂上，教师应利用投影、录像、录音为学生创造一种悦目、悦耳、悦心的英语交际情境。学生在具体生动的情境中眼看、耳听、手写，积极参与语言交际活动，更容易形成对语言知识正确、鲜明、牢固的印象。多媒体设备可以把网络技术和课堂教学联系起来，教学课件可以借助声音、图片、动画、视频等丰富传统的课堂，使之变得更加直观、高效、生动。巴班斯基认为："创设必要的教学物质基础，必然是有效地和高质量地发挥教育教学过程的条件。"

教师制作多媒体课件的过程的确需要花费大量的时间，这个过程是教师重新熟悉教材、演练教学环节的过程，教师通过精心的备课、准备教学课件，可以提高课堂上的教学效率，同时能够提高自己的业务熟练程度，提高自身的综合素质。

例如，在学习有关天气的单词时，教师可以从网上下载一些有关天气的图片、天气预报、视频、动画等，让学生根据所看到的信息来回答"What's the weather like？"这样的方式不仅真实、信息量大，而且寓教于乐，学生学起来也不会感到枯燥无味。如果学习动物的单词，教师可以运用多媒体先播放牛、狗、猫等动物的声音，让学生通过声音猜测动物名称，然后再用课件将动物图片及单词呈现出来。这无疑会引起学生浓厚的兴趣，充分调动他们的各种感官参与教学活动。声音和形象相结合，语言和情境相交融，使学生仿佛进入语言活动的真实情境，会收到很强的临场效果。

4. 运用故事创设课堂情境

故事具有情节生动、感情丰富、蕴含哲理的特点，是学生成长必不可少的一部分，它符合学生的认知和心理特点，可以锻炼学生的思维和想象力，同时能够吸引学生进入学习情境。运用故事创设课堂情境，就是把本课的知识点放在故事中，使其在故事中不断地重复出现，使学生在听故事的同时自然而然地掌握语言知识，并且使学生进入一定的故事角色，调动其积极性，让他们在交流中使用英语，进而提高他们语言表达能力和交际能力。教师要善于运用所要教授的词汇、句子、知识点来自创故事，调动学生学习的热情。

5.运用歌曲、歌谣设置课堂情境

歌曲、歌谣具有节奏鲜明、旋律优美、朗朗上口的特点，运用歌曲、歌谣来设置课堂情境，可以提高学生的积极性，调节课堂节奏，使其快速进入课堂情境中。例如，在刚上课的时候，学生很多都还没有进入状态，通过一首与本节课相关的歌曲，可以使学生逐渐安静下来，尽快进入学习状态之中。同时，英文歌曲、歌谣可以让学生了解一些语言的用法，提供丰富的资源，促进学生的模仿和学习。

（三）基本要求

情境教学符合小学生的认知特点，符合小学生学习英语的需要，小学英语教师应广泛运用情境进行课堂教学。如何创建情境、运用情境是决定一节课成败的关键，因为课堂情境的有效性直接关系到课堂效果的有效性。因此，基于情境的教学设计是决定一节课的效果和效率的关键因素。但是，教学中重形式轻实效、为了创设情境而创设情境的情况也时有发生，从而使情境教学流于形式。为使教师能够正确运用情境教学，在设计过程中要做到以下三点。

1.情境的创设要紧扣教学目标

教师在创设情境时，首先要研究教材，分析重难点，紧扣教学目标创设情境。创设的情境一定要突出教材的重难点，进而促进学生对于所学内容的理解，保障课堂教学的顺利高效进行，提高学生的学习效果。

2.情境的创设应贴近现实，贴近学生生活

《课程标准（2011年版）》指出：尽可能多地为学生创造在真实语境中运用语言的机会。一堂好课不仅要在导入环节通过情境的设置引人入胜，激发学生学习的积极性，在教学过程的每个环节，创设的活动都应以学生的生活经验和兴趣为出发点，让学生始终保持学习的热情和持久动力，沉浸在课堂之中。

3. 建设情境之间的联系

教师设计的情境要能够在教学中自然延伸。也就是说，随着教学活动的开展，情境之间不能彼此孤立，没有联系。这就需要教师把握整节课的重点，设计一条主线（或大情境）将各个小情境串联起来，使各个教学环节紧密结合、环环相扣。

三、全身反应教学法

（一）基本概念

全身反应法（Total Physical Response，简称 TPR）倡导把语言和行为联系在一起，通过身体动作教授语言，这种方法使孩子们可以水到渠成地完成从听到说的学习过程，是美国心理学教授詹姆士·阿歇尔 1966 年提出的一种教学方法。

（二）基本步骤

1. 呈现

对于小学低年级的学生来说，不直接讲授语法和音标，而是将语法融入具有一定情境的语言活动中，低年级英语教学要遵循先大量输入、再输出的原则。而 TPR 教学法就很好的体现了（即 response，响应）这一原则：教师发出指令，并做出示范动作，学生边听边观察，通过身体动作逐渐理解教师指令，进而提高听说能力。TPR 教学法在小学低年级英语教学中，能够很好地调动学生的学习积极性。

2. 模仿

教师说出指令并做示范动作，然后请学生跟着做。在学生听清词组发音、看懂词组意思后，教师就可以请全班同学跟着一起边说边做，模仿教师所发出的语言指令。学生做出动作反应，吸收语言知识，把语言和动作联系起来。在学生模仿阶段，教师要首先培养学生听的能力，一段时间以后，学生积累到一定程度了，就会水到渠成地开始说了。这样的过程保证学生能够在"熟悉"语言材料的基础上再进行语言输出，而且说得自然、不紧张。

3. 理解

教师说出指令，不示范动作，请学生按照教师的指令去做。如教师说出 Touch your face，学生做出"摸脸"的动作。

儿童习得语言的过程一般是在成人的引导下形成的。成人首先以口头语言和肢体语言的形式发出命令，然后儿童模仿成人的动作，待儿童理解后逐渐转换成语言代码，从而学会该语言。因此，在理解阶段，教师一定要注意将语言和行为联系起来，让学生在多种多样的活动中做出相应的动作，在反复的练习中轻松地学会英语。

4. 运用

让部分学生发令，另一部分学生做出动作，直到学生边比画边说。学生对听到的语言材料不断潜意识地吸收、内化，形成语感，自然开口说话，并以动作反馈、强化，做出全身反应。如一个学生到前面给大家说 bounce the ball，大家做出"拍球"的动作。

再如，在学习人教版小学英语（义务教育教科书）四年级上册 Unit1 "My classroom Part A let'do"时，教师进行如下设计：

T：Open the window.（走到窗户前，一边说，一边用手打开窗户，重复两三次后）Clear？

Ss：Yes!

T：S1，open the window.（S1 快速地走到窗前，打开窗户。之后，教师又发指令让另外几位学生做同样的动作）

T： Repeat it.Open the window.（做动作）

T：S2, you say, we do.（请个别学生来发口令，其他学生做动作）

S2：Open the window.

Ss：Open the window.（全体学生边说边做动作）

上面这种分层次互动练习，在降低了学习难度的同时，使得师生关系更加和谐，同时缩短了师生间的距离，短时间内大量的语言复现，有利于学生学习英语，加深学生学习记忆。

（三）常见操练形式

相对于传统的教学方法，全身反应教学法不需要教师对英语进行翻译解释，当学生不理解时，教师可以通过适当的肢体语言加以辅助进行解释，当学生理解后，可以相应做出动作，这个过程为学生创造了语言环境，操作简单、生动、直观，能够让学生在听中学、说中学、做中学、玩中学，大大激发学生的学习兴趣，调动学生学习的积极性，提高了学生课堂注意力。对于小学生来说，尤其是小学低年级的学生，他们普遍具有活泼好动、好奇心强的特点，TPR 教学法可以最大程度发挥小学生这一年龄特点，使其在课堂上能轻松愉快地习得语言知识。TPR 教学法可以使学生在学习时直观感受教师所教内容，左右脑并用，加深记忆，提高课堂效率。

因此如何设计学生感兴趣的课堂操练是全身反应法教学的关键，在小学英语课堂教学中常用的操练形式主要有以下几种：

1. 表演形式的操练

小学生的天性活泼好动，因此利用这一天性，设计表演形式的操练，就可以使学生在紧张学习后，精神得到放松。如知识讲解后，教室里响起"Walking，Walking"的歌曲，学生起身，边唱边跳做出相应动作，所学的知识得到巩固，身心也得到了放松。例如，学习"Rain，Rain，Go Away"这首歌曲时，让学生与老师一起表演 father、mother、sister、brother、baby 的声音和样子。这样一边表演一边唱歌曲，既逗乐了学生，活跃了课堂气氛，又激起了他们的学习欲望，加深巩固歌曲内容。

2. 模仿形式的操练

小学生的认知特点之一是专注于具体的直观事物。事物越具体，形象越直观，学生就越感兴趣。因此，生活学习中常见的、常用的、常听的事物的名称，孩子往往更容易掌握。这也对教师的教学提供了指引，即教师的课堂"语言"（口头语言和肢体语言）越形象，越容易促进学生对知识的理解和掌握。如学习"My clothes"时，可以通过教师模仿穿衣服的动作，引入词组，待讲解完后，变为教师说词组，学生模仿动作，经过了反复的模仿，英语单词自然就记住了。自然而然习得语言。

3.竞赛形式的操练

小学生不但好奇心强，而且好胜心强，任何竞赛性的活动都能使他们精神振奋，大大激发其学英语的积极性。教师可充分利用学生这一心理特点，组织学生在竞赛中训练语言技能。例如，在学习完有关星期的词汇后，教师可以设计男女生比赛，男女生各选一人，站在黑板前，黑板上是打乱顺序的星期词汇，教师背对台上学生小声用口型说出一个星期的单词，下面的学生把这个单词大声告诉台上的两个同学，台上同学立马指出该单词，比一比谁反应快。比赛会使学生们热情高涨，使原来的语言学习变得更加有趣，语言的反馈与体现也会显得更直接、更真实。

（四）基本要求

1.处理好各种角色之间的关系

（1）学生的角色。学生是教学的主体，是听者、表演者。教学过程中，教师应重视发挥学生主体意识，开发个体的学习潜能。在全身反应法教学中，学生的主要任务是将听到的指令用行为表现出来。

（2）教师的角色。教师是教学的主导，既是课程的设计者，又是课程的总指挥。全身反应法一个突出的特点，就是教师的作用积极而直接。教师要像导演一样，明确告诉学生要做什么。

（3）教学材料的角色。全身反应法中没有特定的教材，因为教师更多地使用肢体语言和面部表情，教师的语言、行为和手势为课堂活动提供了良好的课堂基础。在教学中，教师可以运用课堂中随处可见的物品，如黑板、粉笔、课桌、课本等作为辅助工具。

2. 与其他教学方法相结合

全身反应教学法具有简单、操作性强、直观的优点，在实际教学中非常实用，但是对于一些比较复杂的单词、句子，仅仅依靠全身反应教学法是不够的，只能用其来做辅助，配合其他教学法才能更好地完成教学任务，达成教学目标。因此，在教学中一定要灵活地将全身反应法与其他教学方法有机地结合，才能达到事半功倍的效果。

教师运用全身反应法训练学生的"读""写"能力，可以灵活地融入其他教学方法。例如，教师可以结合任务型教学法，通过让学生完成"编写英语小故事"和"表演英语话剧"的任务，训练学生"写"的能力。只是在故事或话剧内容的设置上，教师要选择能够把语言和行为联系起来的任务。

3. 做好课堂管理

全身反应法教学中包含了大量的游戏活动、角色表演、小组竞赛等，而小学生一旦开心起来，就容易失去控制。所以，没有好的课堂管理，再好的教学方法、再丰富的教学活动也难以取得预期的效果。这就要求教师在设计教学时，考虑到班级大小、学生人数、活动形式等各种因素，防止课堂混乱局面的出现，不能因噎废食，害怕课堂混乱就不组织学生进行活动，教师应该在课堂管理方面下足功夫：明确活动的目的、规则和要求；活动中认真监控，及时恰当处理问题行为。

第七章　小学英语课堂教学技能的培养

第一节　小学英语课堂教学的导入艺术

　　课堂导入艺术是指在新课开始或某一教学阶段之前，通过一定的教学手段将学生的注意力吸引到特定的教学任务中，以引起学生注意，激发其学习兴趣，形成学习动机，建立起前后知识间联系的一类教学行为。它是课堂教学中的重要环节，是承上启下、温故知新的必然途径。课堂教学中自然、新颖、富有趣味的导入，最能吸引学生的注意力，使学生自然投入新课学习的氛围中，激起他们活跃的思维，提高积极参与语言交流的热情，降低新内容的难度，实现新、旧知识的自然过渡，优化学习效果。作为一名小学英语教师，应该明确课堂导入的功能及其重要意义，掌握小学英语课堂导入艺术的基本方法，根据学生的心理和生理特点，努力探索小学英语课堂导入艺术，努力提高小学英语课堂教学效率。然而，有些教师在教学中不善于设计导入环节。有的教师设计的导入环节过于程式化，似乎总是通过师生互致问候或询问日期、星期几、天气、学生出勤情况等问题开始新课；有的教师习惯以值日生报告的形式开始新课，大多是两名学生在前面表演一段对话，表演结束后，教师一般既不加以评价，也不与学生就对话内容进行信息交流而进一步引出新话题，使值日流于形式，降低了值日效果，无法实现复习检查与话题引入的有机融合；有的教师刻意设计一个新课导入环节，但缺乏自然性和新颖性；有的教师设计的导入环节形式很新颖，但只是为了调动学生的积极性而设计，与本节课学习内容不相关，失去了水到渠成的流畅和温故知新的实效；甚至有为数不少的教师在教学过程中干脆没有话题导入的环节设计，直接以"In this class we're going to learn Unit…"开始新课，使课堂教学显得苍白无力，毫无生机。因此，如何设计新颖、高效的课堂教学导入环节是深化课程改革中需要特别关注的问题之一，也是最能体现教师基本素质和施教技能的问题，关系到教学效果的提高和英语教师的自身专业发展。

导入作为课堂活动第一个重要的课堂教学环节，其心理任务主要在于激发学生的兴趣和情感，使学生产生学习动机，把学生引进课堂情境中来。小学英语教学缺少必要的真实语言环境，小学生爱玩好动，心思很难集中到课堂上，这就要求英语教师在教学中根据教材内容、教学目标、学生年龄特征、心理特征等情况，讲究精彩的导入艺术，在课堂黄金阶段——导入这第一环节牢牢吸引学生的目光，赢得学生高度的注意力和高涨的学习热情，让课堂教学踏出成功的第一步。

一、英语广播体操 TPR 活动导入，让学生动起来

通过身体动作和其他直观手段创设语言情境，体现了"在做中学"的原则，符合小学生的年龄特征，有利于学生理解和掌握语言，能活跃课堂教学气氛，激发学生学习语言的兴趣，还能加强动觉训练，提高肢体运动智能。小学生活泼好动，在英语课堂中用英语广播体操 TPR 活动来导入不失为一种好方法。

注意：用"全身动作反应"活动导入课堂是个有趣且有效的教学方法，但是要熟练得体地应用到教学中并不是一件容易的事情，每个肢体语言，包括动作、表情、声音的设计，都要教师多花心思，力求做到恰到好处。教师是学生的模仿对象，不雅和太过夸张的动作不宜带到课堂上来，否则就会弄巧成拙，造成课堂混乱等负面影响，达不到教学的效果。

二、英语歌曲活动导入，让学生唱起来

英语歌曲具有优美动听的旋律和轻松欢快的节奏，对于激发兴趣、分

散难点、激活学生大脑细胞、调节学生的学习情绪起到很重要的作用。在组织教学中融音乐与英语为一体，能帮助学生复习理解，表现情境内容，创设有声语言环境，使学生自然投入。通过听歌曲来导入新课是一种行之有效的教学手段，深受小学生欢迎。歌曲"In the classroom""Colour song""Header, shoulder, knees and toes"等都是与课文内容相配套的单词和句型，教师可以充分利用它们来进行教学。此外，英语歌曲活动还可扩大到利用或自编咏唱导入课堂。简单易记、朗朗上口的儿歌，再配上简单的动作，不仅能活跃气氛，而且能培养学生的语感。

注意：用歌曲导入课堂要有导向性，所选歌曲要能自然进入新授内容。并不是每节课都牵强附会地放些英语歌曲，而要从本节课的教学目标出发，挑选合适的英语歌曲为学习新授内容做铺垫。教师可将教材中好听的英语歌曲集中录制，这样使用起来也比较方便。

三、游戏活动导入，让学生乐起来

语言学家克鲁姆说过："成功的外语课堂教学应创造更多的条件，让学生有机会运用已学到的语言材料。新颖别致的游戏能吸引学生的注意力，最大限度地调动学生的主动性和积极性，让他们专注于所学知识，积极参与课堂活动。"游戏是儿童的天性，游戏活动能使抽象语言内容变成一种具体、形象的情境，具有直观性、趣味性和竞争性等特点，能有效地激发他们学习的积极性。在游戏中导入新知能瞬间抓住学生的心，起到安定情绪的作用，是学生喜闻乐见的学习方式。一个好的游戏导入设计，常常集新、奇、趣、乐、智于一体，能最大限度地活跃课堂气氛，消除学生上课的紧张心理，学生可以在轻松愉快、诙谐幽默的游戏氛围中不知不觉地习得新知，在愉快的游戏活动中实现"主体、生动、发展"的学习。如在教玩具类单词 doll, cor, plane, boat, balloon 一课时，教师可用猜一猜游戏导入："Christmas is coming. Father Christmas has many gifts for us. Guess, what are they？"学生被吊足胃口，可能猜 pencil、crayon…，教师通过亮出大口袋里的物品，一边复习旧知，一边自然导入新词。

注意：游戏以独特魅力登上英语课堂教学舞台，用得恰当，可起到锦上添花的作用。用游戏导入课堂针对性要强，要面向全体，照顾大多数学生的实际情况，游戏设计不宜过难或过易，要实用，不图热闹，不走过场，不摆花架子。

四、故事活动导入，让学生想象起来

英国哲学家洛克说："教员的巨大技巧在于集中学生的注意，并且保持他的注意。"上课伊始，教师一说故事，学生会马上安静下来，教师可及时把学生的无意注意转换到有意注意上来，达到导入新课的目的。此外，用故事导入教学能创设良好的学习氛围，激发学生学英语的潜力和无限想象力，拉近师生之间的心灵距离。教师应该遵循小学生爱听故事的心理特征，把一篇枯燥乏味的课文改成一则小故事，结合图片、手势、表情来辅助故事讲解，不仅能有效地吸引学生的注意力，自然导入新课，还能启迪学生的心智，培养学生丰富的想象力和欣赏力。

注意：教师用故事活动导入要使用简短、重复率高的语言，能自然而然地和课文单词、句型联系起来。教师所设计改编的英语故事，其内容和人物角色是学生熟悉的，其情节要有趣易懂，必要时还可以夹杂汉语。如英语故事太难，很可能导致学生茫然，不知所云，更不要说起到活跃课堂、吸引学生的作用了。

五、绘画活动导入，让学生沉浸在色彩中

英、汉是两种完全不同的语言，而图画则可以成为沟通两种语言的中间媒体，它可以一目了然地告诉大家教师在讲些什么。简笔画、卡通画形象直观，是小学英语教学中常用的传统媒体之一。利用画简笔画、卡通画导入新课可以设下悬念，激发学生的想象力和兴趣，让学生的内心自然地迸发出激情的火花，不知不觉跟着教师步入课文的情境。卡通画可以让无生命的东西

因添加了手足而变成一个个可爱的小精灵，使枯燥难记的英文单词变得有趣，易于掌握。除了利用简笔画、卡通画，还可以借助另外更多的画种，让生动的形象、丰富的色彩激起学生学习英语的兴趣。如在教水果类单词时，教师可在黑板上画一个圆圈，让学生想象是什么，教师通过学生的思维随手添加，慢慢变成 ball、balloon 等逐渐过渡到新词 water-melon、apple、orange、pear、peach…，这样可吸引学生的注意力，开发学生的发散性思维，激发和强化学生的学习兴趣，导入得自然得体。这一导入过程运用启发式教学法和比较法，学生通过黑板能直观、清晰地分辨出本课新的语言项目，培养学生的总结能力和主动思维的习惯，让学生充分体会到"联结知识，温故知新"的感受。

注意：绘画活动导入教学，对教师绘画技能要求较高，要求教师在较短时间内快速完成，否则再怎么精美的图画也会因为占用课堂时间过多，影响课堂节奏。

六、情境表演活动导入，让学生演起来

英语会话的特点具有交际性，而交际总是在一定的情境中进行。在教学中，教师可充分利用形象，布置生动具体的场景，模拟真实的情境，创设接近生活的真实语言环境来激起学生的学习情绪，从而引导他们从整体上理解和运用语言。情境表演导入新课可以充分发挥学生的主观能动性，有利于课堂环节的自然过渡，有利于营造和谐的课堂气氛，有利于加大学生的语用动力，更是教师创造性导入教材内容的体现。小学英语教材有很多内容可改编成简单的情境表演活动来导入，既容易又逼真，趣味性强，小学生善于模仿，表演时全身心投入，神态惟妙惟肖，可给整堂课增色不少。

注意：情境表演活动导入课堂具有形象、逼真、趣味性强的特点，导入自然，用得巧妙有很好的铺垫效果。从整堂课节奏把握、表演的视觉美感出发，无论是师生间表演示范还是学生间表演都应预先排好，情节应做到真实自然，避免作秀。

小学英语教学中新课的导入在整个教学中是一个重要的环节，它直接影响着学生学习的情绪和效果。引人入胜的导入能使教学内容以新鲜活泼的面貌出现在学生面前，使学生以最佳的心理状态投身到学习活动中，为整个课堂教学打下良好的基础。

英语新课的导入方法多种多样，教师要在实践中不断发现和创新，灵活运用，但在设计和实施的过程中，应该注意：

第一，导入不能占用课堂太多时间，以免影响教学进度和重点内容的教学。

第二，要有针对性，不要与课堂或教学目标脱离。根据不同的教学目的、教学内容及特点采用多样化方式。

第三导入要注意教学环节之间的连接，有针对性，过渡要自然。

教学有法，但无定法，贵在得法。导入的方法和形式多种多样，没有固定的形式，而导入的成败直接影响着整堂课的教学效果。因此，教师要根据教学内容、教学目标、学生的年龄特点和心理生理特点及英语学习的实际情况，灵活设计导入形式，将各种导入方法优化组合，以求得最佳的教学效果。

第二节　小学英语课堂的组织教学

课堂组织教学是指教师通过协调课堂内的各种教学因素有效地实现预定的教学目标的过程。课堂组织教学是一项融科学和艺术于一体的富有创造性的工作。要做好这项工作，教师不仅要懂得课堂教学规律，掌握一定的教育学、心理学知识，还必须关注每一位学生，运用一定的组织艺术，努力调动学生的有意注意，激发学生的情感，使学生在愉快、轻松的心境中全身心地投入学习中去。

一、声音控制法

声音控制法是指教师通过语调、音量、节奏和速度的变化，来引起和控制学生的注意。例如，当教师从一种讲话速度变到另一种速度时，学生已分散的注意力会重新集中起来。教师在讲解中适当加大音量，也可以起到加强注意和突出重点的作用，高低声游戏就是利用了这个原理。

二、表情控制法

丰富的表情变化可以起到控制学生注意力的作用。教师的表情可以表达对学生的暗示、警告和提示，也可以表达期待、鼓励、探询、疑惑等情感。教师面部表情、头部动作、手势及身体的移动也传递着丰富的信息，有助于师生间的交流沟通，调控学生的注意力。

三、停顿吸引法

适当的停顿，能够有效地吸引学生的注意力，可以产生明显的刺激对比效应。喧闹中突然出现的寂静，可以紧紧抓住学生的注意力。一般来说，停顿的时间以 3 秒左右为宜，这样的停顿足以引起学生的注意。停顿时间不可过长，长时间停顿反而会导致学生注意力的涣散。

四、目光注视法

教师的目光注视可以在学生中引起相关的心理效应，产生或亲近或疏远或尊重或反感的情绪，进而影响教学效果。因此，教师可以巧妙地运用目光注视来组织英语课堂教学。如开始上课时，教师用亲切的目光注视全体学生，能使学生情绪安定下来，愉快地投入学习。再如，课上有学生注意力不集中，教师可以用目光注视提醒学生注意听讲。

五、情感暗示法

情感在课堂组织教学中发挥着动力的作用。如果学生对教师、对课堂缺乏情感，就不能有效地进行学习活动。因此，教师要善于运用各种教学手段，培养和引导学生积极向上的情感，并在成功中产生新的学习动机。

六、姓名举例法

在英语单词或课文教学中，教师常常运用人物名字做主语进行造句或创设情境，以加强学生对所学单词或课文的理解。如果发现有的学生走神、做小动作、低头看其他书籍等，教师可以抓住时机，用这个学生的名字做主语造句或创设情境，这样既可以顺利完成教学任务，增加英语教学的真实性，又可以起到提醒学生的作用。

七、短暂休息法

连续的操练之后，部分学生可能会出现精神疲劳、注意力分散的现象。针对这种情况，教师的提醒或警示对学生注意力的长久保持已无济于事。这时，教师可以播放一段或唱一首英文歌曲，让学生放松片刻。这样，不但能消除学生的疲劳，活跃课堂气氛，而且能增加师生间的感情。

八、手势示意法

在英语课上，有的学生自控能力差，不时会交头接耳。针对这种情况，教师可以用双手向他们做出一个暂停的动作或将食指按住嘴唇做出安静的表示，以示意这部分学生保持安静或终止违纪行为。

九、媒体变换法

在课堂教学中，单一的教学媒体容易引起学生疲劳和注意力分散，教学频率也容易受到影响。因此，教师应根据需要适当变换教学媒体，通过图表、实物、幻灯、影视、电脑等多种媒体的交互使用，充分调动学生的各种感官去获取信息，不仅可以有效调控学生的注意力，加强学生对知识的感知度，而且有利于学生对知识的记忆、理解和应用，促进由知识向能力的转化。

十、活动变换法

变换课堂活动方法可以有效地调动和集中学生的注意力，提高课堂教学效率。课堂活动方式包括师生交流的方式、学生活动的方式和教学评价的方式等。在课堂教学中，教师应根据教学的需要适时变换课堂活动方式。例如，由教师讲变为学生讲，由机械操练变为交际操练，由集体听课变为小组讨论，等等。这些变化都会带给学生新鲜的刺激，强化学生的注意，激发其参与的兴趣，进而达到提高教学质量的目的。

十一、设疑吸引法

巧妙的设疑是课堂组织教学中的一种艺术方法。当学生注意力不集中时，教师设计一些疑问，让学生问答，以促进学生注意力的转移。在学生学习情绪低落时，利用疑问引起学生学习的兴趣，激发学生学习的积极性。设疑在教学中起着承上启下、充实教学内容的作用，但需要教师精心设计，注重提问的思考价值。无目的的设疑会破坏教学设计的目标，影响学生思维。

十二、竞赛刺激法

在学生学习情绪不佳、疲劳或学习积极性不高时，教师可根据教学内容，开展一些小型教学竞赛活动，如采取集体竞赛、小组竞赛、个人竞赛等，以调动学生的积极性，使学生的有意注意力高度集中，从而使学生跳出不良的学习状态，达到提高教学效果的目的。

第三节　小学英语课堂教学的板书设计

一、板书的功能

精湛的板书是开发学生智慧的钥匙，是知识的凝练和浓缩，是教师的微型教案，能给人以心旷神怡的艺术享受；它是课堂教学的缩影，是指示课文中心的导读图，是透视课文结构的示意图，也是把握重、难点的辐射源。

板书是教师的基本功之一，是教师技能不可或缺的组成部分。它和课堂教学的口头语言、体态语言或先或后或同步出现，相辅相成，丰富着课堂教学的表达力。板书历来是课堂教学的重要组成部分，是教师引导学生掌握知识、形成知识能力的有效手段。它是课堂上利用视觉交流信息的一个重要渠道，可以弥补教师语言表达的不足，把复杂、抽象、潜隐的内容直观、明晰地再现在学生面前，使学生更容易接受。精彩的、有效的板书设计对教学目标及教学任务的达成至关重要。

二、板书设计要点

板书是直观性教学原则在课堂教学中的具体体现，是提高课堂教学效果的一种既有效又经济的手段。一个精心设计的板书应该是符合教学内容的，是简明扼要、关键点突出、拥有良好逻辑系统结构的，是使教学内容条理化、系统化、具体化的板书。那么如何设计板书，才能更好、更有效地实现课堂教学目标，使学生印象更鲜明、深刻，理解更清晰、全面，记忆更牢固、持久？如何使板书不仅能帮助学生记忆，而且能帮助学生思考，让学生的思维插上想象的翅膀？小学英语教师在课堂板书设计时，应注意下列几个问题。

（一）板书设计应体现教学目标

在小学英语教师中，很多教师都认为上英语课只要把重要的单词和句型写在黑板上就可以了。其实不然，没有主题的板书就像是一篇好文章没有题目一样，让人很难理解。教师经常会忽略写单元主题、第几课时。上完课后问学生今天学了哪一课，很多学生回答不上来。不要说学生了，就连听课老师在自己的听课本上也没法写出听课的主题。所以，教师在板书设计时应清楚地写明上课的课题。

（二）板书设计力求内容精简，突出重、难点

教师在一节课上要讲授的内容很多，不可能全都写在黑板上。如果写得太多，学生也无法分清主次，这就要求教师研究教材，精通教学内容。板书内容不必面面俱到，应讲求精当，以简明扼要、提纲挈领的形式展现在学生面前，而且板书的内容要善于突出重、难点，要体现出对所教内容的高度概括和提炼。过多的板书费时费力，教师长时间书写板书时，学生的注意力和课堂秩序也可能受到影响。教师在备课时应备好板书设计，对教学内容进行恰到好处的提炼，在课堂上将教学重点、难点和关键点条理清晰地展现出来，使学生一目了然，轻松、明确地感知和领会所学内容。如一位老师执教的教学板书，不是把所讲的内容都写在黑板上，而是把所授课的重点和难点体现在板书上。板书上每一部分都有很丰富的信息，学生通过板书的视觉刺激能更好地理解教学要求和教学重点、难点，并对教学内容有一个整体把握。

（三）板书的英语书写应规范得体

平时上课，教师们常随手在黑板上书写句型、单词；公开课中多数教师则将句型、单词预先写在纸上，等到用时就贴于不同的位置，的确非常方便省事。但二者都忽视了重要的一点：缺少给学生示范书写的过程。这必然会导致学生的书写意识淡薄，书面书写的结果令人不满意。所以，提倡教师板书的英语书写应该规范得体。首先，教师应该给予学生正确的手写体书写

示范。这包括字母的大小写，如 Coke，不要写作 coke。词组 watch TV 不要写作 Watch TV。句子"What's your favourite food？"不要写成"what's your favourite food？"，这些虽是小细节，但教师必须正确地书写。其次，教师应该给予学生规范的书写示范。这包括简称的使用、标点符号的运用及清楚的板书笔迹等。教师在板书时应尽可能避免英语字母的连写，因为小学作为书写的起始阶段应该培养学生把字写好，而连写容易造成字迹潦草，因此在书写板书时，笔画应清晰，板面干净。教师板书的规范，不仅有利于学生知识的吸收，更有利于学生良好书写习惯的养成。

（四）板书设计力求布局科学合理

整体布局是给人的第一印象。板书设计首先得考虑总的布局。布局是指各部分板书在黑板上的空间排列以及与教学挂图、投影屏幕的合理安排。板书的布局既要根据教材内容的不同类型来变化，又要做到主次分明、突出重点和关键，并有利于分散难点，这样才能使板书真正起到便于学生理解教学内容，促进学生思维和记忆的作用。如何将一块黑板物尽其用、分配合理？常见的模式是分为三个区：学生评价区、新知呈现区和课堂学习的机动区。

1. 学生评价区

为了激发学生的学习热情和动力，教师往往会在课堂上进行男女生或小组之间比赛，进程和结果甚至课堂表现都记录在学生评价这个区间里，它的位置也通常设置在黑板的左边，在教学内容较多的情况下，可以设在黑板的旁边或讲台的立面上，不能是中心的位置。评价区的内容和形式在设计上要符合小学生的好胜心理，要吸引全体学生的注意，在色彩上要明朗，图形要漂亮。

2. 新知呈现区

新知呈现区应该突出课堂教学的重点，有利于解决难点，所以摆在黑板的中心显眼位置。图文并茂的板书，学生在再认和回忆某些知识时，会很自然地联想到板书中形象的图文，进而帮助学生回忆和复习已学的知识。

3.课堂学习机动区

黑板右边一部分留下空白作为辅助部分，也就是课堂拓展延伸的部分。这部分较为灵活，留给学生思考的空间，这样在课堂中可以训练学生的思维，并且留白区比较机动，可以随时擦写，因此，板书就不至于太死板，有利于学生动态思维的生成，还可以激发学生的积极性。

（五）板书设计力求在课堂上动态生成

板书是一种教学艺术，既要醒目悦目，又要掌握火候，才能对教学起到画龙点睛的作用。板书时间的恰当运用，直接影响课堂的教学效果。

富有生命力的板书应该随着教学的进程，随着学生的学习变化不断生成。具有提示性的板书，可在课前完成；具有启发性的板书，应在课中呈现；具有结论性的板书，应该等到"瓜熟蒂落"时，呈现在分析、归纳和总结之中。板书的生命力恰恰在于它的动态生成性。例如，某小学的郝文倩老师以Seasons 为主题的板书设计，先在黑板上画一个穿着短袖衫的小孩，然后加多一件衬衫，手里拿着护肤霜，再穿上暖暖的大衣，戴上帽子，最后脱去大衣剩下衬衫，手拿盛开的鲜花。学生的注意力始终集中在小孩的变化上，不难猜出不同季节的名称，伴随着图的出现同时复习旧句型和学习新词。学生处于情境真切的生活中，学习和认识起来就比较容易，知识掌握得比较轻松。此时，整节课的板书内容已经全部呈现在学生面前，脉络比较清晰明了。整堂课下来，随着黑板内容的不断充实，学生学习的热情也不断高涨，提出问题，设置悬念，解答问题。板书设计集整体性、艺术性和趣味性于一体，大大改善了课堂气氛，提高了学习效率。

（六）板书设计力求与多媒体有机结合

现代化英语教学中，黑板已经不是传统意义上的黑板了。挂图、投影仪、多媒体等教具的加入，使得黑板的内涵更加丰富。特别是多媒体这一现代化的教学工具，以鲜艳的色彩、活动的图像和有声的对话，给人一种赏心悦目的感觉，创造了轻松愉快的学习氛围。但是，在当今小学英语课堂教学中，虽然有现代媒体的广泛介入，传统的手写板书仍然是不可缺少的。近年来，在历次英语公开课中，获奖的优质课教师都没有放弃这块传统的教育阵地，板书在教学中仍起着不可替代的作用。精彩的、有效的板书设计对教学目标及教学任务的达成至关重要。教师应该考虑怎样恰当地运用板书教学，让其在英语课堂上绽放光彩。在课堂教学中，对于传统的板书教学和多媒体教学的选择，要看哪种表现形式更有利于教学内容的呈现，更有利于学生的理解和学习。完全的"纯板书"和"零板书"，都是不可取的。美国大众传媒学家施兰姆说："如果两种媒体在实现某一教学目标时，功能是一样的，我一定选择价格较低廉的那种。"在英语课堂上，如果教学内容能够在黑板上实现的话，也没有必要一定要把它做成多媒体。教师要吸引的不是学生的眼球，而是学生的注意力。让传统板书回归到英语教学课堂，达到两种方式的有机结合，是英语教学的发展趋势。

总而言之，板书设计的好坏直接影响教学质量。内容清晰、重难点突出、趣味性与逻辑性相统一的板书本身就是一门艺术，在现今的英语教学中，尤其在经历了教改和现代化教学手段日益丰富的今天，板书设计必须成为一种落实教学要求的艺术再创造，成为教学中最直观、最得力的教学手段。教师不能视它为可有可无，也不能视它为雕虫小技，应让板书成为教师教学时引人入胜的"导游图"，成为学生听课时掌握真谛的"显微镜"，成为进入知识宝库的"大门"。

小学英语课堂板书设计既是一门具有创造性的艺术，更是一门值得深思和研究的学问。教师要深入钻研，精心设计，使板书能尺幅容万言，在课堂教学上发挥其作用，更好地服务于教学、服务于学生。

第四节 小学英语课堂教学的提问技巧

提问是课堂教学的"常规武器",是小学英语知识训练中最常用的行之有效的方法和手段之一,它不仅可以及时检查学情,开拓学生思路,启迪思维,还有助于发挥教师的主导作用,调节教学进程,活跃课堂气氛,促进课堂教学的和谐发展。因此,教师必须重视提问艺术,想方设法激发学生的学习兴趣,促使他们学好英语。

课堂提问是一种教学方法,也是一门艺术。然而,现在课堂提问已被"师问生答""一问一答""分组问答"的陈旧模式所垄断,形成了千人一面、约定俗成的固定模式,变成了单调乏味的催眠曲,使课堂提问失去了它应有的魅力和作用。所以,教师必须重视课堂提问艺术,注重激发学生的学习兴趣,培养学生分析问题、解决问题的能力,促使他们学好英语。

一、提问的先决条件

教师要精心设计,提出问题。显然,提问需要技巧与准备,善于提问的人往往主动了解所要讨论的主题,并且预先准备好一些关键问题。尽管有的教师能够临时提出用语得当的问题,但真正做到这样是非常不容易的。事先做好准备工作的教师,一般都能取得较好的效果。

在准备关键问题时,教师应该考虑:

(1)教学目的。

(2)提问目的。

(3)哪些类型的问题最适于实现这些目的。

(4)是否应该提那些属于情感领域的问题。

(5)通过提问能在多大范围内实现目的。

教师应该事先将问题准备好,否则,提问时很容易忽略重要的知识,而只注意一些不相干的琐碎细节，所以最好是将关键问题写在教案中。

二、提问的艺术

提问是一门艺术，是每一个教师都应该认真思考、慎重对待的。教师应把握好以下几点。

（一）教师的态度

教师应当以愉快、友好、从容、谈话式的态度来提问。提问时如果既能保持自由自在、不拘礼节的气氛，又能说话举止得体，那就更好了。教师应使学生从提问的方式中便知道他所期望的是合理的答案。如果学生不能回答，或者一时答不出来，也不要强迫他问答。学生已经忘记的知识，就是敦促他苦思冥想，也是枉费工夫。

（二）提问的时间和时机

在整个班级参加的情况下提问，教师一般是先提出问题，让全班学生都有考虑的时间，然后再指定某个学生回答。这样做，便使每个学生在有人回答之前都有机会对问题进行思考。如果教师每提一个问题给学生思考的时间都只有一两秒，学生还未想好，教师就重复问题或重新组织问题，或者请另外一个学生回答，这种做法看似一种控制时间的机智表现，但实际上，被提问的学生却会失去回答问题的信心或懒于思考，学习的积极性就会逐渐低落。

（三）激发学习兴趣，注意趣味性

使学生注意教师提问的一个好方法就是问一些真正有趣味、能发人深思的问题。诱导答案、能泄露答案或答案只有一个字的那类问题，本身便索然无味，没有提问价值。

课堂提问应尽量激发起学生强烈的兴趣，使学生的求知欲达到亢奋的状态。学生在寻找答案的过程中，就能更深刻地理解教材内容，这对他们的英语学习极有帮助。

（四）因材施问，注意针对性

教师在提问对象的选择上要照顾全体学生，更要因材施问。在平时的教学中，由于受到课堂时间、教学内容以及学生数量多等多种因素的制约，一般情况下有些问题不可能一一进行提问。因此，教师在课堂提问时要考虑中等学生的接受能力，适当照顾优、差两头，使每个学生都有表现、发展的机会。一些教师不能根据学生学业水平进行"分层提问"，更不能根据学生性格、思维等特点进行提问。提问的对象往往是班上大部分学生或者少数成绩好而又听话的学生，对极少数成绩差或者调皮的"弱势者"，往往是举手也不提问，不举手更不提问，这些学生就成了游离于课堂教学之外的"边缘人"。这种教学对他们的发展是相当不利的，可以说是一种无声的折磨和摧残。

总之，在小学英语课堂教学中，提问具有集中学生注意、激发学生学习兴趣、启迪学生思维、锻炼学生表达能力、提供反馈信息等多种教育功能。因此，在教学实践中，教师必须不断地、科学地、艺术地对待"提问"。

第五节　小学英语课堂教学的纠错策略

面对小学英语课堂中发生的错误，教师不要责怪学生，而要正确看待学生的错误，了解发生错误的原因，把握合理的纠错时机和掌握正确的纠错方法，使之更有效地为教学服务。

一、正确看待学生的错误

首先，学生不可能一下子就掌握目标语。在达到预期目标前，他们必然要经过一个漫长的语言内化过程。在这一过程中，出现语言错误是极为正常的，而且有时错误对语言教学能起到积极的促进作用。教师没有理由对学生的错误产生困惑和不解，也没有理由完全排除学生发生错误的可能性。

其次，小学生个体发展的差异导致接受能力方面的差异。在同一班级中，有的学生语言能力发展快一些，有的数理能力发展早一些。即使在同一学生身上，不同能力的发展水平也会有所不同。比如，同一学生的语言能力、空间能力、数理能力等，有的发展快一些或早一些，有的发展慢一些或迟一些。一般而言，发展迟缓的那方面，出现错误的概率就会多一些。

最后，即使同在一个班级里学习，或者由同一个教师担任教学工作，学生的学习水平也会有所不同，发生语言错误的多少也必然有所不同。

基于以上认识，教师不该把发生错误的学生当作批评的对象，更不该把发生错误当成惩罚学生的理由，而要善待发生错误的学生，认真分析并合理纠正发生的错误，最好能把错误转化为有价值的课堂教学资源。

二、了解发生错误的原因

要有效地纠正学生的语言错误，就必须明确错误产生的原因，这样才能"对症下药"，做到"药到病除"。小学生发生语言错误的主要原因有下列几点。

（一）记忆干扰

这是小学英语课堂教学中最常见的语言错误形式之一。由于小学生活泼好动，有意注意时间短，又缺乏科学有效的记忆策略和良好的记忆习惯，从而导致单词拼读、拼写和变化形式等错误层出不穷，如把 work 读成 walk 等。

（二）语间干扰

它是指学生的母语对英语学习的影响，当母语与英语在表达方式上存在差异时，英语学习中就会发生错误。例如，汉语中第三人称单数"他、她、它"虽然写法不同，但读音相同，而英语中 he、She 和 it 的拼写和读音都不同，小学生在运用时往往会"男女不分"，还常常会去掉动词第三人称单数和复

数名词的词尾 -s、-es 以及动词一般过去时的词尾 -ed 等。

（三）语法干扰

它是指学习者根据已获得的、有限的、不完整的英语知识和经验，类推出偏离规则的错误语言形式。

（四）文化干扰

它是指文化习俗不同而引起的错误。例如，中国人在得到别人夸奖后常说"哪里，哪里，不怎么样"，而西方人则常说："Thank you!"如果学生回答说："No!No!Not nice!"外国人听了会很奇怪。又如，英语中人们分手时常说"Goodbye "或"Bye-bye"，但中国客人常对主人说"请留步"，主人则说"请慢走"或"请走好"。如果在英语中据此说出"Go slowly"或"Walk well"，听起来就会十分别扭。

（五）交际障碍

在交际过程中，由于说话者词汇量不够或无法用英语说清楚，从而导致错误。

（六）教学失误

教师或教材中对英语语言现象不恰当的讲解或讲解不清，导致学生发生语言错误。

三、合理把握纠错的时机

目前，小学英语课堂教学中存在着两种相对立的观点：一是有错必纠，二是对错误听其自然。前者只管语言形式，不管语言内容，挫伤了学生语言交际运用的积极性；后者只注意语言的流畅性，忽略了语言的准确性，难以提高学生的语言水平和交际能力。那么，应该何时纠正学生的错误呢？这不仅与课堂教学期待的目标相关，而且与课堂教学活动类型相关。如果教师期待的活动结果是学生在活动中或活动后能流畅地用英语表达思想，教师就不应该有错必纠，而应该在学生完整表达思想之后才纠正错误。如果教师过多地介入学生"说"的过程，势必会影响学生流畅地用英语来表达。反之，如果教师期待学生在课堂教学活动中要准确地使用目标语，那么及时纠正错误就是必需的。

当然，不及时纠正错误并不意味着对错误视而不见、听之任之。作为教师，纠错要做到讲究纠错策略，选用正确的纠错方法，达到纠错的最佳效果。

第六节　小学英语课堂教学的复习指导

一、复习的作用

复习的作用是"温故知新"，帮助学生回忆所学的语言项目，加强记忆，并对所学的知识加深理解、总结规律，发现问题及时解决。此外，对于练习不够、理解不深不透或是疏漏的方面，及时加以弥补，以便使所学的知识和技能更加完善和熟练。

学习外语需要有个"消化"过程，需要逐步理解和吸收。学习英语首先碰到的问题就是遗忘。为了防止遗忘，就需要复习。如同杂技中的转盘子一样，要使一大排的盘子始终保持转动，就得不断地拨动每一个盘子。

学习语言也同转盘子的道理一样，需要教师帮助学生不断地温习所学的东西，不可停止，也不可割断，不能教这一课就不管上一课的内容。为使学生获得使用所学语言的能力，需要不断重现所学的内容，以加深印象、巩固记忆。由此可见，复习在任何科目的课堂教学中都是一个必不可少的步骤，也是不可忽视的重要步骤。只有帮助学生复习好、巩固好所学的知识，才能顺利地进行下一步，即呈现或介绍新的语言项目。

二、复习的内容、形式、方法与教师的任务和作用

复习的内容不外乎日常交际用语、语音、词汇、简单的语法与语法句型、"四会"要求掌握的一般句式及所学的语言材料。

复习的方式方法多种多样，有大循环复习和小循环复习，有单元复习和阶段复习，有集中复习和分散的随堂复习，有家庭作业、假期作业、口笔头测试、听写、评比竞赛、游戏等。大复习有期中复习和期末（终）复习，小复习有每节课和每节课随堂的开头、中间和结尾等的复习。

教师教学用书中，除了第一册第1课外，一般情况下，在每课（每节课）的教学步骤与方法建议的开头，都有两个或三个复习步骤，并为教师指明了复习的内容和方式方法。在具体进行中，教师还要根据学生的实际需要决定复习哪些内容、怎样复习及复习的程度。同时，复习也不一定要在每课的头、尾进行，在教新课中间为了承上启下可随时根据情况进行。每学期机动的课时可以用来进行复习。

复习的形式多种多样，有检查性的口、笔头复习练习，以发现和解决普遍存在的问题，也可以用竞赛评比、评估测试、听写、检查作业等方式。

复习的方法也很多：有帮助记忆的，比如，用归纳的方法、图解的方法、表演的方法或借助实物、模型、玩具、图片等，都可以加深印象、帮助记忆。还可以复习旧知识为新课的新内容铺路，采用以旧引新、承上启下的方法。

在复习的过程中还可经常采用提问的方法。这里提供两种常见的方法。

（一）连珠炮似的提问

这种提问要求教师要快速地口头提问，并要求学生也要迅速做出反应。

这种无准备的提问复习方法，可以培养学生根据实际情况真实地运用英语的能力。当然教师所提的问题不应超越学生所学的范围。

（二）连锁操练

这种操练可以由教师开始，先向学生 A 发问，学生 A 回答完问题后接着向学生 B 提问，B 回答完问题再问学生 C，以此类推。

这种学生间有问有答的连锁操练最好不要按座位顺序进行，可让一个学生出其不意地向另一个学生提问。这样做，可以使全班学生的注意力都集中起来，人人认真听问题并积极思考答案，同时还要积极地提出问题。这种连锁操练可以随堂进行，进行得越早越好。它既可以活跃气氛，又可以使全班更多的学生参与，几乎每个人都能得到练习和复习的机会。

在复习的过程中，教师要善于抓住学生学习中的薄弱环节，并注意教会学生怎么进行复习。教师在复习的步骤中是强化记忆者，帮助学生复习巩固，加深印象，记忆所学的东西，并掌握复习的方法。教师的作用很重要，帮助学生复习得好，会使他们温故知新，学有所获；复习得不好，容易形成"老生常谈"，枯燥乏味，使学生产生厌烦情绪。因此，教师要重视这一步骤，认真备课，尽量多设计些复习形式，采用多种方法使复习搞得生动、活泼、有趣，同时也要根据班内学生的具体情况，适时适度，使之达到预期的目的，收到良好的复习效果。

第七节　小学英语课堂教学组织操练的方法

操练是指各种机械形式的语言训练活动。在操练活动中，教师严格控制语言，学生没有或很少有自己灵活选择的余地。操练的目的是使学生熟悉语言形式或结构，要学生反复地说，正确模仿教师所说的话，直到不需要教师的帮助能够脱口而出为止。操练的形式和方法有多种，最常见的是跟着教师或录音口头重复。但由于班级学生人数较多，要使每个学生都能有效地进行操练是有困难的。目前，大多数教师是采用以下几种方法教学的。

全班学生齐声重复教师的话或集体回答教师的问题,这样做会增强学生的信心,人人都能开口说。这个方法有一定的效果,但教师无法听清个别学生的回答,难以发现他们个人的错误。全班学生一起说英语,声音很大,容易拉腔拉调,很不自然。这个方法虽可用,但时间不可过长,重复遍数也不可过多。

教师让班里学生逐个重复或问答问题。这个方法虽然比较好,但学生实践的机会不够多,训练不够充分,大班操作有困难,无法兼顾全面。

教师让两个或三四个学生一起朗读对话。为了向全班学生示范,这样做很必要,但是用这样的方法一次只能训练几个学生,其余的学生却处于被动观望的地位。

为了克服上述各种方法的缺陷,这里介绍几种组织课堂教学活动的方法。这些方法已成为现代语言教学的标准课堂活动组织方法。学生也很喜欢这些方法,尤其在进行操练时不感到乏味,而且学得快。

现在简单说明这几种组织课堂操练的方法。

(一)分排或分行练习

在最初的教学中,可按横排座位分排开展活动,以后可以变换组织形式,也可按竖行活动,学生分排或分行练习。教师听得比较清楚,即使参与活动的学生多,也可以促使学生专心致志听讲,还可以照顾那些容易被忽视的学生。这样组织对学生进行比赛和做游戏也很有利。

(二)两人小组练习

两人小组练习是指把全班学生按照两人一组组织起来,让每一组学生交谈或朗读对话。这是动员学生参加课堂操练活动的一个极好的方法。在多数班级里,把学生组成两人小组是不难的,因为学生本来就两个两个地并排坐着。

有些教师对这样组织教学有疑虑,他们担心把课堂弄得乱哄哄的。实际上，两人小声交谈远不及全班人齐声朗读的声音响。

两人小组练习的程序可以这样安排：

1. 教师介绍新的语言材料（如对话），并做示范。

2. 全班学生跟着教师朗读课文。朗读对话时，可把全班分成两半，一半学生为 A，一半学生为 B。练习完一遍后交换角色，A 变成 B，B 变成 A，再练习一遍。两部分学生边说边看对方，适当注意面部表情和动作。

3. 指定两位学生朗读或表演对话，其他学生注意听和看。这样的两人小组对话活动称作 open pairs。

4. 示范小组表演后，其余的学生也进行两人小组活动，称作 close Pairs。教师在教室里巡视，检查小组练习的情况，随时进行指导和帮助。

5. 练习完一遍后，让两人小组交换角色，A 变成 B，B 变成 A，再练习一遍。

在这种情况下，学生语言的准确性难免会受到影响，因为教师不可能发现所有的错误，并一一加以纠正。但重要的是，学生在实际运用语言且在这个过程中可以提高语言的流利程度，有些错误他们往往能够互相帮助纠正。两人对话之声比齐声朗读轻得多，而这种练习的有效性比传统的齐声朗读或问答要大得多。

（三）小组活动

有时根据教学的需要，要把学生分成若干小组，或朗读对话，或进行问答等活动。分成小组通常不需要学生移动。若分四人一组，只要前排的两人一转身就可以面对第二排两人进行四人小组活动。

（四）从后往前连锁操练

当操练一个长的单词或一个长句子时，学生要一下子就说好是有困难的。教师可以把完整的句子说几遍以后，让学生跟着说一个词，然后两个词，然后三个词，最后再到整个句子。例如（C=class，T=teacher）：

T；You？

C：You ?

T：Help you ?

C：Help you ?

T：I help you ?

C：I help you ?

T：Can I help you ?

C：Can I help you ?

在进行操练这一步骤的过程中，教师的作用是组织者，如上述示例所示把班中的学生都组织好，集体、小组、个人等进行有条不紊的训练。在此步骤中，教师同时也是指挥者。指挥时，可以给横排编号为1、2、3、4等；给竖排编号可用A、B、C、D等，这样就可以迅速地指挥某一排或某一行练习。教师还可以用手势指挥，要全班、半班、横排、竖行、小组或个人操练的反应。

操练这一教学步骤的目的是训练语言的准确性，要求学生一定要准确无误地重复所教的语言（词或句）。

教师要确保操练的"火候"适度。操练的时间难以预测或规定，教师要根据自己班上学生的情况而定。操练时间过长，操练过度，学生会感到枯燥厌烦；操练不够，则难以达到下一步练习所需的熟练程度。如果学生仍然结结巴巴不能熟练上口，就要再操练一下。操练应先易后难，先简后繁，先慢速重复，再加速重复；先单项后换项或多项，直至教师确信学生达到了能够进行下一步练习的熟练程度为止。

第八节　小学英语教学的课堂练习探究

一、课堂练习的目的和教师的作用

学习一种新语言，应使学生学会尽可能运用这种语言去表达实际意义。练习的主要目的是在前几步所学知识和技能的基础上，特别是在操练的基础上，集中训练语言的熟巧和流利程度，检查前面所学知识的巩固程度与教学效果。通过大量练习，学生把语言知识转化为语言技能，进行多层次的运用，并把这种技能进一步发展为进行初步交际的能力，能逐步较熟练而独立地运用所学简单语言。所以，这一步骤不只是训练准确性，更主要是训练流利程度，练习"用"，即用语言表达实际的意义，而不仅仅是重复学说孤立的句式。

教师在这一步骤中的作用应是监督、监听和裁判。教师的任务是给学生提供尽可能多的实践机会，鼓励他们大胆实践，逐步减少对学生的控制，让他们试着独立地在实际交际中运用语言。在学生练习时，教师在班上四处走动巡视，辅导，仔细听他们练习，观察情况并适时地给予必要的帮助，鼓励学生根据自己的需要选用语言，同时检查前面几步教学活动的效果，一旦发现疏漏及时加以弥补或调整。

二、课堂练习的方法

许多教师原来习惯于采用以教师为中心的全方位控制教法，即教师一人讲，全班学生静听，教师花费大量时间讲授语法，甚至用大量的中文讲解，然后教师读，学生也跟读，教师说什么，学生跟着重复什么，反复进行。学生没有选择，只能跟着教师死记硬背，没有自己发挥、运用的余地，过后学生只能重复教师说的话，而不会实际应用。

现行小学英语教材提倡教师转变观念、改革教法，采取以学习者为主体、以学生为中心的教学方法，即给学生以更多的说练活动的自由和机会。控制性的机械操练追求准确性，这在开始阶段很有必要，但操练时间过长就很枯燥，效果也不好。为教语言而讲练语言，既枯燥又失去了教学语言的意义，达不到使学生自己在实际生活中运用所学语言的要求。因此，不能停留在机械操练阶段。教师要逐步减少对学生的控制，放手让他们较自由地在交际中自己选用适当的语言，有时要根据需要把所学句型或句式变换成新的句式，以表达当时想要表达的意思。

那么在语言训练中如何逐步减少对学生的控制呢？这好比教学生骑自行车，教师要先讲解骑车的要领，如怎样掌握平衡、怎样扶把、怎样协调手脚的动作，还要胆大心细，向前看，等等。但是只听教师的讲解，即使记住所有的要领，也不等于就可以熟练地骑车，还必须进行实践，反复练习才能学会。

学习语言也同学骑车的道理一样，需要实践，需要练习，同样要经过这样几个步骤：控制性练习、半控制或指导性练习和不加控制的或自由的练习。

当然，学习语言并不完全像学习骑车，还要帮助学生首先搞清楚语言本身的意思是什么。教科书和课堂练习册中所安排的各种形式的练习，都是确保学生逐步脱离控制而能够有更多的机会较为自由地进行练习与实践。

下面分别举例说明各个层次的练习。

（一）控制性练习

这一层练习主要是机械性重复，鼓励学生准确模仿，达到熟练流利的程度。例如，前面所述的操练就属这一层练习，主要用来训练语音、词汇、语法句型等基本功。

（二）指导性或半控制性练习

这个层次的练习顾名思义就是适当控制，给予指导，但给学生一些选择的自由。这类练习有：

1.替换词对话；

2. 情景对话；

3. 问答练习。

（三）不加控制的或自由的练习

这类练习比起前一类练习层次提高了一步，难度加大，要求学生掌握语言材料，逐步学会自己运用所学知识开展流利的会话，培养初步独立运用语言的能力。这方面的练习要求学生能够较自由地运用所学语言表达一些实际情况。

另外，角色扮演、做游戏等也都是很好的运用语言的练习。这些练习也都很有趣，学生也愿意做。

这些不同层次、不同形式的练习给学生提供了足够的机会进行语言实践，对于提高语言的流畅程度、培养语感和增强学习兴趣都起着十分重要的作用。

第九节　小学英语课堂教学的巩固练习措施

教师运用各种生动形象的方法介绍新的语言材料，又反复进行操练和不同形式的练习，但能否让学生牢固地掌握所学的语言，这就要涉及外语教学中的一个严重问题——遗忘。因此，巩固是英语教学中不可缺少的步骤。巩固是加强、加深、加固的意思。在英语教学中，巩固是为了加强学习运用、加深印象、加固记忆。教师在每节课开始要做些复习，目的是承上启下或以旧带新、新旧对比等，帮助学生巩固即强化前面所学内容。在每节课结束前，要做归纳、总结性练习或检查性复习，或抄写、拼写或听写以及做练习册中的练习，常常伴有写的练习，以巩固当堂课所学内容。每个单元结束后，进行一次小总结或小检测，几个单元结束后，进行阶段性总结，还有期中、期末总结或考核评估、检测等，都是为了检验学生学习的巩固程度，得到教学效果的反馈凭证。

巩固这一教学步骤主要体现在下列几方面。

一、巩固每个单元的语言项目

教科书每个单元结束时都安排一两个复习课，复习归纳每个单元所学的内容，目的是进一步巩固、记忆所学内容。人教版教材从第二册开始，每单元最后的复习课中还安排了各单元的"复习要点"。"复习要点"主要归纳该单元及该单元以前要求学会的语言点，包括单词、简单的语法结构、有用的表达方式等。每个复习课基本包括三部分内容：语音的归纳、语法及词汇归纳和复习本单元词语的情景会话。

关于"复习要点"的利用，这里提出以下建议供教师参考：

第一，教师可鼓励学生自己先看一遍，了解该单元所学语言项目，看看教科书归纳得是否全面，有否遗漏或不当之处。

第二，这些语言点自己是否都很清楚，都知其意，如果尚有不明白之处，提出来请老师或同学再做解释。

第三，如果学生均了解语言点的内容，可请学生运用其中的词语造句或两人小组自由对话，可用一两个或两三个词语编一个对话。鼓励学生多用，开动脑筋、随机应变。使用句式越多越恰当越好，若能将全单元所学句式都用上甚至更多，而且都用得对，应给予奖励或积分，且给予期终总评积分。

还要注意巩固复习语音项目，鼓励学生归纳同音词或符合相同拼读规则的词，而且要求读得准，语音语调自然。对那些表现好的学生也应记积累分或评等级（A，A-，B，B+，C，C+等）。

第四，如果学生提不出问题，教师可以启发帮助学生提问题，或教师提出问题检查学生是否真正理解了。

第五，可进行简短的听写练习或其他考查，时间不宜过长，内容也不宜太多。可对一两个主要项目了解学生掌握的程度和存在的问题。这样短小的听写或检查若经常随堂进行（一两分钟），有助于教师了解学生，随时掌握情况，掌握进度，计划以后的教学和复习。

二、完成课堂练习册中的练习

巩固这一步骤主要体现在完成课堂练习册中的练习。课堂练习册中所设计的各种听、说、读、写练习都是为了进一步巩固学生课本中的语言项目。练习的内容和形式都是由浅入深，由简单到复杂，不同形式的复现紧密配合练习的内容，是课文练习的补充和扩展，以进一步加深印象，巩固记忆。课堂练习册中的练习，均可先口头做，再笔头做，绝大部分可以随堂做完，然后留一小部分作为课外的笔头作业。

"课堂练习"，顾名思义，就是课堂上做的练习，当课练习尽量当堂完成，当堂巩固，尽量不留或少留家庭作业。因为小学生正值长身体时期，需要多一些自由活动的空间。有的教师觉得练习册中练习量还不够，又补充许多练习，生怕学生掌握不牢固，课上课下练习量加码，额外增加课业负担，其结果势必影响小学生的身心健康和全面发展，也影响了其他学科的学习。因此，巩固练习应适量。

课堂练习册中的练习形式多种多样，归纳起来大致有以下三类：

（一）巩固语言知识的练习

这类练习主要是书写练习，从抄写字母、单词、短语逐步过渡到抄写句子。这类练习是让学生巩固所学的英语基本知识，也是教师对学生基本知识掌握程度的一种检测。

（二）训练语言基市技巧的练习

这类练习包括句型转换，课文问答题，单词、短语或句型替换，模仿对话或补全对话，还有一些英译中或中译英的练习，这样的练习比较少而且多半在后两册练习中。这类练习主要训练学生的语言技巧和熟练的程度。

有关形成语言技能的练习主要在课本中，体现了打基础所需要的最基本的要求，如听听说说的听力训练、模仿对话、表演对话、看图说话和最简单的信息交流练习。这类练习主要是为了加强语言的自由运用，即使是最基本的语句，也要培养学生能"学以致用"，不是死记硬背书本上的孤立句式，从基础阶段逐步培养学生的主动性、积极性、创造性和灵活性。

（三）培养兴趣的练习

这类练习更多地出现在课本中，如画画、上色、画圈、打钩画叉、重新组合、标号、标图、圈答案或是听听读读等，都是在听听说说的基础上做的。这类练习还起着激发兴趣、活跃气氛、消除疲劳和调节情绪的作用。

三、布置家庭作业

前面已经提到小学英语的练习，绝大部分都尽量在课上完成，只留一小部分家庭作业，这是巩固这一步骤中的最后一步，即一堂课结束之前要做的。适量的家庭作业可以巩固和扩大教学成果。教师用书中每课教学建议的末尾都有课堂练习和家庭作业这一项，根据各课不同的内容提出不同的要求，以巩固当堂课所学的内容。

教师在留作业之前，要尽量利用课上时间把课本及练习册中的练习都口头做一遍，然后留部分作业如听录音、抄写等回家做，但要讲清楚要求及方法，使学生明白怎么做，让他们心中有数，愿意做，并能顺利地、独立地完成作业，从而产生一种成功感。不要让学生感到为难，形成思想负担；更不要把本应在课内完成的练习留给学生课外做，从而增加他们的负担。

在复习巩固的过程中，教师的作用是帮助者。教师的任务是如何帮助及组织学生做好巩固工作。

在复习巩固时，教师要充分利用课本及练习册中的练习，按照不同要求做好各项练习。要尽量调动全班学生的积极性，使他们积极主动参与各项练习活动。除了进行两人对话、小组讨论、排或行的练习活动外，还可以组织排与排、行与行、组与组的讲演比赛或对话比赛、朗诵表演、听写比赛、书法比赛等较为生动活泼的形式。

巩固步骤十分重要，是一节课结束前对所教内容做最后的检验。因此，教师要充分重视，尽力做好巩固工作，以取得预想的教学效果。

前面已分述了各个教学步骤及教师在其中的作用。在实际教学中，一节课只有 40 分钟，不可能截然分开。教师在实际教学中，五个教学步骤常常相互交叉进行，不可能像工厂做工那样，分工十分清楚，每道工序都可以分开来做，因为教师所教的对象是一个个有头脑的学生，每个人的接受能力不同。教师要始终注意观察学生的情况，注意他们的反应。教师要根据自己班中的具体情况决定某个步骤是否可以进行到底或中间需要变换步骤。要了解学生是否理解每一步骤的内容，是否都达到了要求，一旦发现问题，应及时解决，以确保课堂教学效果。

同样，在介绍新语言项目时，教师通常是用"复旧引新""以旧带新"和"新旧对比"的方法，即先复习以前学过的旧知识，再引出新知识的方法，将介绍新语言项目和复习两个步骤结合起来穿插进行。

复习中发现任何问题，无论是语音的、词汇的或语法句型的，都要立即暂停，进行补救，或再讲解，或再操练，或再练习，直至确保新的介绍任务完成，即达到了学生能把新学的语言用于实际练习活动的程度，才可继续进行下一个步骤操练。

同样，在进行操练时，如果发现学生仍有某词或某句意思不理解，教师也要停下来再示范表演或讲解。如果在进行练习时，发现学生对某词某句仍说不准确，教师也要停下来再操练一下，直至准确之后再进行下一个步骤。即使到了最后一步的巩固中再发现问题时，也要如此处理。

第十节 小学英语课堂教学的结尾设计

一堂成功的英语课不仅要有引人入胜的开始，环环相扣的操练，还更应有强有力的、发人深思的结尾，因为结尾往往标志着一个新的开始。课堂教学的结尾是一种艺术与创造，优秀的教学结尾是巩固课堂教学的重要环节，是衔接新旧知识、贯通前后内容的重要纽带，是从课内到课外、由知识向能力过渡的桥梁，是启迪思考和开发智力的良机。因而，课堂结尾在小学英语课堂教学中起着非常重要的作用。

常言说：良好的开端是成功的一半。英语课堂教学的引入固然重要，设计得巧妙，能起到先声夺人、引人入胜、激发学生主动学习的作用。那么，良好的教学结尾设计，可再次激起学生的思维高潮，如美妙的音乐一般耐人寻味。设计得好，能产生画龙点睛、余味无穷、启迪智慧的效果。因此，教师要精心设计一个新颖有趣、耐人寻味的课堂结尾，这样不仅能巩固知识、检查效果、强化兴趣，还能激起学生求知的欲望，活跃思维，开拓思路，发挥学生的创造性，在热烈、愉快的气氛中把一堂课的教学推向高潮，达到"课结束，趣犹存"的良好效果。

一、英语课堂结尾的原则

（一）目的性原则

所谓目的性原则，是教育者需要以既定的教学目的为依据来组织实施课堂教学。每堂课中，教师都应该针对教学的实际情况，采用恰当的方式，有目的地进行结尾，以达到教学目的。

（二）趣味性原则

所谓趣味性原则，是指学生的学习兴趣是学习的最大动力。教师在结尾时，应该针对学生好胜、好动、好奇的特点，开展竞赛、评比、表演等趣味性的活动来结束课堂教学。

（三）及时性原则

所谓及时性原则，是指学生的记忆过程是一个不断巩固、强化的过程，应该针对小学生先快后慢的遗忘规律，及时小结和复习巩固所学知识。所以，结尾的时间也应该尽量安排得紧凑合理，不宜太过详细。

（四）多样性原则

所谓多样性原则，是指结尾的方式安排应多种多样，既可以适应不同教学内容的需要，又可提高学生的学习兴趣，以得到较好的学习效果。

（五）巩固深化原则

所谓巩固深化原则，是指好的结尾不是一节课和一部分知识的简单重复，而应该概括本节课和本段知识的作用，深化重要的事实、情节、概念和规律，经过精心加工而得出系统化、简明化、有效的知识网络，从而帮助学生把零散孤立的知识"串联"和"并联"起来，使其融会贯通。

二、英语课堂结尾的方法

（一）游戏式结尾

游戏式结尾就是教师将当堂课所学内容放到游戏中，让学生通过游戏的形式，巩固所学知识。下课前的几分钟，学生的注意力逐渐分散，开展适当的活动，既可消除大脑疲劳，又能强化知识，形成技能。

（二）悬念式结尾

恰当的悬念是一种兴奋剂。教师在教学中给学生设下悬念，能勾起学生强烈的破疑愿望，激起他们寻根究底的欲望。

（三）唱歌式结尾

英文歌曲是一种能够活跃课堂气氛的教学形式。唱歌式结尾就是将本课所学的重点句型编成歌曲，让学生在愉快的歌唱中巩固所学内容，以达到寓教于乐的目的。

（四）任务式结尾

新课结束后，教师可以围绕本课重点，精心设计一些任务，组织学生通过完成任务的方式结课。

（五）迁移式结尾

教师为了能了解学生对知识的掌握情况，可在课堂结尾时要求学生对所学对话进行表演和复述，或者鼓励学生在课下运用自己所学的英语进行交际，从练习中及师生日常生活的交流中体现知识的迁移。

（六）多媒体教学结尾

直观教学用具和电化教学设备的合理运用可以摆脱课堂教学时空的束缚，将各种活生生的情境展现在学生面前。教师在结束课堂教学前，可以制作趣味游戏课件，即将语音、词汇、句型、课文等设计成游戏形式，在教学中用来进行语言的有意义的联系，可以提高学习兴趣、激发学习动机，大大提高课堂教学效率。另外，还可以制作练习课件来巩固课堂知识，即根据课文的重要知识点设计成笔头练习与听力练习，通常是运用选择题、是非判断题等来训练、强化学生各方面的知识和能力。

（七）展示式结尾

一节课即将结束，给学生留几分钟时间表现自我，展示自己的学习成果和表演才能。展示的形式可多样化，如根据所学内容自编自演小品，给图画配音、朗读等，突出语言的实践性和交际性，使学生能够学以致用，有利于学生知识的记忆与巩固。

（八）归纳式结尾

英语教学讲求效率，在一堂课结束前 10 分钟及时对所学知识进行归纳，是提高课堂教学效率的重要措施。教育心理学的研究表明，课堂及时回忆要比 6 小时以后回忆的效率高出 4 倍。教师在每一单元的复习课教学中及时总结，有利于学生对知识的反馈与巩固。

三、英语课堂结尾的注意点

（一）结尾要有一定的概括性

心理学研究证明，记忆是一个不断巩固的过程，要完成这个过程，需要对所学知识及时归纳、概括总结，使学生获得规律性的东西，以便加以理解和记忆。

（二）总结要有针对性

总结要紧扣教学目标，抓住教学重点，针对学生实际，要有利于学生回忆、复习及运用。

（三）结尾要注意知识的系统性

一堂课的结束，应概括本节课的知识结构，深化重要事实、概念和规律，帮助学生归纳，形成系统、有效的知识网络结构。

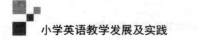

（四）结束要有实践性

结尾要安排恰当的学生实践活动，如让学生提问、组织练习、对话表演等活动，以便于知识的转化和培养良好的学习习惯。

总之，课堂教学中的结尾是教学中的一个重要环节，善始还要善终。教师应视教学的需要，灵活处理，充分利用课的结尾，把课堂总结与教学内容融为一体，给学生留下一个能激发兴趣的悬念，使课的开始引人入胜，结尾扣人心弦，发挥其在教学过程中重要而又独特的作用。

第八章 小学英语课堂教学活动的开展

随着新课程改革的全面推进，构建以活动为中心、以任务型教学为途径的教学模式将成为小学英语教学所追求的理想境界。一些教师在设计活动时只注重活动的趣味性和学生的主体性，忽视活动的有效性，从而导致活动流于形式，表里不一。这样，不但学生的基本能力得不到培养，教学任务也难以完成。因此，在小学英语教学中，如何设计有效的课堂教学活动是教师亟待解决的问题。

第一节 课堂教学活动设计的五个原则

小学英语教学中，教师应采用生动活泼、轻松快乐、形式多样的教学方法进行教学，让学生身心放松，积极地投入学习中去并能真切地感受到学习的快乐，还应利用丰富的教学资源，采取丰富多彩的教学方法，给英语课堂添加各种各样的"调味剂"。

一、活动形式要与内容相关，要为目标服务

新课程标准倡导通过表演、唱歌、游戏、竞赛、猜谜和画画等小学生容易接受的形式，来激发他们学习英语的兴趣，培养他们初步用英语进行听、说、读、写的能力。任何活动都应是为了学生获得语言知识和语言技能而设计的。如果采用的教学活动形式脱离了教学内容，偏离了教学目标，那么再好的教学形式也不能收到理想的教学效果。例如，在教颜色类单词时，教师设计了"红

灯停，绿灯行，黄灯等"活动，巩固复习 red、yellow、green 三种颜色单词。全班学生站起来做小司机，教师分别说三种颜色，学生做出停车、开车、等待的动作，做错的学生坐下，经过多次"考核"后，仍然站立者被评为合格"小司机"。此活动既使学生掌握了这三个单词，又使他们认识到遵守交通规则的重要性。此外，教师还可以和学生一起编朗朗上口的儿歌："大自然，真美丽，让我们拿起大画笔；画个天空是蓝色，blue blue 是蓝色；画个太阳红彤彤，red red 是红色……"让学生在诵读儿歌的同时记住单词，培养了良好的语感，还进行了美育教育。

二、活动形式要多而不乱，以语言知识做支撑

兴趣是小学生学习英语的动力之源。由于小学生尤其是中、低年级的学生，集中注意力的时间短，教学活动形式的多样化对维持他们的注意力十分重要。因此，教师在设计课堂教学活动时，要充分考虑其趣味性和活动形式的多样性，切忌堂堂一个样、节节一个调，要能使学生产生新奇感，这样才能扣住学生的心弦，调动学生学习的积极性，激发学习兴趣。要针对小学生的年龄、心理和生理特点，把猜谜、角色表演、唱歌、做游戏、讲/听故事、调查等不同类型活动相结合，并力求多而不乱。

诚然，采用多样化的教学活动是为了激发学生学习英语的兴趣，但活动形式不能只图表面上的热闹，而要有一定的语言知识和技能做支撑。因此，教师要善于通过有效的语言活动帮助学生掌握所学的语言知识与技能。

三、活动设计要活而有序，要具有可操作性

《英语课程标准》强调要创建一个开放的、和谐的、积极互动的课堂，要让课堂活起来。因此，教师在课堂教学上，不要再追求课堂的绝对安静和学生的绝对服从，而要允许学生稍稍"乱"些，让学生忘我地投入课堂活动，这样课堂才能迸发出生命活力。当然，一堂课的活动既要灵活多变，又要活而有序。因此，教师在设计活动时，既要考虑其多样性和灵活性，更要考虑

其有序性，所以课堂活动要做到富于变化、难易适中、连贯紧凑、循序渐进，要能给学生一种前进感。一般来说，活动顺序的安排要遵循由简单到复杂、由易到难、由理解到运用的原则，要使学生活动之后感觉到进步，获得成就感。最后，教师要发挥组织、引导和调控作用，使活动具有可操作性，这样才能保障学习过程顺利进行。为此，要努力做到：合理分配每个活动的时间，随机调控课堂节奏；考虑每个活动的注意事项，活动前要提出要求；设计的活动要便于操作，有客观的评价标准。

四、活动设计要尽量真实，要体现开放性

《英语课程标准》指出："活动要以学生的生活经验和兴趣为出发点，内容和方式要尽量真实；并应积极促进英语学科和其他学科间的相互渗透和联系，使学生的思维和想象力、审美情趣和艺术感受、协作和创新精神等综合素质得到发展。"因此，教师应尽量设计与学生实际生活相仿的活动，以撞击出学生灵感的火花，使学生的思维空间得到拓展，自主、合作、探究、创新能力得到发展。

例如，在教学"A new house"一课后，教师让学生用画笔设计自己的理想之家，然后用英语标出"家"中物品的名称，并用英语做简单的介绍，课后写成小短文。由于活动内容和形式十分贴近学生的生活经历，又富有挑战性，学生兴趣盎然，积极参与。他们发挥了丰富的想象力，设计出的房子五花八门，有古典式的、现代式的……甚至还有地下室。学生富有个性化的作品展示，再加上完整、流畅、正确的解说，把课堂活动推向了高潮。最后师生共同评出"最佳建筑设计师"和"最佳解说员"。同时，教师还适时进行了思想教育：只要大家坚持不懈地学习科学文化知识，老师相信你们都有可能成为未来的建筑设计师。通过活动不但巩固复习了房间类和家具类单词，句型"There is/are…"在交流中也得到了运用，个别能力较强的学生甚至把课外学到的词句也用到了课堂上，各个层面的学生都或多或少地体验到了成功的喜悦，既促进了英语与美学、建筑设计学等其他学科的相互渗透和联系，

又促进了学生综合素质的发展。又如，在教学"Shapes"一课后，教师让学生开展"形状组合图"活动，学生的想象力和创造力大大超出了教师的设想，绘出了许多充满童趣的图形，如学生用 oval 画小鸡的身体，用 circle 画头和眼睛，用 triangle 和 star 画嘴、尾巴和爪子，用 heart 画心，用 square 和 rectangle 画腿。他们还画了人、树、房子、交通工具、食品水果等。活动既提高了学生的英语记忆效果，又满足了师生共同感受美、体验美、欣赏美和创造美的需求，更重要的是培养了学生的观察、记忆、思维、想象能力和创新精神。

五、利用小学生活泼好动的特点，把竞争意识带入课堂

小学生生性活泼、爱动爱玩，求知欲强。作为英语启蒙老师，要充分调动学生的积极性，吸引学生的注意力，让他们保持长久的兴趣。因此，在课堂上创造"小竞争"环境是很好的办法。在竞争活动中，教师可准备一些精美的粘贴画，给表现出色的学生贴在书上，时时鼓励他们。教师还可让学生进行计时竞说，在一定时间内（比如1分钟）说出学习用品、快餐店实物名称、颜色等英语名词，看谁说得最多。假如这节课有学生最多说出 8 种学习用品，下次看看谁能挑战成功，成功者就戴上自制的王冠，课上课下掀起了学英语的热潮。

英语课堂的竞争机制，大大发挥了学生自主学习的能动性，既培养了学生浓厚的兴趣，也夯实了学生的基础，提高了学生综合素质。

第二节　任务型活动让课堂教学更有效

任务型教学是一种与新课程理念相匹配的、有助于落实新课程标准的教学途径。任务型教学认为，要培养学生在真实生活中运用语言的能力，就应该让学生在教学活动中参与和完成真实的生活任务。任务型教学强调直接通

过课堂教学活动和课外作业等让学生用英语完成生活、学习和工作中的各种任务（做各种事情），培养学生运用英语的能力。这就要求教师在课堂上充分体现任务型教学模式，设计符合小学生特点且与学习任务有关的活动，让学生有话可说、有事可做、学以致用，主动去感受语言、理解语言和运用语言，在完成任务的过程中发展语言的基本技能。

一、任务型教学的含义

任务型教学就是设定一个任务，让学生在使用英语完成任务的同时，在不知不觉中产生语言的习得，并达到学会英语、掌握语言的目的，更主要的是培养学生用英语的能力，这里英语是完成任务的一种工具、一种技能，而不是作为一种知识来学习。也就是以学生"能做某事"的描述方式提出隐含知识特征的任务，并创造性地设计贴近学生实际的教学活动，吸引和组织他们积极参与，让学生在完成任务的过程中，通过思考、调查、讨论、交流和合作的方式，学习和使用英语，提高其综合运用语言的能力。其特点是教师重视学生的行为行动，力求使课堂教学达到最优化。任务为本的教学体现了学生在"做事情"中学习语言，而不是孤立地从课本中学习语言。"做事情"可以使学生进一步体验学习的目的，培养学生独立或合作面对事情和解决事情的能力。任务型教学法与传统教学法之间的差异在于，前者注意信息沟通，活动具有真实性而且活动量大，英语课堂教学具有"变化性互动"的各项活动，即任务。在英语课程改革不断深化的背景下，倡导选择和运用任务型教学以期更好地完成课程目标就成为必然。

二、任务型教学法与传统英语教学方法的不同之处

（一）教学目的不同

传统教学方法注重语言知识的学习，强调培养学生的读、写技能；任务型教学法重视学生的情感因素，强调通过任务来实现对语言的意识和感知。

它不仅要求培养听、说、读、写等多种语言技能，更强调发展英语的综合运用能力、协商合作能力、思考应变能力、分析解决问题的能力以及创新的能力。通过形成有效的英语学习策略，提高学生用英语进行思维和表达的能力，为以后的发展和终身学习奠定良好的基础。

（二）课堂情境不同

传统教学方法通常是没有情境的语言学习，容易导致课堂的语言学习与实际运用相脱节，学生难以将所学的知识应用到现实的生活中去。任务型教学法强调情境的真实性，设置的情境贴近学生的生活，鼓励学生在真实的情境中表达自己的真实情感，从而使各项语言技能在交际中得到综合提高。任务型教学将教学内容和学生已有的知识、经验及生活阅历都结合在精心设计的教学任务中，在真实的生活情境中展开原本在课堂中进行的语言操练，加深学生对所学知识的印象，真正做到学以致用。

（三）课堂活动不同

首先，师生活动的顺序不同。传统教学方法中，通常是由教师先行讲解词汇、语法规则，然后由学生进行机械性的操练，在整个过程中教师的活动较为突出。在任务型教学法中，常常是由学生先执行任务，任务结束后才由教师进行归纳性的总结，课堂上学生的活动较为突出。其次，教师活动的中心不同。传统教学法以教师的讲授为中心，教师在课堂上容易（不由自主地）产生"灌输式""填鸭式"教学趋势，学生被动地接受知识容易形成厌学的情绪。任务型教学法却以学生的实际需要为核心，学生是课堂上学习的主人，教师在课下是教学任务的设计者，在课上却是学生学习的引导者、组织者和参与者，教师与学生共享成功的快乐。

（四）评价方式不同

传统型教学方法注重考查学生的记忆力，把语言知识考核的成绩作为衡量学生英语水平的主要依据。这种考核简易、可信，但不能真实地反映山学生的实际语言水平。为了让学生掌握"正规"的语言知识和形成"良好"的语言习惯，对学生的错误有错必纠，这往往会让学生产生学习的心理障碍（害怕犯错误），导致学生不能积极地参与课堂的语言交流活动，从而影响学习效果。相反，任务型教学法更注重语意的传达，对学生出现的语言错误采取宽容的态度，并寻找合适的机会给予纠正，鼓励学生大胆地运用语言表情达意，让学生在运用语言的过程中体验成功、获得自信。

任务型教学模式的出现并不是对传统教学方法的全面否定，而是根据教学对象和环境的特征，将传统教学方法和任务型教学模式有机结合起来，探索适合学生的教学方法。

三、任务型课堂教学结构的基本模式

任务型课堂教学结构的基本模式为：情境引入，呈现任务—引导学习，参与任务—师生合作，完成任务—指导评价，展示任务。

（一）呈现任务（引入）

将学生置于需要完成的任务情境之中，引起学生的兴趣，使学生处于一种积极、主动的学习状态，激发学生参与任务的内心需求。

（二）参与任务（学用）

任务呈现后，引导学生进入新知学习，教师围绕教学目标和学生语言基础设计学习任务，指导学生有目的地、有步骤地学习语言，在活动中学习运用本课的新单词、新句型。

（三）完成任务（巩固）

师生合作，生生互动，结合任务，共同进行对话、交流等活动，教师进行适时的点拨与指导，巩固所学的新知。

（四）展示任务（活用）

掌握新知后，教师提供与新知相关的活动情境（练习任务），供学生自主运用；或让学生结合学习任务，小组合作设计一些与他们生活相关的活动情境，将自己所学的知识运用到自己所创设的活动情境中。这一环节是学生形成知识迁移、达到活用的关键。对于教师来说，主要是起组织、点拨作用，并对其进行评价，使学生获得一种展示自我的成功体验。

四、任务型教学的原则

（一）主导作用和学生主体性的原则

英语课堂教学由教师、学生、语言学习材料和媒体基本要素构成。一种完整的英语课堂教学途径应该是学生的途径和教师的途径的有机结合，形成教师主导、学生主体的课堂教学特点。贯彻任务型教学，首先师生应扮演好各自的角色，教学是一种有计划、有目的、有组织的过程，教师应扮演助学者、任务的组织者和完成任务的监管者，他们通过设计相应的交际情境传授新句型、新词汇，指导学生练习。学生是交际者和任务的完成者，其主要任务是沟通（传递与接受）信息。他们在教师的引导下，充分结合自己的已有知识，通过对话、交流等学习活动，在完成任务的过程中掌握新知识，并能将所学的语言融会贯通，进而扩展到自己的现实生活中，也可以让学生自己创设任务情境，发挥学生的主体精神和主体能力，激发学生的创造性，从而促进学生的个性全面健康地发展。

（二）贴近学生生活的任务设计原则

在英语课堂教学过程中，教师不仅要求学生掌握新的语言知识，而且应依据课题的总体目标，注重新的语言技能的形成和扩展过程。因此，结合教学内容，创造性地设计贴近学生生活实际的教学活动，让学生置身于贴近自己生活的语境中，产生亲切感，积极主动地参与活动，这种教学设计既能提高学生的学习兴趣,又能培养他们的学习积极性。

(三)民主和谐的原则

民主和谐的课堂氛围对学生的学习动机和自我形象都会产生积极的影响,因为教学过程不仅仅是教师的教和学生的学,也是师生之间、学生之间感情和思想的交流。因此,教师应公正、平等、和蔼、信任地对待每一位学生,给予适当的鼓励和表扬,使每一位学生都能获得成功的体验,形成良好的心理倾向。民主和谐的课堂氛围不仅能提高学生的学习兴趣,更有利于培养学生的创新意识。

(四)合作学习的原则

合作学习是一种非常有效的学习方法。在英语课堂上,让学生动口、动手、动脑,合作完成情境活动的任务,发挥每一位学生的优势,互相帮助,形成交互的思维网络,达到开拓学生创造性思维的良好效果。在课堂上,教师可通过各种各样合作的形式,开发学生交往的潜能,形成师生相互影响、和谐互动的教学局面,充分发挥优化组合的整体功能,培养学生团结合作的精神。

小组活动是英语教学中最具有特点的形式之一,学生可以从这些活动中学会团结协作、相互交流。通常可把学生分为几个竞赛小组,小组以"red、blue、yellow、green"或"apple、pear、peach、orange"等命名,小组竞赛可以贯穿全课,也可运用于某个游戏中。例如,抢答单词,用形体语言表述词意、句意等。每个学生取得的成绩都是对小组的贡献,小组成绩取决于小组组员的共同努力,这也成为学生自觉投入的动力。

五、任务型教学中可以设置的任务

(一)游戏型任务

对小学生来说,在玩中学、在学中玩是激发他们学习兴趣和学习积极性的最有效方法之一。因此，教师在教学中，布置给学生围绕完成教学目标为目的的游戏任务，可以提高学生积极的学习情感，促进学生语言的整体运用。例如，在教学数词、颜色等内容时，可以为学生设计跳绳、拍球、猜数量、听音涂色等游戏，让学生在游戏中学习、巩固。在复习单词和词组时，可以将单词、词组按难易程度划分为几个关卡，比一比哪一组能顺利闯过所有关卡。具体做法如下：以小组为单位，每组组员轮流上台，背向电视屏幕，同组组员根据教师显示在电视屏幕上的单词和词组，用"指手画脚"的形式进行动作、表情的表演和提示，背向屏幕的学生大声说出单词或词组，答对得1分，最后以小组为单位累计总分，进入下一关的攻关。在这个任务中，既避免了枯燥的单词诵读，又能让学生在完成任务的过程中培养理解、表达和表演能力，并能激发学生有序竞争的意识，养成团结协作的习惯。

（二）介绍型任务

介绍型任务即通过介绍学生周围的事物和任务，在介绍中不断使用英语，提高语言的运用能力。

（三）调查型任务

这种类型的任务是根据课文内容，设计与之相关的调查表，让学生对周围的人进行调查，将所学的语言技能运用于调查型任务中，从而提高语言有效使用的问题。

（四）扮演型任务

学生以几个人为一个小组，进行角色扮演。在扮演过程中，在积极训练语言的同时，体验参与学习的愉悦。

（五）解决问题型任务

这种类型的任务可设计为小侦探、排序、听音补画、贴画、为课文配插图、互找答案等形式。这些任务要求学生根据自己的知识和推理能力，解决一些生活中可能遇到或教师特意设置的障碍。

（六）交际型任务

语言源于生活，脱离实际生活的语言是不"真实"的。一个语言枯燥的课堂不能激发学生的学习兴趣。只有将语言融入生活，语言才会绽放出魅力，才会激起学生的学习兴趣。任务型教学是连接语言与生活实际的桥梁。教师通过创设任务情境，把枯燥的、抽象的文法知识转化为生动的、具体的生活语言。角色扮演是交际型任务最常用的方式之一，不仅能培养学生的语言交际能力，而且能培养学生的组织能力和合作能力。例如，教学单词 money 时，教师可以给学生设计一个真实的任务情境：爱心拍卖行。让学生们都成为竞拍者，教师则成为拍卖师，学生们兴致勃勃地举牌、报价，爱心涌动。学生在角色中运用语言，使课堂成为语言运用的交际场。同时，学生在角色中大胆实践，敢于开口，为使拍卖的任务顺利完成，同学们互相帮助，集体荣誉感和团结协作精神油然而生。

（七）创造型任务

这种类型任务的亮点在开发学生的想象力、创造力。

总而言之，任务型教学为课程改革注入了新鲜的血液，它使教学过程任务化，要求教师设计丰富多彩的任务情境调动学生的积极性，主动投入学习，让学生在合作学习中萌发创新动机，共同完成任务。教师应该积极地学习研究并运用任务型教学理论，根据教学对象与教学内容的不同，结合以往教学中使用的有效的教学方法，灵活地选择、开发和运用任务活动，努力在教学实践中不断探索、总结并不断完善。在实施任务的过程中，教师要当好指导者，把握好知识和技能的教学，让学生既掌握知识和技能，又形成运用这些知识和技能的能力。教师要关注学生完成任务的过程及他们在这一过程中得到的能力锻炼，而不是单纯看他们完成任务的结果，因为只有重过程、重形成性评价，才能真正发挥任务型教学的优势，才能使学生真正学有所得。任务教学不是孤立的，它要与情境教学、TPR 等多种教学方式相结合，教师要创设各种情境，利用实物、场景、图片、简笔画、电脑多媒体、投影、身体语言、表情动作等激发学生，使课堂教学生动有趣。任务的设计要能实现学生知识向技能和能力的转化，让学生真正地用英语进行交际。教师必须用辩证的观点去看待任务型教学模式。

第三节　游戏活动在课堂教学中的运用

喜欢游戏是儿童的天性，儿童是从游戏开始学习的。英语是小学生所学学科中较难的一门，原因是英语作为一种语言本身就比较抽象、枯燥，加之学生没有相应的语言环境，不免会产生陌生感。要使小学英语变得形象、具体、有趣，使学生乐学，必须顺其天性，把游戏引入课堂，发挥游戏激学的神奇作用。Education must be fun.（教育必须是有趣的。）兴趣是最好的老师，因此教师要根据小学生好奇、好动、好问、好学的特点，提供大量简单实用、富有生活情趣的语言材料，激发其学习动机，培养其学习兴趣。英语教学中的游戏正是基于这样的宗旨，成为行之有效的教学形式之一。游戏教学是围绕教学目标将游戏形式融于教学之中的教学活动类型。游戏中精心营造的英语氛围，让学生在学习中产生兴趣，使学生学有所乐、学有所趣、学有所用。

一、英语游戏在小学英语教学中的作用

（一）教学游戏是帮助学生学英语的一种有效的教学形式

小学生天性好奇、好动、好胜，注意力不能持久，意志薄弱，很大程度上凭兴趣支配学习。如刚开始学英语时，99% 的学生都很感兴趣，这完全是一种好奇心的驱使，是一种直接的兴趣，但随着时间的推移，教学内容的增

多及难度加深，有50%的学生兴趣逐步减弱，10%的学生甚至完全失去兴趣。因此，培养和保持学生的学习兴趣便成了教师完成教学任务的重要途径。牛津英语教材每课都编排有 Let's Play 的内容，其目的就是以语言与游戏的有机结合激发学生的学习兴趣，从而提高学生的语言交际能力。在教学实践中应注重顺应学生的天性，采用各种生动有趣的游戏活动辅助教学。如字母单词接力赛、猜一猜、找朋友、课本小品、传话、听听画画、唱唱跳跳等，通过游戏调动学生学习兴趣和主动参与的积极性，让学生感到学习英语是一种乐趣而不是负担，从而保持一种"我要学"的主观欲望。

（二）英语教学游戏能使学生更好地发展智力、掌握技能

正确地运用游戏手段，把游戏与教学内容有机地结合起来，有利于复现词汇、常用表达方式与习惯用语，提高学生听音、辨音和观察、想象能力，培养语感，增强记忆，学以致用，提高语言交际能力。例如，用猜颜色游戏，学完六种主要颜色以及句型。又如，小品"问路""物归原主"和"唐僧介绍徒弟"等，让学生利用实物、头饰、面具等道具，运用所学的会话及过去学过的习惯用语进行表演，使学生在游戏中培养观察、想象能力，巩固所学的会话和句型。游戏一般都包含智力成分，如通过观察、分析、思维、猜测、想象进行。因此，游戏教学有利于开发智力。游戏中，学生在不知不觉中接触到很多知识，增长了见识，开阔了视野。教师可以创设假设的或较为真实的情境，让学生在玩玩、说说、唱唱中巩固所学知识，提高技能，从而发展他们的能力。

可见，英语教学游戏在激发学生的学习兴趣、活跃课堂、掌握新知识、培养观察思维能力及语言交际能力等方面有着极其重要的作用，是利教利学的一种行之有效的教学形式。

二、游戏教学的分年级要求及方法

（一）低年级——趣味性

在低年级的课堂教学中，游戏教学最为重要的一点就是要激发小学生对学习英语的浓厚兴趣。一般练习操练过程比较单一，或听、或说、或读等，时间长了容易使小学生感到枯燥乏味，身心疲惫。游戏往往集观察、判断、想象、模仿，甚至体力等为一身，能充分调动各种感官，符合小学生生性活泼的年龄特征。

案例：字母教学

名称：Alphabetical Order

教具：字母卡片一套，每个字母大、小写各一张。

方法：

1.26 人参加活动，卡片经打乱后发给学生，每人一至两张。

2. 教师任意读出一个字母，集体跟读一遍后，持有该字母卡片的学生立即站起来，举起卡片报到，并用升、降调朗读该字母。

3. 正确出示卡片并朗读者，坐下继续参加活动，如举错或读错卡片者则收去其卡片，但可继续参加朗读。

4. 坚持到最后仍持有卡片者为优胜。

5. 如两人同有一张字母的大、小写卡片，则持有大写卡片者先读，持有小写卡片者后读。

规则：

1. 集体跟读，持有该字母卡片的学生若无反应，教师可让大家举起卡片，查出卡片在谁手中，令其朗读，然后收去其卡片。

2. 收上来的卡片不再投入使用。

（二）中年级——具体性

游戏教学应能引起中年级学生的表象活动，符合学生依靠表象进行想象、记忆、思维等认识活动的特点，要求学生有深刻的情感、语言等方面的体验，符合儿童记忆的特点。

案例：词汇教学

名称：Hide-and-seek in a picture

教具：图片。

方法：

教学介词时，教师出示一张房间的图片说："Let us play hide-and-seek today!"

Susan；：I want to be "it"。

Teacher：All right.

Susan 把自己的藏身之处写在一张小纸条上，交给老师。全班集体朗诵儿歌一首，这首儿歌通常是英国儿童在捉迷藏时朗诵的。"bushel of clover. All not hide, can't over. All eyes open . Here I come." 接着，大家开始"寻找"。

Bob：Are you behind the wardrobe？

It：No I am Tm not.

Tony：Are you in the wardrobe？

It：No, I am not.

Cathy：Are you under the bed？

It：Yes, I am.

谁找到主角，谁就做下一轮的主角。

（三）高年级——社会性

游戏是社会生活的反映，周围的现实生活是游戏内容的源泉。游戏作为一种文化现象，伴随着文化又渗透着文化。它在特定范围的时空中"演出"，具有作为一种文化现象的复杂形式，这对高年级学生尤为重要。因此在游戏中，地道的语言、逼真的语境，是不可忽视的。只有注意了语言的科学性、正确性，了解一些不同社会的习俗，才能进行有效的交际，才能使学生形成良好的语言习惯。

案例：语法教学

名称：Description

语言点：一般现在时的疑问句和修饰性形容词。

教具：标有实物名称和图的卡片，卡片上有对该实物有趣的描述。

例如，hammer，ladder，Screw-driver。

方法：

1. 教师向全班学生描述一件实物，学生必须努力猜出该件实物是什么。

2. 教师讲完每个句子，应稍做停顿，以便有时间让学生猜想。

规则：

1. 担任主持描述活动的教师或学生只能提示一次。

2. 提示内容不得脱离卡片中的实物图，可以是该实物的尺寸、形状、用途、价格、味道或气味等。

3. 每次提示后，学生只有一次猜测的机会。

4. 猜测时，学生必须讲完整的英语句子。

5. 主持者每讲一句正确的提示性句子，就获得 1 分，积累 10 分为优秀者。学生在主持者未积满 10 分前猜出即为优胜者。

总之，在以"学生发展为本"的教育思想指导的今天，英语游戏已成为小学生生活中重要的组成部分，也是最容易激发兴趣的部分。在教学中加入适当的英语游戏，符合"乐学"原则，能使学生积极参与课堂教学活动，有利于化难为易，提高教学质量。在课堂中，英语游戏强调了学生的主体性，体现了教师主导与学生主体作用的共同发挥。

三、游戏教学的基本原则

（一）游戏的开展应有一定的目的性

游戏是为教学服务的，必须与教学密切相关。设计游戏时，要充分考虑本课的教学重点、难点和其他教学要求，围绕教学目的来设计游戏。这样，游戏的目的十分明确，不是为做游戏而做游戏。如在复习音标时，设计这样的游戏：让两个学生戴上辅音音标头饰，用手搭起一座"伦敦桥"，让一组戴着元音音标头饰的学生通过"伦敦桥"，全班学生一起唱"London bridge is falling down"的歌曲。当唱到某一句时，音乐一停，"桥"垮了，谁卡在桥里，谁就要把两个辅音和自己的元音拼读出来，或者全班学生一起来拼读。这种游戏参与的人数多，可很好地复习音标，同时，优美的音乐愉悦了身心，使大脑皮层的兴奋区得到了调整，比单纯的拼读效果好得多。又如，在学习有关颜色的英语单词时，设计"幸运转盘"的游戏：做一个活动的转盘，盘上面有七种颜色，教师指图问："What colour is it？ Can you guess？"学生纷纷举手回答，有的猜红色，有的猜绿色，有的猜黑色，有的猜蓝色，等等。最后教师转动转盘，看哪些猜对了就可以加分或者得小红旗。这种游戏的目的性很强，学生的参与面也很广，练习较充分。

（二）游戏的开展要有一定的启发性

开展游戏既是为了学习、巩固所学知识，活跃课堂气氛，同时也能在游戏中开发学生智力、培养能力。教师可以设计一些富有创造性、挑战性的游戏。如看图猜物就是培养学生想象力和创造力的游戏。在幻灯片上画出几个抽象的图形，打在幕布上，让学生猜。教师问："What's this in English？"学生有的把圆形猜成一个球、一个苹果、一个橘子、一面钟，有的把方形猜成一本书、一张照片、一幅地图、一扇窗子，等等。学生可以大胆地发挥自己的想象力来猜，运用自己所学的知识来表达。教师这时加上覆盖片，图形发生了变化,有的猜对了,有的没有猜对,有的还可以留给学生想象的余地。如圆形是一个孩子的脸,那么究竟是男孩还是女孩,还可以继续猜。这样的游戏学生最喜欢,而且可以常玩常新。启发性还体现在教师对游戏难度的把握,特别是对那些学习后进生,教师可以通过游戏来激发他们的兴趣,让他们参与到游戏中来。在游戏中教师可以适当给他们一些提示,启发鼓励他们在游戏中获胜,培养他们的自信心和参与意识。对于优等生,则要让游戏有一定的难度,要让他们跳起来"摘桃子"。这样因材施教,面向全体学生,使每一个学生都有收获,都能进步,得到发展,符合素质教育的要求。

(三)游戏的开展应多样化

再好玩的游戏,玩过几次就没有新鲜感了,不可能玩很长时间。这就要求教师要不断地设计新游戏,不断地翻新游戏的玩法,以适应教学的要求。教师可以把游戏设计作为研究重点,设计多个各种课堂教学游戏,要求设计的游戏构思新颖并有创意,这样可以丰富课堂教学。

(四)游戏的开展应有一定的灵活性

灵活性是指在教学中,要注意适时、适度地开展游戏活动。在游戏中,要注意课堂气氛和课堂节奏的调整和把握,灵活处理游戏中出现的问题。游戏要服从教学要求,围绕教学内容开展游戏活动,灵活处理教材内容与游戏的关系,灵活处理教学模式中的六个环节,并根据需要进行适当调整。

四、组织游戏的注意事项

游戏是帮助学生学好英语的一种有效的教学形式。要真正发挥游戏辅助教学的功能,达到寓教于乐的目的,必须要求教师组织得法,使课堂游戏生动、活泼、严谨、有序。在组织游戏中要注意做到以下几点。

（一）做好游戏的组织工作，做到有条不紊、活而不乱

小学生天性爱游戏、争强好胜，有些学生做起游戏来就容易激动、忘乎所以，甚至忘记是在课堂上，有时会情不自禁地高声喊叫，特别是开展竞赛性的游戏时更是激动不已。教师都应有所预料，首先在开展游戏之前讲清规则、纪律要求、评分标准（把纪律也算进去），防患于未然。在游戏过程中即使出现混乱，教师也能理解学生的心理，不要一味批评指责，而要积极地引导，讲清目的，学习第一，比赛第二，对学生进行团结守纪、友爱谦让、进取向上的思想教育。另外，教师还应注意形成一定的游戏规则，学生习惯了就不会乱。

（二）游戏运用得当，时间安排合理

教师不能力求面面俱到，游戏过多，就会影响主要教学内容的讲授和训练，喧宾夺主，上成游戏娱乐课。因此，教师应注意合理安排游戏的量和时间，力求在最关键的时刻，如在突破重难点或是学生"思维低谷"时充分发挥游戏的作用，用最短的时间开展最受学生喜欢的游戏。教师应注重让游戏恰到好处，让学生留下回味，企盼下节课的到来。

（三）鼓励学生积极参与游戏

教师设计游戏应注意面向全体学生，难度适中，让大家都能参加，并根据学生的实际情况分层次开展游戏。难度较大的让优等生参加；难度小的让中等生参加；较容易的让后进生参加。让全体学生都能体验到成功的喜悦，保持学习的积极性。另外，教师应经常用肯定、赞扬的语言"Right!Good!Very good!Excellent!"表扬、鼓励学生，并让全班学生跟着教师边拍手边重复这些赞扬的词语。每次游戏结束，教师还应注意及时总结和表扬，做到有始有终。学生对游戏总是认真的，如果教师虎头蛇尾，稀里糊涂不了了之，则会影响学生的兴趣和积极性。

（四）处理好师生之间的主导和主体关系

在进行课堂游戏时，教师一般起着导演的作用，学生起着演员的作用，有时教师还可成为主持人、裁判员、拉拉队队长甚至演员。有时教师情绪激动时也喊一两句加油或喝彩，整个课堂的气氛被调动起来；有时教师也直接参与和孩子们一道玩，一道说、唱、跳，师生同乐，学生甭提有多高兴了。这不仅能活跃课堂气氛，还能促使师生之间的距离更近，感情更融洽，对实施愉快教育是一大促进。

英语课堂游戏作为一个崭新的教学形式确实有着重要的作用，如何更好地应用还大有研究与探讨之处。只要教师坚持不懈地探索与努力，相信一定能更大地发挥其在英语教学中的优势，提高小学英语的教学质量。

第四节　小学英语课堂小组活动探究

小组活动就是根据学生自愿或兴趣，由三五个学生组成一个小组，全班分成多个小组，在教师的指导下，通过多种形式的活动，激发学生学习英语的兴趣，活跃课堂气氛，在轻松愉快的教学环境中，使学生"能够生动活泼、主动地得到全面和谐的发展"。简而言之，这种小组活动就是以学生为中心，以活动为形式，以启迪思维、培养能力、张扬个性为任务，以促进学生全面发展为宗旨，符合小学生的心理和年龄特征，能满足小学生成长过程中的多方面需求。为了适应新教材"突出语言运用、全面发展个性能力"的特点，就必须改变过去以教师讲授为主的课堂教学，代之以生动活泼、行之有效的新形式，使英语课堂教学更能适应学生个性能力的发展，调动学生的学习积极性，提高和发展学生的言语交际能力。

一、小组活动在英语课堂教学中的作用

对绝大多数学生来说，课堂环境几乎是英语学习的唯一场所。教师如何在有限的时间内有效地利用积极因素，避免或消除消极因素，采用更适合于学习者语言发展的课堂教学方法，是英语教学是否成功的关键之一。小组活动在英语课堂教学中始终起着积极作用。

（一）培养学生学习英语的兴趣

兴趣是最好的老师，激发学生的学习兴趣是引导学生主动学习的前提。没有浓厚的兴趣，学生就不会积极参与，就不能专心地投入，就不会有持久的热情。在传统的教学模式下，学生记单词、学语法、做习题，以考试为导向，学起来吃力，甚至害怕，缺少学习的乐趣。小组活动最大的特点就是兴趣性。它可以充分激发学生参与某些活动的兴趣，向学生提供不同的情感体验。在教学方法上，教师可以用巧妙的引导、创设情境、角色表演、自由谈话、做游戏、巧妙的点拨等激发学生的兴趣。

（二）创造活跃、民主、平等的教学气氛

小组活动的课堂教学中，学生都是平等的，师生之间是合作的关系，教师始终是学生学习的促进者、指导者、合作者。由于师生间平等、民主、合作的交往关系，课堂更自由开放，更富有情境性，更利于学生的主动参与。例如，在上直接用语和间接引语课时，教师通过角色表演，让学生明白了直接引语和间接引语的概念。教师在教学中也不是一讲到底，而是让学生每四人一组讨论直接引语和间接引语发生的情况，让学生根据创设的情境自由对话，课堂气氛活跃，枯燥的语法教学变得轻松而易于接受。从角色表演的简单对话中，学生了解了人称的使用，学会了陈述句和祈使句的直接引语和间接引语的变换，而不是去死记硬背语法。在小组活动过程中，教师的一个微笑、一个眼神、一句鼓励的话、一个及时的点拨，更创造了一种平等和谐的气氛，

学生就在这种宽松随意的环境中，学会了语用知识。

（三）培养学生的创新精神和实践能力

新的课程评价理念不仅关注学生的学业成绩，而且关注学生的创新精神和实践能力的发展。传统的教学中，教师视学生为容器，不断灌输，学生被动地接受，谈不上"创新"。传统的教学是个体间的孤立和封闭的教学活动，生生之间，师生之间，缺少交流合作，缺少互动。小组活动则不同，它强调群体间交流经验、相互启发，产生更多的探索愿望，合作学习得到了加强。小组活动中，学生主动参与、主动探索，在和谐的教学氛围中，创造性思维非常活跃。例如，在上口语课 Food and meal 时，教师并不是让学生朗读书本上的对话，而是要求学生每四人一组，每组学生做一道有特色的菜。课前学生充分准备，收集资料，看菜谱，查英语单词，四个人商量着做菜的程序，菜的色香味和作用都用英语写下来，然后在课堂中推荐一个学生用英语介绍他们组做的特色菜。由于准备充分，学生们非常活跃，推出了自己做的特色菜。课后，学生们都认为口语课丰富了知识，使思维更加活跃，动手练习写英语、动口说英语的能力得到了锻炼和提高。

（四）促进学生多种能力的形成与发展

小组活动的目的之一就是启迪思维、培养能力。心理学研究早已指出，能力是活动的结果，从事活动是能力发展的基本途径，一个人在不断的实践活动中，在发现、探索、解决问题中，能力才会不断增强和提高。在传统的英语教学模式下，生生互动、师生互动机会少，以考试为导向的英语教学，能力发展主要限制在如何解题上；而课堂教学中的小组活动，所提供的活动形式、种类、活动的舞台与空间、活动的时间要丰富得多、广阔得多，学生实践、锻炼的机会也就充实得多。小组活动的实践使学生下列能力逐渐形成、发展并得到了加强。

1. 促进学生智力的发展和非智力品质的形成

建构主义理论认为，影响学生学习和心理发展的因素是多方面的，其中重要的一项就是智力因素与非智力因素。小组活动中，每个语言活动的完成都需要每个人积极参与、共同努力，甚至需要克服较大的困难，有探索的精神，有合作学习的良好习惯。在活动的完成中，学生的智力得到了发展，兴趣提高了，自信心增强了。

2. 培养独立思考并完成任务的能力

在开展具体的活动中，每个学生需要承担一定的责任，为完成任务必须自主地思考与行动，这就培养了独立思考的习惯，培养了独立解决问题的能力。

3. 提高语言表达能力

小组活动无论采取角色表演、做游戏、编故事还是探讨问题等形式，教师都要通过创设良好的语言环境和提供真实有效的语言实践的机会，使学生通过自己的体验、实践、参与和交流，形成语感。学生在教师的引导下，通过观察、发现和归纳等思维活动，掌握语言规律。教师要鼓励学生积极参与，尊重学生不同的看法，让学生敢说、愿说，不怕出错，给学生更多的机会进行语言表达能力的训练与提高，形成用英语进行思维和表达的能力。

4. 发展人际交往能力

小组活动形式比较活泼、开放，学生间地位平等。教师只是参与者、指导者，师生之间，生生之间，共同探讨，相互启发，相互促进，增进了了解，加深了友谊，促成了同学间的和谐相处。面对不太活跃或较迟钝的学生，教师也要鼓励他们与同学交流合作，这样一来，自然就发展了人际交往的能力。

5. 发展合作学习的能力

传统的英语教学，形式单一、气氛沉闷，加上升学考试的压力，学生间比较封闭，学生只顾听教师讲课，做大量习题，导致了生生之间缺少交流、沟通。教师只是传授知识，是主角，是权威，师生间也缺少交流与沟通。小组活动由于形式活泼开放，有一种平等、民主的气氛，学生敢于表现，能相互启发，发展和加强了学生合作学习的能力。

（五）有利于面向全体，因材施教，促进学生健康人格的形成

小组活动中，成绩好的学生非常积极活跃，而有些成绩较差的学生却不愿参与活动，或由于性格方面因素不愿与人交往，教师作为组织者、指导者，要多帮助这些学生，鼓励他们与同学交往。根据实际情况，先布置些简单的任务，要求成绩好的同学帮助他们共同完成。教师对于这部分学生要格外关注，要让他们有表现和发挥的机会，有机会尝试说英语、读英语、写英语，慢慢培养他们的自信心。等他们有了进步，感到学习英语也变得容易起来了，再布置一些难一点的任务。只有尊重和发挥学生的主体作用，承认学生个体差异，也只有在课堂教学中关注每个学生的成长，才能促进学生良好健康的人格形成。

二、小组活动的实施方式

小组活动为课堂教学提供了简便、有效的操练方式，这些活动主要可以穿插在以下几种教学阶段之中进行。

（一）在"呈现（Presentation）"环节后

在"呈现"新的语言项目后，就转入操练这一环节，目的是帮助学生熟悉新的语言项目的书面和口头形式。此时的操练难度一般不大，以教师控制式的机械性练习为主。教师可以出示一些图片、幻灯片、实物、提示词等"指挥"学生进行练习，这时最好穿插两人小组练习（内容简单的话不必让学生先准备，反之，事先做些准备），直接以快频率的方式让学生一对一对地一问一答进行下去。学生可以通过视觉、听觉、口头表达，很快掌握新的语言项目。这样做的特点是节奏快、密度大、频率高，使学生在紧张热烈的气氛中人人参与、兴趣浓厚，差生也跟得上节奏。

（二）在"练习（Practice）"阶段

"练习"阶段的目的是帮助学生加深对新的语言项目的理解，巩固新的语言习惯，为在实际中进一步自如地运用做好准备。练习的内容应该具备一定的难度，学生在问答时有较大的选择余地。这时适宜穿插"对练"或"组练"方式，用几分钟时间让学生看图、看物问答，模仿对话，表演课文对话等。教师要巡视监听，对有困难的对或组进行一些必要的指导，充当助手或引导者。练习结束后一定要抽查几对或几组当堂表演，以了解练习情况，并对表演出色的小组进行适当的表扬，以鼓励学生的积极性。这个阶段的特点是节奏放慢，频率放低，密度加大，气氛活跃，学生参与意识强，有利于调动每一个学生的积极性。

（三）"巩固（Consolidation）"阶段

这个阶段的目的是使学生在多种模拟日常生活的背景中，运用所学的语言解决实际问题，体现语言的各种功能。学生可以根据自己的意愿作答，答案是多种多样、不可预料的，学生的自由度较大，有充分发挥创造的机会和余地。这时候最好以"组练"方式进行，如进行角色扮演（一般用学生真实姓名为好）、会谈、讨论解难、模拟采访、扩展对话、补充想象性结尾等。教师要提醒学生结合课文中的语言形式来表达，注意人物的身份和具体的场合。教师往往扮演裁判、评委的角色。这个阶段的特点也是密度大、气氛热烈活跃，学生们有充分发挥、表现自己的机会。随着课堂语言实践量的增加，学生获得了充分的语言实践的机会，为提高交际运用英语的能力打下了扎实的基础。

小组活动通常穿插在以上三种教学阶段中，然而教无定法，这并不是一成不变的。

三、建立有效的评估体系及评估策略

（一）确立有效的激励机制

要提高学生参与小组活动的积极性，并使其尽力完成各自的角色任务，提高小组活动的质量，必须有一套有效的激励机制。比如，在设有各种障碍的地图上找到 A 地到 B 地的路线，哪个小组先找到，即可获得奖励；组织角色扮演或对话的活动中，效果最佳的小组获得奖励；在项目设计或问题解决型的活动中，设计最好或论据最充分的组获得奖励等。根据不同的活动类型，确立奖励的标准。奖励的形式要多样化，在一个较长的时间段内，应包含口头表扬、物质奖励、分数奖励等多种形式。

口头表扬是最简单、常见的形式，但时间一长，往往效果就会减退。

物质奖励具有明显的现时效果，其缺点是教师一般缺乏充足的资金来源，且单纯或过多的物质奖励会出现导向偏差，容易引起部分学生过于注重物质利益，从教育者的角度看是不可取的。

分数奖励是常用的奖励方式，其优点是不仅资源充足，使用方便，而且具有连续和稳定性，将学生小组活动的效果分等级记录下来，作为每学期末评定期终成绩的重要依据。分数奖励不能单独或过度使用，否则会引起学生对分数的过度重视，甚至反感。因此，一个良好的评价体系应该是多种奖励形式的有机组合。

（二）评估奖励必须坚持公正、全面、机会均等的原则

对小组活动效果的评估如果仅是教师口头的肯定与表扬，实施相对简单。一旦有分数或物质奖励，就必须做到奖励应客观、适度和被奖励机会的均等。在班级较大的课堂上（60 人或以上），每次都对所有的小组活动做出评价，显然不可能。有些活动需要在课下准备、课堂上表演的，如角色模拟，由于时间的限制，只能是部分小组得以表现。在此情况下，必须在一定阶段内保

持各个小组出现机会的均等，否则就会引起表现机会少的小组不满，从而阻碍日后小组活动的顺利开展。有一点需要引起注意的是，尤其是在大班课上，不能让学生摸出教师评检的规律。比如，这一次某一小组被挑选进行了发言或表演，受到了奖励，下一个活动他们是否还有机会被选中发言或表演？这种选择方式会对被选择组和其他组产生什么样的影响？一个常见现象是，活动积极的小组总是能利用更多的机会来表现自己，总体能力偏差的小组则只能抓住较少的机会，教师必须有一个平衡的办法，在一定时期内要基本保持机会的均等，适当照顾水平较差的小组。

（三）评估应该是多层次、灵活的，以鼓励性为主

如果对小组活动的结果总是只有教师来评判，势必会引起有些学生的异议，对于较大班级的课堂活动（60人或以上），教师也往往没有足够的精力和时间对每个小组的活动做出评价，这样就应该结合小组的自主评价、学习委员对各小组的评价，建立多层次的、形式灵活多样的评价体系。学生之间可能比教师对学生更加了解，但学生之间的互评和学生干部对各小组活动的评价给他们带来了一个新问题，即如何面对其他同学对自己的评价及如何评价他人。在控制不当的情况下，这样做很容易引起学生或小组间的互相指责、批评甚至产生矛盾，但对学生来说又是一种很好的锻炼，可以通过这种互相评价使他们学会接受别人的建议、批评，正确看待自己的不足。

在对小组活动的评价中还要坚持多鼓励、少批评的原则，不说打击学生积极性的话，不给学生造成过大的心理压力，使他们能够以轻松愉快、积极的态度参与到课堂活动中去。对学生的心理调查表明，在学生受到批评时，有66%的学生在短时间内会表现出"注意力下降，情绪低落"的现象。因此，在小组活动的初期，教师要尽可能给学生创造良好的开口说话的环境，对他们的表达要给予鼓励和肯定，使他们逐渐克服焦虑、畏惧心理，对自己树立信心。有人主张，在学生学习开口说话的阶段，不要对他们认真地打分，以防学生的积极性受到打击，不过在经过一段时间，当学生能逐渐适应小组讨

论之类的活动后，还是要给他们一个适当的评定，因为这是对他们的劳动成果的一个判定方式。优者应得到肯定和奖励，不足者也可因此知其不足之所在，适当的压力可以转换成进步的动力。

第五节　小学英语角活动教学的研究

一、英语角活动原则

（一）面向课标，目标明确

新课标提倡任务型教学途径。主题活动也应该围绕明确的任务设立相应的学习目标。从宏观上说，小学四年级应达到一级目标，小学毕业时应该达到二级目标。从微观上说，每次英语角活动都应有目标。

（二）面向基础，难易适中

英语角活动是以提高学习兴趣，最终发展学生的语言综合运用能力为目的。因此，确立主题活动一定要以各班学生的知识基础为依据。过高和过低的难度都会打击学生的热情，降低学生的兴趣。最佳的难度应该在中等生的最近发展区以内，学习困难生也应该学有所得。

（三）面向生活，贴近实际

生活是创造的源泉，是学习的基础。在确立活动主题时，应该考虑学生的生活环境，联系学生的生活实际，这样有利于学生理解和接受语言知识，发展学生的语言能力。

（四）面向学生，充分民主

新课改要求面向全体学生，因此，英语角活动应该征求班级全体学生的意见，主题活动的实施也要时时围绕学生全体。好的英语角活动过程应该人人有事干，事事有人干。英语角活动结束后，还有必要调匀学生的喜好程度，听听学生自己的评价，这样增强了学生的民主意识，大大增加了学生的参与度，同时也能集思广益，使主题活动越办越好。

二、英语角主题活动的类别

班级英语角的主题活动有很多类型，主要有以下几种。

（一）话题型

这种主题活动是围绕一个话题进行对话，通常是在两人或三人小组内进行。例如，选择生日礼物可用语句"What birthday present would you like？ I'd like…；Would you like…as a birthday present？ Yes, I'd like one. "了解物品价格可用语句" How much is it？ How much are they？ It is…/They are…"为避免对话简单枯燥，保证对话效果，应该在主题活动的形式上多下功夫，如可以录下对话过程，小组互换检查，也可以开展传话游戏、猜测游戏、小组竞赛等。同时，可以在深度和广度上多动脑筋，如进行同义句转换、编写完整的对话、结合图画学习等。

（二）操作型

这类主题活动有很强的操作性，可以通过实践操作来进行，如我做你猜、我说你做、学唱英文歌、小场景表演等。比如，围绕日常活动设计主题活动，可以设计表演游戏。找出操作性强的关键词或关键短语，写在小纸条上，小组中一人边看纸条边做动作，其他小组成员根据动作猜测这些关键词或短语。各小组之间展开竞赛，猜得最快最多的小组可得到更多的积分，并能进行更深层的造句或对话训练。这样，主题活动就变得生动活泼，学生们很感兴趣，英语学习氛围也更浓了。

（三）视听型

通过视频、录音等形式开展主题活动，如电影片段、英文故事等。这种主题活动形式也是学生喜闻乐见的。需要注意的是，视听材料应该严格筛选，既要简单、明确，又要和学生的生活实际、学业基础一致。活动前，教师可以先提出一些问题，让学生准备好纸笔；活动时学生应当保持安静，集中思想，随时做适当记录；看完电影或听完录音后逐一解答问题，找出电影或故事的脉络。教师还可以让学生分析影片故事中的人物性格特征，评价他们的行为，甚至可以在某处暂停，进行简单的模仿或配音表演。如果长期坚持训练，学生的听力水平一定会有质的提高。

三、英语角主题活动的环境创设

主题活动的类型不同，班级的特点不同，学生的特质不同，环境创设也应该千差万别。每次主题活动，都应该根据实际，创设贴近主题的、生活化的学习环境，这样才能营造良好的学习氛围，使学生迅速进入学习情境。

四、英语角主题活动的评价

良好的评价机制是成功开展主题活动的有力保障。高效的评价能保持学生的学习兴趣，保证主题活动的成效。在进行主题活动时，可以采用多种有效的评价方式。

（一）小组积分制

英语角主题活动前，首先要把班级合理分组，组间同质，组间异质，每组四到六人。各组不时展开组间竞赛，计算积分。这样，每个人都不是孤立地学习，每个人都是小组的一份力量。常态化的竞赛使小组充满活力，小组每个成员都自觉展示出自己最好的一面。即使是学习困难生，也在组内优等生的帮助下尽量尝试突破自我。每次主题活动都及时进行总结，评出优胜组，给予口头表扬。每个月进行一次阶段总结，表扬优胜组、进步组，给予物质奖励，颁发喜报。学期末再进行总结性评价，评选出冠军组、亚军组、季军组，颁发奖状和奖品。

（二）师评自评结合

学生是学习的主人。为充分发挥其主体作用，必须让学生关注英语角主题活动的每一个细节，学会自己总结和评价。每次主题活动，教师可以留出固定时间，让学生畅所欲言，从环境创设、语音语调、展示习惯等各方面引导学生评价，最后补充总结。所有中肯的、有意义的经验总结和失败反思都有专人记录，因为评价不是最终目的，有评价必须有改进提高，只有不断调整优化才能使主题活动越办越出色。

（三）个人成长记录

个人成长记录是一种高效的隐形评价方式。个人成长记录必须具体、真实、详细、完整，不仅记录每次主题活动前的准备活动资料，还记录活动过程中的各种表现，甚至活动之后自身语言能力的提高。教师可以设计一份成长记录本，记录主题活动对每个学生个体的促进。每次主题活动，都在小组内分工合作。根据活动的完成情况，给出自评、他评分数，最后汇总收入成长记录袋。成长记录袋中还可纳入各项测验成绩、奖状、道具等。学生以个人成长记录袋为发展契机，激励自己不断前进。

总之，英语角主题活动是课改大背景下的一个新的研究方向，为了使班级英语角主题活动更高效，还要进行更多的探索。

第六节　小学英语课外活动的组织与指导

英语课外活动与课堂教学有着密切的联系，它与课堂教学的目的是一致的，是英语课堂教学必不可少的辅助形式。开展课外活动可使学生储存一些学好英语的潜在能量，对课堂教学会起到很大的促进作用。它既丰富了学生的业余生活，又能对学生的能力进行综合训练，同时扩大了学生的知识面。

一、小学英语课外活动的必要性

课外活动是课堂教学的延伸，如朗诵会、演讲比赛、参观访问、实地调查、生活聚会、小型运动会等，都可适时地引入英语教学。语言教学是一个解决问题的过程。新课程改革强调学生运用英语做事情，在做事情的过程中发展语言能力、思维能力以及交流与合作的能力。语言学习要通过创设良好的语言环境和提供大量的语言实践机会，使学生通过自己的体验、感知、实践、参与和交流形成语感。学生在教师的指导下，运用探究性学习模式实现任务目标，感受成功。如果通过真实的丰富多彩的课外活动学习英语，那么学生就能接触到更贴近学习实际、贴近生活、贴近时代的信息资源，学生的参与意识随之不断增强，交流方式也将由课内活动的单、双向交流，转为多向交流的方式。

二、开展小学英语课外活动的原则

英语课外活动作为课堂教学的辅助形式，应与课堂教学实际紧密联系，但又不是课堂教学的简单重复，否则，课外活动便失去了意义。因此，教师在安排英语课外活动时，必须考虑学生的年龄特点和英语知识水平，选用切实可行的方法与形式，有组织、有计划、有目的地开展各类英语课外活动。开展英语课外活动必须遵循以下原则。

（一）目标性原则

在设计英语课外活动时，应从整体考虑，既要注意其教育性，又要注意内容的安排。从本校的实际条件出发，从趣味性原则出发，寓教于乐，引发学生的好奇、好学之心。

（二）教师的指导作用与学生的主体性、创造性相结合原则

课外活动应由学生主办，并自愿按兴趣参加活动。教师在课外活动中起指导或辅导作用，主要体现在制订课外活动计划、组建课外活动小组、辅导学生选择活动材料、介绍活动方法、检查活动计划执行和完成情况以及总结课外活动的经验等方面。教师应该充分调动学生的积极性、主动性，培养学生的组织能力、活动能力、创造能力。

（三）课外活动和课堂教学相结合的原则

学生的外语基础知识主要是通过课堂教学来传授、培养和掌握的。课外活动则是课堂教学的延伸和补充，目的在于巩固课堂上所获得的知识和进一步发展学生听、说、读、写的技能。尽可能在课外活动中传递新知识、新信息，它是拓宽学生视野、扩大知识领域的好机会。比如，可以通过生动活泼的形式介绍异国风情、历史演变、风俗习惯、文化背景等知识。

（四）因材施教原则

课堂教学难以照顾到每个学生的具体情况，有些内向、胆小的学生由于种种原因难以表现和发挥。英语课外活动则可以弥补课堂教学的这一缺陷，采取各种措施，使每个学生的潜力都能得到发挥，长处得到发扬，才能得到施展，所以课外活动给每个学生提供了发展机会。

三、课外活动的组织及开展方法

（一）全面考虑，合理安排

为了开展好英语课外活动，教师每学期在制订个人教学计划时，应该有目的地制订英语课外活动计划。英语课外活动计划一般包括两方面。一是较大规模的课外活动计划。这类计划的制订，要以调动全体学生的活动积极性为前提，因此活动内容不能过难，要使不同程度的学生易于接受，而且活动项目要少而精。要安排活动具体举办时间、地点及参加人数，并在开学初有意识地向全体学生公布，以便让他们做好准备。二是英语课外小组的活动计划。英语课外小组的活动时间一般是固定的，基本上每周一次，每次一节课。活动内容除必要的课外辅导，还穿插一些层次较高的英语游戏、比赛、智力测验等，借以丰富课外小组活动内容。每次开展课外活动，教师都必须事先做好充分的准备，要备齐活动所需的材料，要制定出比赛规则、评分标准及奖励办法，还应设想到活动中可能出现的问题及解决办法。

（二）形式多样，寓教于乐

课外活动形式很多，教师应该选用那些适合学生年龄特点和知识水平、生动活泼、简单明了、寓教于乐的活动形式。开展英语课外活动，还必须与课堂教学内容有机地结合起来。学了"There be"句型后，可以开展实物记忆游戏。学了祈使句型之后，可以让学生分两组轮流发布命令，互相指定对方一个学生执行。总复习时，可以借助游戏形式复习一些反义词、近义词、同音词等，还可以通过猜职业、猜物等游戏复习一些职业名词和物质名词。

四、英语课外活动的开展形式

小学英语课外活动的形式是多种多样的，教师可根据学生的不同年龄、性格、兴趣和特长，采取不同的活动形式。

（一）活动小组

根据学生各自的兴趣和特长，自愿报名参加。

1.英语歌曲演唱组。学习朗诵英语儿歌、小诗，学唱英语歌曲。

2.英语表演组。编排儿童话剧、儿童语言故事短剧及课本剧等。

3.英语朗读组。学习朗诵诗歌，也可开展讲故事活动。

4.英语广播组。编排制作每周的校园广播节目。

5.英语游戏组。结合词汇、句型学习进行游戏、猜谜等活动。

（二）英语竞赛

根据小学生表现欲和荣誉感都比较强这一特点，教师可适当开展一些竞赛活动来提高学生的积极性，促进学生思维、记忆、理解和反应等综合能力的发展。竞赛的主要形式有英语歌曲演唱比赛、英语智力竞赛、朗读比赛、书写比赛等。

（三）英语学习专刊

这是一个拓宽学生知识面的训练项目。教师可以在班级黑板报一角开辟英语学习专刊，或鼓励学生办小报，内容主要介绍与课文有关的背景知识，如介绍英语国家的文化习俗；还可以刊登一些英语的小故事、名人名言、笑话、诗歌及课文中的疑难解答等。

学习专刊的形式应尽量丰富多彩，采用图文并茂的形式，以吸引学生。专刊的内容可由学生自由收集或教师推荐，这样既可以培养学生的合作精神，又可以充分调动学生的积极性。

（四）英语艺术节

学校可每年举办一届英语艺术节，通过丰富多彩的活动，不断激发学生学习英语的兴趣。艺术节是一个集体活动，学生全员参加，都有各自的展示项目。艺术节分为两个板块，即班级展示和舞台展示。班级展示的形式主要有看图（字）说英语单词、课本剧表演、你说我猜、说儿歌、唱英语歌曲等，这种形式主要是对学生所学知识的展示。舞台展示的形式有话剧、英文歌曲演唱、歌伴舞、诗朗诵、小品、讲故事等，主要展现学生学习英语的综合水平。英语艺术节既为学生提供了一个展现自我的舞台，也为学生创设了良好的氛围，促进了他们对英语的习得。

第九章　教育信息化背景下的小学英语教学模式探索

教育信息化改变了传统的教学模式，教学活动已经不拘泥于教室这样的场所，教学活动的时空结构发生了根本性的改变。本章从教育信息化教学模式的内涵出发，对教育信息化教学模式的构成要素进行了分析，最后针对教育信息化背景下小学英语教学模式进行了思考。

第一节　教育信息化教学模式的内涵

一、信息化教学模式的含义与特点

（一）信息化教学模式的含义

随着教学改革的不断深入，信息技术与课程整合已成为教学研究的热点。信息技术与课程整合是指在课程教学过程中把信息技术、信息资源、信息方法、人力资源和课程内容有机结合，共同完成课程教学任务的一种新型的教学方式。信息化教学模式就是信息技术与课程整合的结果，其实质是要在先进的教育思想、教育理论的指导下，把以计算机及网络为核心的信息技术作为促进学生自主学习的认知工具与情感激励工具、丰富教学环境的创设工具，并将这些工具全面运用到各学科的教学过程中，使各种教学资源、教学要素和教学环节，经过组合、重构、相互融合，在整体优化的基础上，产生聚集效应，从而达到促进传统教学方式的根本变革（也就是促进以教师为中心的教学结构与教学模式的变革）和培养学生创新精神与实践能力的目标。

信息化教学模式是根据现代化教学环境中信息的传递方式和学生对知识信息加工的心理过程，充分利用现代教育技术手段的支持，调动尽可能多的教学媒体、信息资源，构建一个良好的学习环境，在教师的组织和指导下，充分发挥学生的主动性、积极性、创造性，使学生能够真正成为知识信息的主动建构者，达到良好的教学效果。信息化环境下的教学既是对传统教学的继承，同时也是对技术环境下教学新模式的探索与建构过程，是各类教学模式的结构成分与技术应用条件的"整合"过程；教师是教学模式的实践者和创造者，丰富多变的实践情境是教学模式创新的源泉；信息技术为教学模式的发展提供了丰富的资源、工具及交流与合作平台。

（二）信息化教学模式的特点

按照教学的实现形式，可以将信息化教学模式划分为以下几种类型，下表列出了各种类型下相对比较典型的几个教学模式，并概括了各个模式的关键特征（见表9-1）。

表9-1　信息化教学模式

类型	典型模式	特征
个别授导类	个别指导、练习、教学测试、智能辅导	计算机作为教师，内容特定，高度结构化
情境模拟类	教学模拟、游戏、微型世界、虚拟实验室	计算机产生模拟的情境，可操纵、可建构
调查研究类	案例学习、探究性学习，基于资源的学习	计算机提供信息资源与检索工具，低度结构性资源的利用
课堂授导类	电子讲稿、情境演示、课堂作业、小组讨论、课堂信息处理	计算机作为教具及助教，信息播送、收集与处理
远程授导类	虚拟教室，包括实时授递、异步学习、作业传送、小组讨论等	网络作为传播工具，一定程度的信息与学习工具集成
合作学习类	计算机支持合作学习，协同实验室、虚拟学伴、虚拟学社	计算机与网络作为虚拟社会，一定程度的情境、信息、学习工具的集成

学习工具类	效能工具、认知工具、通信工具、解题计算工具	计算机作为学习辅助工具，多种用法
集成系统类	集成学习环境，电子绩效支持系统，集成教育系统	授递、情境、信息资源、工具的综合

信息化教学模式的关键在于从现代教学媒体构成理想教学环境的角度，探讨如何充分发挥学生的主动性、积极性和创造性。我们知道，以计算机为主的现代教学媒体（主要指多媒体计算机、教学网络）的出现丰富了教学媒体的构成，使传统的教学环境呈现出交互性、多媒体性、超文本性和网络性等多种现代教学特性。这些特性改变了学习者的学习地位，使其能够从真正意义上探索知识，实现知识意义的主动建构。在信息化教学模式中，教师从知识的灌输者和课堂的主宰者转变成课堂教学的组织者、指导者和学生意义建构的帮助者、促进者。一般来说，信息化教学模式具有如下特点。

1. 信息源丰富，有利于学习情境的创设

现代教育技术手段为课堂教学所提供的教学环境，使得课堂上信息的来源变得丰富多彩，教师和课本不再是唯一的信息源，多种媒体的运用不仅能扩大知识信息的含量，还可以充分调动学生的多种感官，为学生提供一个良好的学习情境。

2. 新型教学活动形式，有利于提高学生的主动性和积极性

现代教育技术手段的加入，尤其是多媒体计算机和网络的引入，教师的主要工作不再是向学生传递知识信息，而是培养学生自主获取知识信息的能力，指导学生的学习探索活动，让学生主动思考、探索和发现，从而形成一种新的教学活动形式。在这种教学活动形式中，学生有时也会处于"传递—接受"式的学习状态，但更多的是在教师指导下自主思考与主动探索；教学媒体有时作为辅助教学的教具，但更多的是作为学生自主学习的认知工具；而教材既是教师向学生传递的内容，也是学生建构知识和认知的对象。这种新型的教学活动形式有利于提高学生的主动性和积极性。

3.个别化教学，有利于因材施教

计算机的交互性为学生提供了个别化学习的可能，学生可以通过多媒体技术完整呈现学习的内容和过程，自主选择学习内容的难易和进度，并随时与教师、同学进行交互。在现代教育技术手段所营造的信息化学习环境中，学生可以逐步摆脱传统的教师中心模式，由被动学习变为主动学习，有利于因材施教。

4.互助互动，有利于实现协作式学习

计算机的互动特性和网络特性有利于实现培养合作精神、促进高级认知能力发展的协作式学习。信息化学习环境下，学习者之间通过协同、竞争或分角色扮演等多种互动形式来参与学习，对于问题的深化理解和知识的掌握运用具有重要意义，而且对高级认知能力的发展、合作精神的培养和良好人际关系的形成也具有明显的促进作用。

5.超文本信息组织方式，有利于培养创新精神和信息能力

多媒体的超文本特性与网络特性的结合，为培养学生的信息获取、分析与加工能力营造了理想的环境。众所周知，因特网是世界上最大的知识库、资源库，它拥有最丰富的信息资源，而且这些知识库和资源库都是按照符合人类联想思维的超文本结构组织起来的，因而特别适合学生进行"自主发现、自主探索"式的学习，有利于学生发散性思维的发展、创造性思维的发展和创新能力的培养。

二、信息化教学模式的旨趣

（一）发展学习者适应信息/知识时代所强调的素质

1.从 3R 素养走向 3T 素养

以往的时代主要重视"3R 素养"：读（reading）、写（writing）、算（arithmetic）；信息时代则更加强调"3T 素养"：技术运用（technology）、团队协作（teaming）、迁移能力（transference）。

2. 掌握基于计算机的技术

包括计算机/网络计算机、电子邮件、视频制作设备、数据库软件、因特网、项目管理软件、知识管理、决策支持软件、展示软件、制图软件、数据视觉化、桌面出版、数字处理软件、电子报表软件、视频会议、群件、远程协作软件等。

3. 具备相应的生存与发展技能

根据"Competition in the 21 Century"研究报告，这些技能主要包括十方面：传播技能、革新与创新能力、团队协作与组织能力、信息管理能力、信息技术素养、视觉素养、问题解决能力、决策能力、知识开发与管理能力和经营才智。美国有学者在综合研究的基础上提出了信息时代所需求的七大基本技能：批判性思维与行为——问题解决、研究、分析、项目管理等；创新——新知识的创新、至善至美的设计方案、讲故事的艺术性等；协作——合作、协商、达成共识、团体构建等；跨文化理解——超越民族间的隔阂，跨民族的知识和组织文化；传播——制作信息、有效地使用媒体；计算机素养——有效地使用电子信息和知识工具；生涯与学会自立——处理变化、终身学习和生涯调适。

（二）变革学习方式

信息化教学模式的重要旨趣之一就是变革学习方式。信息时代呼唤新型的学习方式，信息技术的应用为学习方式变革提供了思想和方法上的前景。

1. 走向创新性学习

信息时代的学习要求从传统的维持性学习向创新性学习转变。维持性学习是一种继承性学习。创新性学习要求处理好"学会"和"会学"的关系。学会，是指构建必要的自然科学和社会科学的知识基础，掌握某些专门化的知识和技能。学习的内容不仅包括知识、技能，还包括态度、方法、道德品质和行为习惯。会学，是指学会学习，在学习过程中培养各种学习能力，如记忆、思维、观察、想象、动手、表达信息等，其中的核心是思维能力和创新能力。创新性学习有三点特别重要：一是怎样迅速、充分、有效地选择存储和获取所需的信息;二是怎样利用它来解决问题;三是怎样打破常规重新组合,利用它来创造新点子。

2.走向自主学习

自主学习的根本特征是主体性和参与性。主体性保证自己能"动"起来,有自觉性、积极性和预期性;参与性保证自主性不是任意而为的,而是与社会、集体和谐统一的。我国新课程改革提倡以弘扬人的主体性、能动性、独立性为宗旨的自主学习。自主学习之所以重要,其一,行为自主性是人的生理—心理发展的必然走向的特征表现;其二,自主性是学习者适应独立学习、终身学习、个性化学习和教育终身化,实现自我可持续发展的能力保证。信息化时代需要培养拥有自主学习能力的学习者。唯有自主,个体才能时时适应现实的变化,主动刷新知识;才能有效地融入团队协作,自觉地规划和实现自我的人生进程。因此,信息化教学模式致力于转变学习者在传统学习过程中的他主性、被动性和依赖性,把学习变成学习者主体性、能动性和独立性不断生成、张扬、发展和提升的过程,使学习不再是一种异己的外在控制力量,而是一种发自内在的精神解放运动。

3.走向个性化学习

个性化学习是学习者充分发展的前提,体现了以学习者为中心、尊重学生差异和实现教师针对性指导的教学理念。个性化学习之所以必要和可能,一是因为每个人的天赋和理想是不相同的,信息化时代人的发展强调每个人个性化的成功方式;二是信息化时代所构建的学习化社会,为每个学习者的学习提供了"各取所需、量体裁衣"式的学习计划、学习资源和学习机会;三是每个学生的学习方式本质上都是其独特个性的体现。

4.走向基于技术的学习

信息时代为学习者提供了大量强有力的学习工具。这些学习工具不仅拓展了学习的开放性(时间、空间、内容、对象等),而且其本身就是学习者必须掌握的时代生存技能。基于技术的学习为学习者的自主、协作、反思和探究学习提供了技术丰富的支持条件,构建了有效的学习平台。学习者通过基于技术的学习活动，可以发展信息时代所需的能力，如数据库设计/构架、数据视觉化、信息分析/阐释能力，知识管理/构架能力，视觉化处理能力，表达/呈现能力，信息提炼能力，开展团队协作项目能力和虚拟协作能力。

（三）关注高阶能力和建构主义的信息技术应用

信息化教学模式相对较为关注学习者的高阶能力，尤其是高阶思维能力的发展。为此，模式的理论基础和信息技术的应用倾向是建构主义的。

第一，传统的教学模式局限于学习者低阶能力、低阶思维的发展，对学习者所支持的是低阶学习。信息化教学模式力图突破这一局限，通过有效的学习环境设计，促进学习者在创新、问题求解、决策、批判性思维、信息素养、团队协作、兼容、获取隐性知识、自我管理和可持续发展能力等十大方面的高阶能力获得有效发展。

第二，信息技术可以作为多样化的学习工具，如效能工具、信息工具、情境工具、交流工具、认知工具和评价工具。

第三，从技术应用的角度看，信息化教学模式包括客观主义和建构主义的技术应用观。但是针对目前失衡的技术应用现状，我们应有意识地强调建构主义的技术应用观，亦即学习者用技术学习。

第四，信息化教学模式，要求改变传统的接受性学习，走向建构性的学习方式，其关注的目标焦点是通过信息化教学模式这一活动平台，发展学习者适应知识时代所需求的系列高阶能力。

第五，信息时代所要求的人才素质必须具备相关的信息素养，学习者的信息素养培育固然可以通过直接学习信息技术获得，但最为有效的方式是与学习内容相互整合，运用信息技术作为学习工具，在达到课程内容学习目标的同时，提高信息素养。

总之，信息化教学模式的旨趣在于根据时代对人才素质的需要，充分运用信息技术的功能，变革传统的学习方式，以便有效促进学习者高阶能力的发展。

第二节　教育信息化教学模式的构成要素

一、信息化教学模式的理论支撑

（一）建构主义的十大理念

建构主义认识论和学习理论是内容非常庞杂的教育哲学，在知识观、学习观、教学观、情境、意义建构等方面的观点十分丰富。为了整体把握建构主义的思想内涵，我们将其总括为十大理念。

1. 知识的获得是建构的，而不是接受传输而来的。

2. 知识的建构来源于活动，因而知识存在于活动之中。

3. 学习活动的情景是知识的生长点和检索线索。

4. 意义存在于每个人的心智模式中。

5. 人们对现实世界的看法是多元的。

6. 问题性、模糊性、不一致性、和谐性是引发意义制定的触点。

7. 知识的建构需要对所学内容进行阐释、表达或展现，这是建构知识的必要方式，也是检测知识建构水平的有效方式。

8. 意义可以与他人共享，因而意义的建构可以通过交流来进行。

9. 意义制定存在于文化的交流、工具的运用和学习共同体的活动中。

10. 并非所有的意义建构都是一样的，任何建构都是个性化的。

（二）建构主义学习理论的基本要素

1. 情境（Context）

注重基于情境的学习。学习的环境条件，如客体、人、符号及它们之间的相互关系，对学习效果的影响至关重要。知识从一个情境迁移到另一个情境，并不容易实现。教学实践要求真实的学习任务与现实的条件相匹配。对创设丰富的学习环境提出了更高的期望，以便为发现、探究、设计、实践、教学探索和建构提供更多、更广的情境化机会。

2. **建构**（Construction）

注重心智模式的构建。构建心智模式，就是同化/顺应新经验。当新经验与心智模式不"相符"时，就必须顺应变化，重构心智模式。

3. **专注**（Caring）

注重内在动机的激发。对学习效果来说，内在动机比外在动机更重要。如果学习者能真正关注自己的学习任务，就可以产生高效的学习结果。

4. **能力**（Competence）

注重多元智能的发展。能力因不同的爱好偏向而不同，智力因不同的行为类型而相异。无论是创造性地解决问题，还是不同小组的协作，都能从多种才能的相互作用中获得最大的益处。

5. **共同体**（Community）

注重学习共同体的作用。学习具有社会性的特点，实践共同体对知识时代的学习来说具有非凡的意义。

情境、建构、专注、能力和共同体五个基本要素不仅反映了建构主义学习理论的基本精神，而且代表当代学习理论研究发展走势，亦即任何包含上述五个基本要素精神的学习理论研究，都属于当代学习理论。研究者认为，当代学习理论研究发生了三个本质性的变化：学习是意义的制定过程，而不是知识的传递；越来越关注意义制定的社会本质；意义制定受学习/实践共同体的影响。

二、信息化教学模式的技术要素

（一）学习者与技术的关系：智能伙伴

学习者与技术的关系，不是技术控制学习者（技术决定论），也不是学习者恐惧技术（后现代主义），而是学习者控制技术，与技术形成一种智能伙伴关系。这种关系，是生态化的人机关系，它使学习者与技术分布式地承担认知责任，形成学习者与技术最优化的智能整合。

学习者把技术作为智能伙伴，革新了学习者作为接受者的角色，使学习者成为生产者、创造者和发送者。它将有利于学习者清晰地表达所知晓的内容（亦即表达所学知识），反思所学内容及如何学习的过程，支持意义制定的内部协商（个体的内部思维），建构个体化的意义表征，支持有目的的、深入的思考。

就支持学习者的学习来说，有效的智能伙伴技术包括：

用来组织学习者所学／所知的语义组织工具（数据库、语义网络）；

用来构建模拟和表征心智模式的动态建模工具（专家系统、电子报表和系统建模工具）；

探索和对某种现象进行实验的微世界；

支持意义的社会性建构的同步／异步交流环境；

知识建构的环境（超媒体、多媒体和网络出版）；

用来更好地理解信息的解释工具（视图化工具、信息搜索引擎）；

视觉化地表现学习者所生成观点的视觉工具。

（二）技术与课程相结合

1. 技术与课程整合的实质

第一，整合是融合，技术与课程的关系是一种"融入融合的关系"，不是简单的叠加。其目的是为促进学习者高阶能力发展，构建理想的学习环境或新型教学模式。

第二，整合涉及技术与课程目标、结构、内容、资源、实施和评价等方面的关联多向互动。这种多向互动是构建理想学习环境和新型教学模式的整体思维框架。

第三，从教学设计研究的角度来看，整合的重心是在整体思维框架的前提下，构建以技术为支持的理想学习环境或新型教学模式。这种环境和模式的核心理念是"用技术学习"。这种学习的显著特征是：以建构主义学习理论为主要指导；以革新学习方式，发展学习者高阶能力，特别是高阶思维能力为目的；技术是学习工具，特别是认知工具；学习者与技术的关系是一种智能 / 认知伙伴的关系；学习者的学习是有意义的学习。

2. 技术在课程整合中的作用

从技术应用的连续统观来考察，技术在课程整合中的作用是多方面的：

第一，从生态观的角度看，技术具有拟人和拟物作用。

第二，从媒体观的角度看，技术是教师、媒体、内容、学生之间相互作用的中介。

第三，从工具观的角度看，技术是信息工具、效能工具、情景工具、认知工具、交流工具、评价工具。

媒体观是客观主义技术应用观，是传统媒体观对信息技术作用理解的延伸，把技术看作教学信息内容的传递媒体或播放演示工具。工具观是建构主义技术应用观，主张学习者用技术学习。生态观综合了媒体观和工具观的特点，认为信息技术可以起到"拟人"（导师、学伴、学员、助手）和"拟物"（情境、资源、教具、学具）的作用，形成一个有利于师生一起学习和共同发展的综合性生态环境，为学习者构造探究发现空间、个性展现空间和集体智慧发展空间。

第三节　教育信息化背景下小学英语
教学模式思考

一、信息化教学模式下小学英语课程的变化

以计算机网络为核心的现代信息技术进入小学英语课程后，小学英语教学发生了巨大变化，这些变化主要体现在教学目标、方法、手段、观念、教

材、作用、环境、评估等方面。在教学目标方面，传统的小学英语教学重点是培养学生的阅读能力，注重知识的灌输，而信息技术与课程整合后，教学目标转移至培养学生的语言应用能力特别是听说能力方面。在教学方法方面，传统小学英语教学采用结构主义的语法翻译法，讲究课文精讲细读与模仿操练，并且以教师为中心；而整合后的小学英语教学把传统单一的讲授方法转变为立体式、个性化的教学方法，注重课堂教学与课外自主学习相结合，强调以学生为中心，引导学生自主学习。在教学手段方面，传统的小学英语教学采用单一的"粉笔＋黑板"的手段，也有些直观的教具；而整合后的小学英语教学广泛应用以计算机网络为核心的信息技术创设虚拟学习环境，开展任务型、个性化的教学活动。在观念方面，传统的小学英语教学往往围绕着教师和课本，因为教师和课本是学生知识的唯一来源，教师控制并主宰教学；而整合后的小学英语教学从以教师为中心转变为以学生为中心，从灌输式教学转变为学生自主学习。计算机走向了教学的前台，不再是教学的辅助工具，而是注重教学资源的优化与组织。在教材方面，传统的小学英语教学使用纸质平面教材，内容单一，注重机械模仿和操练；而整合后的小学英语教学使用立体式教材（"立体式"指的是物理概念上的纸质课本、音频光碟、视频光碟、音／视频光碟等），教材内容用多媒体呈现，是立体式综合教学。在教师作用方面，传统的小学英语教学要求教师成为教学的绝对控制者，掌握教学中的一切，扮演着讲解者和引导者的角色；而整合后的小学英语教学要求教师成为教学的帮促者，帮助或促进学生主动学习。在环境方面，传统的小学英语教学的主要环境是课堂，学生缺乏语言学习的真实环境；而整合后的小学英语教学可以借助计算机网络的超强功能创设拟真的学习环境供学生进行语言学习和操练。在评估方面，传统的小学英语教学采用终结性评估方式，即以学习成果（考试成绩）为主要评价依据；而整合后的小学英语教学采用终结性评估与形成性评估相结合的方式，既注重教学的成果，又讲究教学过程中的评价与调整。

上述这些变化从根本上改变了传统课程的构成范式，确立了技术（信息技术和教育技术）在课程中不可或缺的地位。也就是说，传统的小学英语课程只是反映小学英语教学的理论与方法，而现代的小学英语课程不仅应反映理论与方法，更重要的是能体现技术在教学上的作用与功能。因此，小学英语课程定位要从这两方面来考虑。

二、小学英语信息化教学模式的流程

（一）课前准备

根据教材的内容，教师围绕单元主题，从丰富的网络信息中选择合适的教学素材，运用信息技术进行教学设计和安排。由于信息化教学需要以学生的个性化和主体性需求为前提，进而确保学生的自主性学习。因此，教师需要清楚地了解学生不同的学习情况和个性需求，并根据他们的特点和要求来组织和设计具体的教学活动。由于不同学生的语言基础存在差异，每个学生接受知识的能力也参差不齐，教师需要针对不同的学生，利用信息化技术将教学素材自动分级，形成不同层次和难度。学生在符合自身需求的语言环境中，面对相应难度的知识要点，能够独立自主地完成学习任务，从而达到因材施教的教学效果。教师还可以借助网络将课件中预习环节的相关内容上传到教学系统的平台上，学生就可以在课前根据自己的基础能力，下载相应难度的内容进行预习。一方面，教师可以通过系统软件进行督查和答疑，还能对基础薄弱的学生进行重点辅导。另一方面，教师还可以引导学生自主预习。教师引导学生了解了单元的主题和相关的知识后，便可以鼓励学生利用网络资源自主收集资料，教师仅仅起着引导帮助的作用，而学生准确快速获取有用信息的能力及在线英语阅读和运用能力都得到了提高。

（二）课堂教学

教师可以在计算机上授课，学生则可以在计算机上听课。教师可以采取灵活多变的教学方式，科学地利用课堂时间，增强师生间的互动，更深层次地挖掘课堂教学的潜力。在网络教学中，教师不仅是知识的传授者，更是课堂教学活动的组织者、引导者和促进者。教师可以讲授英语的语言基础知识，也能在授课平台上针对学生的预习内容进行课堂测试，检查他们的预习情况。学生在教师规定的时间内在自己的计算机上完成并得到测试结果。在计算机形成结果并进行分析教育信息化与小学英语教学创新研究后，教师便能有的放矢地解决测试中出现的问题。在网络教学中，教师可以更有效地与学生进行互动。小学英语教学作为一种语言教学，具有其特殊性，教师需要在学生学习运用语言过程中不断强化其语言习惯，并且能够加强和巩固师生间的相互交流。教师可以针对课文中的某个主题让学生在网络上进行讨论。网络将学生由分散的个体连接成一个个学习小组，学生在小组中集思广益，为了表述并完善自己的论点或驳斥别人的观点，每个人会尽力组织语言和罗列论据。在这样的过程中，学生不仅深化了语言知识，而且提高了英语思维能力和语言表达能力。在了解语言知识和文化背景下，网络教学激发了学生的学习兴趣，使学生能积极主动地参与其中，传统课堂上的畏惧情绪不复存在。教师在这个过程中只是适时地对学生的讨论进行指导和控制，使学生在有序的氛围中思考和讨论自己的观点。

（三）课外学习

在小学英语信息化教学模式下，学生的学习方式更加多样化。学生不再局限于单一的课本学习和书面作业。信息技术在小学英语教学中的应用，使教学环境更加广泛宽松，学生可以根据自身需求自由地选择学习的内容和进度。通过网络，学生的视野更加开阔，知识面也得到了拓展。面对丰富的网络信息，学生要学会去粗取精、去伪存真，从而增强了学生多角度考虑问题的能力及判断能力。学生还可以在网络上和同学、教师进行实时互动交流。这样，学生不仅能有更多的机会去自主学习知识，而且能提高信息的处理能力和独立思维的能力，从而保持了学生英语学习的持续性，提高了学生英语学习的效果。

（四）教学评估

先进的信息技术为小学英语教学的教学评估提供了更加便利的辅助设施，教师利用信息网络资源形成了教学检查和对教学资源阶段性评估的体系。在这个体系中，教师能跟踪课程的教学资源，通过问卷调查或测试的方式，了解学生对各种资源的使用情况及所使用资源的质量。教师可以通过网络资源建立试题库，根据需要设定相应的难度和范围，自动组织生成各类考试的试卷。教师还可以根据课文内容给学生布置某个主题，让学生利用网络系统在规定的时间内收集资料并研究进行，最终形成书面报告。最终，网络系统不仅记录了学生完成任务的整个过程，而且可以对数据进行分析，并给出客观的判定。

三、促进小学英语信息化教学模式建立的策略

（一）帮助教师对信息化形成正确的认识

随着信息化技术的应用，不少教师产生了危机感。所以，首先要提高教师对信息化教学的认识，让他们意识到自己不会被网络系统所取代，自己的作用不会因之而降低。在网络教学中，教师这个角色是不可缺失的，他们不仅是传授者，还是引导者和组织者。而且传统的教学模式也自有其特色，两种模式各有所长，不可相互取代，只有有机结合，才能达到最佳效果。当然，信息化教学作为社会科学和教育发展的产物，对传统的教学必定会产生一定的影响，教师对此需做好思想准备。

（二）培养教师积极掌握信息技术和技能

不同于传统的教学方式，信息化教学对教师提出了很高的要求。教师需要运用先进的信息技术，甄选出合适的教学素材，并在教学过程中对其进行

合理设计、使用、管理及评估。教师需要深刻理解信息化教学的内涵，并掌握信息教学技术的理念和技能，才能在教学中有效地运用，使教学过程得以优化，从而完善小学英语教学体系。信息化造就了特殊的教学环境，教师需要具有信息技术知识，更需要具有对信息技术的驾驭能力。

（三）加强对学生的引导和督促

面对新型的教学模式，已经习惯了传统的小学英语教学模式的学生也需要有个适应的过程。他们不仅要和教师一样，首先掌握相关的信息技术，学会对网络系统的操作和使用。同时，网络学习更多的是要求学生自主性学习，这就需要他们具有很强的自觉性和自制力，教师可以通过鼓励、督查等手段加以引导和督促。

在信息技术高速发展的信息化时代，小学英语教学信息化已经是必然趋势。在这样的信息化背景下，作为小学英语教师，应该紧跟时代发展的步伐，不断更新教学理念，学习并掌握先进的信息化技术知识和技能，为教育信息化的发展做好准备。

第十章　小学英语课堂专项教学模式实践

　　小学英语教学的任务是通过基本训练的途径培养学生运用英语的能力，也就是说要培养学生运用英语获取信息的能力。在教材中，教学内容和编排体系都是针对学生进行各项基本训练和听、说、读、写能力的培养而科学安排的。不同的教学内容可以划分为不同的教学专项，不同的专项因为重点不同，操作特点也不同。本章主要对字母教学、语音教学、词汇教学、语法教学、交际教学、口语教学、儿歌教学、阅读教学、对话教学进行论述。

第一节　小学英语课堂的字母教学探析

　　英语字母教学作为英语学习的基础，是小学英语教学中的重要一环，学好 26 个字母对以后单词的学习起着至关重要的作用。

一、字母教学的重要性

　　在小学英语教学的学习过程中，最为基础的教学内容就是字母教学，它在英语课程中占有举足轻重的地位。小学生对英语字母掌握的水平会直接影响到今后的英语学习。学生只有掌握了英语字母，才可以读懂单词、句子，再到英文文章。因此，教师需要对小学英语教学进行设计和创新，注重对学生基础和自主性的培养，将字母教学融入基础教学中去。

二、字母教学的实践

（一）字母教学和词汇教学的关系

现阶段的教学存在一些错误观点，比如，教师更加注重学生对单词读写的能力，而恰恰忽略了字母与单词学习之间的关系。学生通过死记硬背的方法硬性地记单词，会使学生不明白单词组成的原理，使英语学习不仅耗时还没有成效。这种教学思想下的机械式记忆法对于学生未来的英语学习是没有实质作用的。英语字母学习是一个枯燥、反复的记忆过程，处在小学阶段的学生心智还不成熟，他们可能很容易对单词产生厌倦心理，导致他们注意力不够集中，对这种机械的记忆方式逐渐失去兴趣。归根结底，小学生之所以认为英语单词难记，是由于对字母不熟悉，无法将字母与单词结合起来。教师要正确处理好字母与词汇之间的关系，教授科学的背单词方法，反复地巩固字母和单词，并大量地运用在生活中。

（二）以字母读音记忆单词

单词的记忆是有方法可循的。在英语教学过程中，教师要让学生清楚地了解字母不仅有其特定的读音，在词汇中也有特殊的发音。学生需要了解在单词中字母的发音，纠正好读音。教师应帮助学生总结字母的发音规律，让学生自行比较，记住一个个字母的单词记忆方式与掌握字母的发音规律后再进行记忆，二者哪个更容易。显而易见，后者更容易记忆，所以教师要让学生按照音节进行记忆。学生掌握了这种记忆方式，能为他们今后的英语学习打下坚实的基础。

（三）在字母教学的过程中注重学生的思维锻炼

传统的字母教学，教师主要是通过传输式的方法对学生进行知识的传授。英语基础教学活动主要集中在听说上，这与英语教学活动的基本思路是一致的。但是，在现阶段英语新标准的要求下，注重听说远远不够。学生在这些大量机械的练习中只是单纯地记住，却没有自己的思想，也无法实现交流。因此，学生在掌握好单词的字母发音后，要多听多练，在不断练习后总结一套自己的方法，熟练地记忆单词甚至句子，这样学生才能够从英语角度来表达自己的思维，才能够达到英语教学的目的。

三、字母教学的关键性问题

（一）采用灵活多样的教学手段

兴趣是小学生学习英语的奠基石，是小学阶段向中学英语学习阶段过渡的桥梁，在实际教学过程中起着关键作用。在小学英语教学中，教师应该学会就地取材，通过实物、图片、照片、简笔画、手势、动作、表情等直观的手段，向学生呈现教学内容，再现课文情境，使教学内容尽量形象具体，从而使学生能直接感受到语言的运用环境。在呈现新语言点时，如果能根据实际情况同时展示实物（不同的学习用具、水果、食品、衣物、颜色等），就可以刺激学生大脑兴奋，直接感受英语，强化求知欲望，进而形成深刻的影响。有时候让学生自己动手画出心中喜欢的景物，不但能帮助学生理解课文、掌握大意，而且能更有效地帮助学生进行语言知识的有效迁移及灵活运用。

（二）要注重字母读音

字母发音直接影响单词的发音。学生错误的发音一旦形成就很难再纠正。学生受普通话和地方方言习惯的影响，字母的发音往往不是那么到位，如闽南人容易把 A 读成 /e/、/a/（"啊"）。因此，教师在教学过程中对于易混淆或较难发音的字母应预先采取各种教学方法防止错误发音的出现。例如，在教学字母 A 时，可以把 A 的发音比作母亲对孩子温柔的应答声，加深学生对其发音的印象；教学字母 R 时，让学生联想医生检查喉咙是否发炎时都会让病人发出什么声音。

把字母按读音进行分类是字母读音教学的一个重要任务，也是学生觉得有一定难度的一项内容。为了使学生能更好地掌握，教师可采用"分家"游戏的方法，按"家族"将26个字母进行分类记忆。首先将字母划分为七个家族，再对号入座，最终编成一首音素家族歌谣帮助学生记忆：AHJK是A家族，AA是族长。E家族有八位，BCDE，GPTV，EE是族长。/e/的家族没有族长，它的成员有七位，FLMN，SX和Z。U的家族有三位，UQW，UU是族长。I的家族有两位，IY，II是族长。（手指着自己）R和O单独住，它们自己是族长。

（三）要注重字母认读

字母的书写首先要求学生能正确区分一些形近的字母。有些字母可以通过猜谜的方法让学生记住它们的形状特点。例如，弯弯的月牙（C）、一条小蛇（S）、三岔路口（T）、1加3（B）、一座宝塔（A）、胜利的象征（V）、大号鱼钩（J）、一张弓（D）、一扇小门（n）、一棵小苗（r）、一把椅子（h），这些谜语既能让学生记住字母的形，又能激发学生的学习兴趣。另外，还可以让学生自编谜语学习字母，充分发挥学生的想象能力，或将字母的一部分遮住，让学生根据露出来的部分来猜字母。

（四）要注重字母书写

教师要充分利用多媒体设施，让学生仔细观察字母的笔画和笔顺。正确的笔顺在活动手册的描红练习中有正确的示范。但有时学生会受到汉语拼音笔顺的影响，错误书写字母，因此，教师要对容易出错的笔顺进行比较细致的指导。例如，i和j都是后加点，t先写钩，H先写两竖等。建议教师不妨采用汉语拼音的教法，使用一些形象的比喻，帮助学生理解记忆书写规则，防止笔画出错。例如，H是一双筷子拴根线，j是海豹顶皮球，i是小海狮头上顶个球，I是伞把带开关等。

字母的占格同样是字母书写教学中的一个教学难点，尤其是当字母的大小写混在一起的时候，学生很容易混淆。教师要先示范清楚，提醒学生注意并总结字母占格的规律。教师还可以借助儿歌帮助学生掌握字母的占格规律。例如，英语书写，四线三格；大写字母一二格，上不顶线是原则；小写字母认准格，上面有"辫"一二格，下面有"尾"二三格，无"辫"无"尾"中间格；i、t 中上一格半。在学生掌握了字母的占格规律后，还要通过活动手册上的描红来加强练习。要注意，练习到一定阶段，教师要让学生能在没有四线格的一条线上，甚至是没有任何线的白纸上也能正确地表示出字母的书写格式。

第二节　小学英语课堂的语音教学探析

小学英语语音教学是英语学习的第一步，是小学生进行更深层次的英语语言学习探索的起点。

一、音标教学

在小学英语学习中，学生学习了一定数量的日常用语后，感到困难的一定是记不住单词和句子的读音，怎样才能帮助学生记住单词、句子的读音呢？这就自然地引出音标。学会 48 个音标，可以准确地读出单词和句子，就好似学会汉语拼音，自然会拼读汉语生字一样。音标是用来精确地表示语音的符号。学会了音标，才能自己会拼读，学习新词，学查词典，学会独立学习。

（一）利用汉字拼音的正迁移

小学生初学英语往往不得法，常用汉语拼音或汉字注释。例如，"How are you？"，学生注上"好阿油"。这种注释副作用很大，会导致发音不准确。如果辩证地来看待这个现象，就会发现学生的这种做法是符合学生需要的，只是用法不当。对于小学生来说，外语学习是一种新事物，认识这种新事物需要一个过程，而在学习初期，他们则需要一根拐棍来帮助他们。因此，汉字或汉语拼音注释就帮了他们的忙。教师要向学生说明这种方法的弊端及如何扬长避短，在教学中克服负迁移，利用正迁移。英语教师在音标教学中可大胆使用汉语拼音注音记法。比如，在人教版小学英语教材第一册音标教学第 32 课中，有 /k/、/g/ 两个辅音音素，在教这些辅音的发音时，教师告诉学生 /k/、/g/ 与汉语拼音 k、g 相似，但是发音并不相同。教师将相似的音素与汉语拼音各读一遍，让学生仔细分辨两者的不同。汉语拼音的 k、g 里含有英语音素 /k/、/g/ 的发音，只要把汉语拼音后面的 /+/ 音去掉就可以了，即汉语拼音 k=/k+/、g=/g+/。教师这样一解释学生就明白了，轻易不会再发错音。尽管这样，仍然存在着汉语拼音干扰的可能。教师要告诉学生这个公式只能用于遗忘时的提醒，是学走的拐棍。学会走路是目的，扔掉拐棍是必然。因此，要熟练掌握音标，需要学生和教师一起加强练习。于是，在以后的课堂教学中，凡是读得既快又准的学生，教师都要表扬他们说："Good! 拐棍扔掉了。"

（二）教给学生正确的拼读方法

学习有个从简到繁、由易到难的过程。音标学习初期，学生对音标词的拼读往往不得法，尤其对于含三个以上音素的音标词。分析其原因，一是学生思想有负担，怕读错了遭笑话；二是不得要领，心虽明白，口不能言。鉴于这种分析，教师首先应从解除学生的思想包袱入手，告诉他们音标拼读很简单，而且我们学的是初级知识。然后引导学生像拼汉语拼音一样试拼音标词，并反复用颠倒比较练习的方法加深印象，通过这样的比较与反复练习，学生逐步掌握了方法，会拼读简单的音标词了。对于含三个以上音素的音标词，教学生用增补法或组合法拼读，即音素的两两相拼，再增补或再组合。随着学习的不断深入，教师应因材施教，对好学生提出较高的要求，可省略从单个音素增补的拼读过程，而直接读出每个音节的读音，不能只停留在一拼—读这个初级阶段，要不断随着情况提出进一步要求。

音标作为学习新词的工具，只有熟练地掌握它才能更好地运用它。熟练是使用的前提。按照人教版教材的编排，音标教学在字母教学之后，这就注定了这种学习工具得不到及时的复习巩固。为有效地使用音标这种工具，及时地巩固复习，教师可采用先教音标、后学字母的尝试。这种尝试的优点之一是为巩固音标学习赢得了大量的时间，因为教学字母时，只剩下认记字母符号和书写笔顺的要求了，字母的发音已不成问题，学生看着音标自己就可以读准字母了。在字母单元教学中，教师注意出示一些音标词来训练学生，使学生的记忆得到较好的巩固。

（三）以音带词，注重运用

知识在运用中才能得到长时期的巩固。因此，在音标教学后教师要注意有效地利用音标，才能使学习的音标发挥作用。方法如下：

1. 以音带词

音标的作用是指导学生学习新单词。因此，在音标教学之后的每一节课中，每学一个新单词，教师都可坚持这样一个原则：先音后词，以音带词。即先试读这个单词的音标，然后再去了解词义。这样，学生在学习中感觉到音标非常有用，是自己学习的有用工具，非学不可，就自觉自愿地去学习了。

2. 教会查词典

英语自学的前提是必须学会使用学习工具——英语词典。教会学生查词典是提高学生学习能力的一个具体要求。学会查词典，学生必须做好两项准备，一是学会音标，二是学习字母。因此，教师可把教学生查词典放在第二册的教学中，即在音标、字母学完之后，向学生讲述查词典的方法，以后每节课结束后留两个单词的查词典作业，在下一课前检查。在学生初步熟悉掌握方法之后，教师可举行查词典比赛，表现突出的学生在全班进行表扬。

音标教学是英语教学的根本，是学好英语的基础。打好这个基础，教学才能得以顺利地进行，才能取得预期的最佳效果。

二、自然拼读法教学

作为一种现代化的英语教学方法，自然拼读法更加符合小学生的认知特点，在学习单词时具有十分明显的优势，可以在增强小学生记忆水平的基础上，使他们熟悉更多的英语单词，更好地发展自身的各项语言技巧。因此，小学英语教师应针对当前的教学问题，合理采用自然拼读法，提高小学生的英语学习效果。在小学英语单词的学习过程中采用自然拼读法，可以使小学生统一了解单词中同一种读音的字母，确保小学生利用读音完成拼写。同时，在掌握多个单词的发音之后，小学生则可以在阅读中灵活运用，组合多个单词，掌握更多的英语语法，培养自身听、说、读、写的能力。

小学英语教学中自然拼读法有下列应用策略。

（一）区别国际音标与汉语拼音

在小学英语学习过程中，学生需要正确掌握英文单词，但其在记忆与发音方面存在较多问题。教师可以利用自然拼读法帮助小学生克服学习障碍，做好汉语拼音与国际音标的区分工作，保证小学生可以了解发音规律。受母语因素的限制，学生更易记忆与理解汉语拼音，学习英语单词时也习惯利用汉语进行拼读。此时，教师应引导小学生区分国际音标与汉语拼音的异同性，从而使其掌握英语字母的具体发音。除此之外，教师还应在教授英语音标时采用音素教学方法，利用不同符号纠正学生发音。

（二）字母与字母组合读音教学

小学英语教师应通过采用自然拼读法使每个小学生均掌握基本音的正确发音，从而为后续的英语学习打下坚实的基础。如果学生在学习期间没有掌握此项技巧，则在单词拼读过程中会存在较多困难。因此，在单词拼读过程中，教师应帮助学生掌握字母与字母组合方法，完成正确引导，使小学生更易学习英语。

（三）英语书写拼读

在小学英语学习过程中，小学生需要记忆更多的单词。因此，学生应利用自然拼读法组合不同的英语单词，实现自主拼读。在单词的教授过程中，教师也应该逐步拆解英语单词的拼读与拼写过程，使学生了解单词的具体组合。教师应进一步简化学习流程，利用自然拼读法充分调动学生学习英语的积极性，使小学生掌握更多的字母组合与发音原则，在完成单词拼读的基础上正确书写单词，切实提高英语学习效果。

（四）英语阅读训练

在小学英语学习过程中，教师应该重点培养学生的听、说、读、写能力，在了解单词发音与组成原则的基础上，在阅读练习中掌握更多内容，提高英语知识的应用水准。将自然拼读法应用至小学英语阅读学习中，要求学生掌握自然拼读单词的方法。教师可以为小学生印制不同的卡片，在上面书写英语音标，使学生可以利用卡片记忆音标，结合不同的英语短语进一步在组合练习过程中加工自然拼读的内容，提高对英语单词的辨别力，增强语感。除此之外，教师还应该引导小学生在日常阅读中多利用自然拼读法，以掌握更多的英文单词。教师应为小学生明确英语阅读的范围，帮助其理解、掌握不同英语单词组合的发音规律，使其更熟练地完成英语爆破音与连读音的发音，提高学习效果。

第三节　小学英语课堂的词汇教学探析

如何使学生在小学阶段掌握大纲要求的词汇和一定数量的习惯用语及固定搭配，并正确理解其在语段或语篇中的意思，在小学英语教学中显得十分重要。英语词汇看起来一个个是那样枯燥乏味，不少学生感到记忆起来困难，掌握其用法就更困难。如果教师能根据实际情况，运用思维规律选择教法，帮助学生不断地充实和灵活运用已有的知识和经验，强化刺激学生的第二信号系统，达到足够的输入量，学生就可能形成对词或词群的抽象思维和感受能力。学生掌握的词汇越多，他们运用语言的能力就越强。如何在有限的课堂教学时间内让学生始终有兴趣去识记单词而不觉得枯燥呢？可以尝试以下几种做法。

一、创设情境和语境

创设情境或语境习得语言词汇，比如，在学 beautiful 时，就可联想起 handsome、ugly。教师先向学生提出假设："My mother has a beautiful face. I love her."然后教师要求学生信息反馈："Is she beautiful？"学生理解后回答："Beauliful."教师再把人称代词 My 变换成 him，mother 变换成 father 让学生回答。教师平时要注意多积累好的教学素材，以备教学之需，通过情景对话或句子内涵，增加词的发现率和变化来促进词汇学习。

二、放入句中，使之整体化

词汇是建房子的砖头，但光有砖头还建不成房子。现代英语教学法主要流派"直接法"和"全身反应法"都强调"句本位"。的确，孤立的单词在特定的情况下是可以表达完整意思的，但很多情况下会引起歧义。把单词放入句子中，能帮助学生正确理解单词的含义，还有利于培养他们的语感。

三、编儿歌、加动作，使之表演化

儿歌因其词句简单、内容生动、形式活泼、韵律优美，深受学生的喜爱。如学了八种动物后，教师可用中英文夹杂编成儿歌：

Bird，bird，飞飞飞（边做小鸟飞行的动作）；

Cat，cat，喵喵喵（两手五指分开在脸前由中间向两边分开）；

Dog，dog，汪汪汪（两手放头上做耳朵的样子）；

Monkey，monkey，真调皮（把手放在头顶学孙悟空的样子）；

Elephant，elephant，长鼻子（双手握住，下垂摇晃）；

Tiger，tiger，王中王（做出向前猛扑的姿势）；

Panda，panda，是国宝（翘翘大拇指）。

明快的节奏、优美的旋律、抑扬顿挫的语调，再加上手舞足蹈，调动了学生所有的感官，在不知不觉中记住了单词。

四、改变节奏，使之韵律化

教学单词离不开操练，但大量的机械操练使学生味同嚼蜡，毫无趣味。学生总是喜欢新奇的事物，如果教师在节奏上稍做变化，就能牢牢吸引学生的注意力。

首先，可以改变音的长短。这项练习结合句子操练更好，如"Pear，Pear，this is a pear."（教师边说边有节奏地拍 4 次手），同一句话说 3~4 遍，第一遍比正常说话速度要慢，然后逐渐加快，比一比谁说得又准又快。这样训练可以改变学生逐词说英语和拖调的习惯，并通过朗读让他们体会弱读、失去爆破等情况，培养良好的语感。其次，可以改变音的高低。如一对反义词 long 和 short 可以这样操练：long，long，long（声音越来越高），short，short，short（声音越来越低）；同样可以加上动作，如 tall，tall，tall（声音越来越高，用手演示越来越高），short，short，short（声音越来越低，用手演示越来越矮），还有 big 和 small 等。把这些反义词放在一起操练，声音高高低低、起起伏伏，学生乐于参与，兴致盎然，单词的含义也记得牢、记得准。

五、多样操练，使之游戏化

游戏是小学生喜闻乐见的活动，如果能让学生在游戏的过程中记单词，他们就不会觉得枯燥无味了。但无论什么形式的游戏都要为教学服务，对学生的学习有利的游戏才是好游戏。

（一）猜

对于未知事物，人们总是充满好奇，尤其是小学生，他们急于知道答案，此时是进行教学的最佳契机，教师要在教学中多设置一些猜的活动。如巩固单词时，可以让学生采用多种途径去猜，如是玩具可以摸摸猜猜，如是水果、饮料可以闻闻猜猜。学新单词时，可以把要学的单词写在黑板上，看教师的口型或眼神猜，可以把单词一闪而过让学生猜，也可以出示单词图片的一部分让他们猜。

（二）奖

学生总是希望得到奖励的。利用这种心理，教师可以奖励学生一个新单词或新句子。例如，hamburger、ice-cream、cake、egg 为奖品，分别计 8 分、6 分、4 分、2 分，如果某一组学生表现好，可以让他们选择一个奖品，要得到奖品的前提是这一组的每个学生都要会说这个单词。学生为了得到奖品学得十分认真，效果也很好。学生一般先会选择 8 分的 hamburger，当学生基本学会 hamburger 了，就调整分值，把 ice-cream 的分值改为 8 分，如此变化，学生在不知不觉中学会了这些单词。

（三）写

单词的学习离不开拼写，一味口头拼写，效果不佳。而一味抄写，往往又显得太枯燥。教师可以让学生手、口、脑并用，联系实物来书写。学习水果类单词时，让学生带上水果，如学习 apple 时就在苹果上贴 apple 字样；学习教室内的物品时，可在课桌上贴 desk，在钢笔上贴 pen；学习人体部位时，可在人体图的眼睛上贴 eye，在嘴上贴 mouth。诸如此类，挖掘一切可利用的资源。还可以在同桌的手心或背上贴字条，让同桌猜猜写的是什么。总之，学生觉得这不是在学习，而是在玩，学生在愉快的学习情境中记住了单词。

六、归纳性复习

按同义、反义现象来归纳复习。利用词汇的同义、反义现象复习词汇，可达到举一反三的作用，迅速有效地扩大学生的词汇量。还可以按照音同形义不同或形同音义不同来归纳词汇，或按词的属性和范畴来归纳复习。此外，可采用听写、单词游戏、单词比赛、唱英文歌等方式进行词汇复习。总之，复习的目的是防止遗忘和恢复遗忘了的单词。为避免学生的厌烦心理，复习方式要灵活多样，以提高其复习效率。

总之，教师要想出种种方法和词汇交朋友，与词汇做游戏，让学生在玩中学，在学中玩，这样既激发了学生的学习兴趣，又培养了学生一定的语言综合运用能力。只要教师教学方法得当，充分调动学生学习词汇的积极性，就能改变学生死记硬背、效率低下的弊端，达到事半功倍的效果。

第四节 小学英语课堂的语法教学探析

在学习一种外语时，如果不了解该语言的内部规则，将影响学生准确地运用该语言进行交流。许多专家认为，即使在小学阶段，学生也需要一些语法知识帮助他们牢固地、正确地掌握语言。"新课标"也要求在小学阶段进行一些简单的语法教学。作为小学英语教师，如何才能既保持学生学习英语的热情，又让学生掌握"新课标"所要求的"枯燥的"语法知识呢？根据小学生的天性，在教学中要做到"以人为本"，让小学语法教学生动起来，应努力做到下列几点。

一、在交际性运用中归纳语法规则

在语法教学方面，外国教育专家提出了两种方法：显性语法教学和隐性语法教学。前者侧重在教学中直接谈论语法规则，语法教学目的直接明显；

后者则在教学中避免直接谈论所学的语法规则，主要通过情境让学生体验语言，通过对语言的交际性运用归纳出语法规则。隐性语法教学需要运用抽象的思维能力，对智力还在发展的孩子采用隐性语法教学的方法更为合适。不少教师的英语课堂教学枯燥乏味，其中一个重要原因是在巩固所学的语法项目时，采用了过于机械的练习形式，也可以说是采用了过多的显性语法教学。

此类练习只让学生重复操练所学的语法项目，并没有提供机会让学生了解应用这个语言点的情境，容易使所学的语言形式与语言的使用语境、语言的意义脱节，不能很好地达成语法教学的最终目的，即帮助提高学生语言的交际能力。

此外，小学生天性喜欢好玩的东西，过于严肃机械的练习不能引起他们的学习热情。因此，教师应尽可能摒弃直接的、机械的练习，多提供机会让学生在有意义的、生动有趣的情境中练习和运用所学的新项目。例如，教师可以利用讲故事、做游戏、TPR（全身反应法）、念儿歌等"间接"的方法来帮助他们巩固所学的语法。

游戏给学生提供了一个较真实的情境去使用语言，让他们在玩乐中无意识地训练了所学的语法知识。当然，为了巩固学生的语法知识，提高学生语言的准确性，教师也要在适当时候使用显性语法教学。

二、在意义与运用相结合中习得语法

英国教育专家的研究表明，孩子具有追求意义的天性，即在学习语言时，孩子的注意力通常首先放在语言的意义上，他们很少注意到语言形式（指词汇、发音、语法结构）或语言规则，而且，孩子在特定的情境中获悉语言意义的能力很强。

由于学生的关注点在语言的意义上，如果在开始授课时，教师首先谈论语法规则，势必导致他们不感兴趣。在教学中，教师要利用学生的天性来帮助他们学习语言，才能真正做到"以人为本"。

在语法教学上，英国专家提倡采用这样的教学顺序：首先，让学生在一个有意义的情境中理解所教语法知识的意义；然后，提供足够的机会让学生在较真实的语境中进行交际性活动，运用所学的语法知识；最后，在学生理解并会运用的基础上，教师把学生的注意力吸引到语法规则上来，进一步巩固所学的内容。也就是说，在教学的前面两部分——"意义"与"使用"阶段使用隐性语法教学，在最后一部分——"形式"阶段才采用显性语法教学。

三、在讲解与反复实践平台上学得语法

除以上两点外，在解释语法项目时还要注意经济性原则，即讲解要适时适量，解释清楚就可以了，不要啰嗦，费时费力太多，反而弄巧成拙，导致学生糊涂及生厌。

有些教师认为只有把语法尽可能详尽地解释，才能保证学生正确运用，而且往往把学生犯的语言错误归因于语法（语言点）讲解不够。其实，学英语就像学计算机或学驾驶汽车一样，太多的理论解释反而适得其反，最关键的是实践、实践、再实践。小学生的抽象思维能力还没有完全发展，这方面的能力比不上成人，在涉及语法解释时更应特别注意经济性原则。

"新课标"所倡导的"以人为本"的理念要求教师的教学设计与教学活动都要符合学生的本能与天性。生动有趣、重在实践的语法教学方法有助于营造出一个人性化的教学环境，不仅有利于调动学生的学习积极性，提高教学效果，还有利于学生身心、情感的健康发展。

四、在比较鉴别与启发回忆中巩固语法

在小学英语语法教学中，把有联系的语法结构在综合归纳的基础上进行比较，指出各个结构在整体中的特征与作用，比较各自的共同点与差异点，从而在整体上、本质上鉴别各个结构。教师在教学中，应把语法和语言交际融为一体，综合讲解，比较鉴别，在功能、意义、结构、位置、特征、时间、关系、文体等八方面进行比较，同时，在教学中启发回忆、加强记忆。为了

使学生习得的信息以形象或概念的形式进入长时记忆而贮存，也为了使学生通过检索、复活贮存着的先前已习得的零散的信息，教师要为学生提供必要的为信息服务的有关线索，启发学生回忆先前所学的内容，加强学生的记忆。在这方面，比较等能起到这个作用。

第五节　小学英语课堂的交际教学探析

当今世界，科学技术发展迅猛，国际竞争日趋激烈。社会生活的信息化和经济活动的全球化使得外语，特别是英语，日益成为我国对外开放和与各国交往的重要工具。

英语作为一种语言，它自身的特点就决定了它不能被机械地教、机械地学。现代英语教学理论已经充分证明，语言虽然可以学得，但更主要的是习得。语言习得的研究发现，人们掌握语言的过程，总是能理解的比能表达的要多。为什么我们每个人都会讲母语？为什么一个中国的孩子到了说英语的国家很快就学会了英语？其实无非是他们有大量接触语言的机会。

英语教学强调语言的实践性，而学生是这一活动的主体。他们在语言实践中获得英语知识甚至是交际知识，并在交际活动中把英语知识和交际知识活化为语言交际技能，进而形成以交际能力为核心的英语语言应用素质。因此，在对话教学中就充分体现了英语的交际性和情境性。

一、交际性在对话教学中的体现

学习英语的目的在于用英语进行交际。学生只有通过大量的语言交际活动，才能掌握语言知识，形成初步运用英语进行交际的能力。因此，在英语教学过程中要贯彻交际性原则，实现教学过程交际化，尽量运用英语教英语，加强交际性的操练。

（一）课堂教学的交际性

1. 组织教学的交际性

在每节课开始的组织教学部分进行"自由谈话"。让学生离开座位，自己找朋友对话，可以是学生互问互答，也可以和教师随意交谈，对话内容不加以限制。通过五分钟轻松、自由的交谈，营造出英语的氛围，让学生感到语言交际的功能。这一活动的开展，有利于帮助个别学生克服不敢开口的心理障碍，从而激发起他们说英语的积极性。

2. 新授过程的交际化

在课堂交际过程中，教师的任务是创设情境，而真正的交际活动应当由学生完成。在学生进行对话前，教师先讲清活动任务，由浅入深。在组织练习时，可多组同时进行，教师从旁指导，然后再由一组或几组上台表演。（注意：在操练前教师不应做示范。）

学生在对话中，不仅增加了教材中没有的句型，符合他们的实际生活。因此，在课堂中创设情境，缩短了课堂与实际的差距，使学生掌握了用英语交际的能力。

（二）课外教学的交际性

在英语课中，让学生不断地用英语交际，是学生语言释放的重要途径，是进行交际的手段，而在课外也要让学生参与，多创造让他们用英语进行交际的机会。因此，可以让学生参加英语角等活动。在英语角中，在教师的指导下，各个班的学生通过用英语交流，提高英语交际能力。

二、情境性在课堂教学中的体现

创设情境是激发内需的一种重要方法，促使学生积极思考，激发起他们说的欲望，促其主动参与。

（一）教师创设情境，学生对话

教师应充分利用教材中的课文创设栩栩如生的情境，为学生提供使用英语进行交流的机会。如教师在教学"生日聚会"这课时，将教室稍加布置，再放一段生日歌，让学生进行对话。

（二）学生自创情境，自编对话

课堂上，让学生上台自己创设情境，自编对话，能调动学生学习英语的兴趣，培养语言交际能力，同时还能培养他们的创新能力。教师可让学生学完课文后以第一人称形式表演，效果就大不一样，他们以2~3人一组进行操练，在操练过程中，课堂气氛活跃，每个学生都积极主动地用英语进行交际。因此，整堂课的效果很好。

开展两人小组、多人小组等多种形式的交际方式，对于对话教学来说是很有必要的。只有开展这些活动，才能使每一个学生充分地参与，才能体现出对话的交际性和情境性。

第六节　小学英语课堂的口语教学探析

美国语言教育家克拉申在他的第二语言习得理论中指出，发展外语能力主要依靠两种途径：语言学习和语言习得。语言学习指有意识地学习外语的知识（包括语法、规则、语音、词汇知识），而语言习得类似儿童习得母语的过程，通常是在大量语言信息的刺激下，通过语言的自然交际获得的。克拉申认为，习得比学习更重要。只有经过语言习得这一环节，学习者才能真正摆脱母语的"羁绊"，自由地运用第二语言表达思想、进行交际。由此可见，在小学阶段，加强学生的口语训练，显得尤为重要。英语口语对小学生来说是一种抽象的记忆材料，小学生学习与记忆英语口语多靠机械模仿，反复跟读，这样记忆效果差，导致记忆过程缺乏趣味，影响记忆的积极性。那么，应该如何在课堂教学中有意识地训练和培养小学生英语口语的记忆能力，发挥他们的主体性呢？

一、在趣味情境中学口语

小学生的注意和记忆指向往往受兴趣影响，因此，英语课堂教学必须增强口语训练的趣味性，在趣味学习与训练中增强记忆力。首先要增强口语趣味性，尽量设计有趣的呈现情境，激发学生急于学习、模仿的积极性，然后范读，引导学生仿读、跟读，使学生在想学、爱学的心理状态下学口语。

交际是语言的最基本功能。说的过程是一个理解和口头表达的交际过程。在教学过程中，可以组织学生进行课堂小表演，活化课文插图，进行情境教学，把学生带入仿真的生活环境之中，用英语表达自己的思想和感受，学生们在"真"实情境中，把课文里的英语真正地和生活结合起来。

二、在多感官刺激中呈现英语口语

记忆是靠外界环境对大脑进行刺激并形成痕迹的，大脑神经受到的刺激越深，记忆的持久性就越强。根据这一特点，教师在课堂教学中应运用各种形式教授英语口语，引导学生同时使用多感官感知，使大脑同时接收来自眼睛、耳朵、肢体等器官感受到的刺激信号。在这种氛围下听、说，学生积极性高，学习效果好。

例如，在教学口语"I have got…"时，教师可以边放录音边举实物，引导学生听读"I have got a pen / book / ruler."等；然后再播放录音、再举实物，用同样表情让学生听后跟读；最后关掉录音，又举实物，让学生操练句型，增强记忆。操练是巩固英语口语的重要形式，多形式的操练意在避免反复操练时的机械单调与枯燥，增强学生练习的兴趣与积极性。当课堂上教会学生掌握一种口语句型时，充分运用学生已学过的词汇进行反复操练，即进行"替换式"口语操练，让学生两两对话、组组对话，也可让学生按行、按组轮流进行对话，既避免了简单的重复，又巩固了旧知，学生也乐于主动地学。

三、坚持课前两分钟的自由谈

自由谈是一项行之有效的口语训练方式。在这项训练中，学生有充分的自主权。选择自己感兴趣的话题，并可以提前准备。学生自拟话题，可涉及校园生活、英语学习、个人逸事、班级活动、地区气候和小故事等话题，课前请一名学生讲两分钟英语。

此项措施不仅使学生敢于开口讲英语，而且使学生增长了见识，扩大了词汇量。训练过程中，教师要起到引导、督促的作用，使自由谈达到预期的效果。

教师可针对不同学习程度的学生，提不同的要求。能力强的学生，可放手让他们自己去准备；中等程度的学生，可适当根据所学内容，予以拓展；能力尚欠缺的学生，予以个别辅导，使之能在原有基础上得以提高。

四、在有计划的"复现"中巩固英语口语

学生对新掌握的语言材料遗忘的主要原因，往往是缺少必要的多次"复现"，即重复再现。因此，要让学生有计划地经常复现语言材料，才能引导学生克服遗忘现象。

在课堂教学中，当新口语句型或单词等语言材料被学生接受并进行一定操练之后，要注意在后续的课堂教学中经常予以再现，让学生进行复习性操练，提高其复现率，使之得到巩固和深刻记忆。当然，"复现"的方法可采取多种多样的方式，既可结合教材内容有机地自然"复现"，也可有计划地强制重现，做到每日重现（复习）一次，每周重现（复习）一次，甚至每月重现一次，或每单元重现一次。这样，学生就能牢固掌握已学过的英语口语。在此过程中，教师也可让学生在每节课前，轮流用以往所学过的句型向全班提问，生生互动，提高了效率。

俄国大文学家托尔斯泰说过，"我每天做两种操，一是早操，一是记忆力操，每天早上背书和外语单词，以检查和培养自己的记忆力"。每天的"记忆力操"实际上就是反复"复现"。唯有如此，学生的英语记忆力才会不断增强，英语教学的质量也会不断提高。

五、在听说中积极模仿

强化口语教学的关键在于引导学生开口讲英语，教师尽量启发学生说，不要怕出错，要保护学生的积极性，允许他们出错。事实证明，不怕犯错、勇于开口的学生进步最快。强化练习应从基础入手，强调刺激、反应、模仿、反复，建立条件反射机制。在教学过程中，进行问答练习。教师可以有意识地让学生掌握一般问句、特殊问句、选择问句、祈使问句、省略句和插入问句等句型并学会应用这些疑问句式。问答操练可采用"老师问，学生答""学生问，老师答"或"学生问，学生答"等方式。要避免清一色的"师问徒答"局面，提倡在学生之间互相操练。这样不仅可以抓紧时间，而且教师可以留心学生在练习过程中出现的错误，并给予纠正。神经语言学研究表明，不论是什么年龄开始学外语，都要经历与小孩牙牙学语相似的阶段，因此，模仿听说对口语学习十分重要。模仿练习可以采取听一句、模仿一句，边听边模仿，或者把自己的朗读录音和原版录音对照模仿等方法，内容上应把发音、语调、搭配、成语、惯用法、交际语法和句型作为重点。教师要鼓励学生尽量用磁带、广播里听到的、书报杂志读到的及电视里看到的标准口语进行模仿练习，这对纠正语音、语调、增强语感和培养英语思维能力效果非常明显。再者是复述练习。复述是高级模仿。复述主要是在原材料的基础上把大意说出来，可以让学生复述教材里的课文，听英语故事，然后复述或讲故事，要求学生抓住故事里的几个要素，即时间、地点、人物、事件、起因和经过，并注意提醒学生第一、第二、第三人称的用法，尤其是第三人称。大量事实证明，复述练习能使学生更好地掌握所述材料的语言精华，增强知识，提高口头表达能力。此外，还应强调学生进行朗读练习，培养动口能力。

第七节　小学英语课堂的儿歌教学探析

英语儿歌，因其具有词句简单、内容生动、形式活泼、韵律优美等特点，深受孩子们的喜爱。在教学中，教师可以利用儿歌的独特形式和风格，以歌促学，寓教于乐，从而达到良好的教学效果。

一、英语儿歌的特点及意义

英语儿歌的主要特点是语言浅显、音韵和谐、富于动感。

（一）语言浅显

小学阶段是学习语言的关键期。儿童英语语句简单，语法结构单纯，语汇比较贫乏，而语言浅显的英语儿歌把正确的语法、语汇与儿童的口语结合起来，形成优美的、规范的儿童英语，适应了儿童语言发展的要求，易于被儿童理解和接受。英语儿歌中使用的词汇主要是：名词——动物、植物、食物、日常用品、交通工具等；动词——走、跑、跳、爬等基本动作；形容词——颜色、形状、大小等。这些词反映的事物及其属性比较具体，契合了儿童的思维特点，同时英语儿歌中简单句的大量使用，容易被儿童接受、掌握。

（二）音韵和谐

儿歌与音乐密切联系，儿歌中特有的悦耳和谐的音韵以及鲜明的节奏能使儿童产生愉悦感。儿歌在内容上并不一定存在多大意义，但其和谐的韵律、铿锵的节奏却能从听觉上给儿童带来一定的冲击。因此，儿歌的语言不仅要求浅显、口语化，而且须有严格的韵律、明快的节奏，常形成有规律的反复。

（三）富于动感

儿童主要是以具体形象性思维为主，但大多数儿童还是保留了直觉行动性思维的特点，从而决定了他们对英语儿歌动作性的要求。在英语儿歌作品中，富于动感的语言能有效地唤起学生的注意，增强他们对内容的理解。

二、儿歌教学的分年级要求及方法

（一）低年级

各种形式的英语儿歌教学需要通过有效的方法来加以实施。英语儿歌的教学，实质上是教师为小学生的英语学习创设条件和提供机会，让小学生参与各种丰富多彩的活动，在人物、环境、材料等交互作用的过程中学习英语，发展听说能力。

1. 调节情绪，营造氛围

在课前，教师常常组织学生演唱英语歌曲。若每节课前都是如此，时间一长，难免使学生感到单调而影响情绪。由于儿歌节奏明快、气氛热烈，学生常会感到新鲜有趣，拍掌应和，随即跟着一起念唱起来，在轻松愉快的氛围中自然而然地进入了学习的最佳状态。

在小学低年级阶段，学生有意注意能力较差，不能长时间集中，而且容易疲劳，教师可在半节课后，用儿歌组织学生适当休息。学生边唱边拍手，一会儿拉拉耳朵，一会儿拍拍肚子，一会儿摆动手指，既放松肢体，又使大脑得到休息，也为下半节课的学习创设了轻松的氛围。

2. 全身投入，加深理解

如前文所述，全身反应法是一种通过语言与行为的协调来教学语言的方法。

从发展心理学的角度出发，全身反应法的创立者詹姆士·阿歇尔指出，针对儿童的语言大多是命令句，儿童一般先用身体反应，而后再学会用语言进行反应，强调理解先于开口，因此，"听——做动作"是全身反应最明显的特征。儿歌教学的语言多以祈使句为主，对儿童的言语输出不做严格的要求并以游戏的性质来进行教学，因此减少了儿童的学习负担，培养了他们愉快的学习情绪，提高了学习的效率。

动词，尤其是祈使句中的动词是语言的中心内容，语言使用和语言学习都要围绕它展开，所以英语儿歌中那些祈使句以及动词均可通过全身反应法来学习。

（二）中年级

1. 学习语音，增强语感

学生在英语学习过程中如能学一些英语儿歌，将有很多好处，除了能提高学习兴趣，巩固与扩大词汇外，还能帮助学生学习语音、语调，增强节奏感与语感，由于汉语和英语的差别很大，掌握节奏历来是我国学生英语学习中的一个难点，注意加强这方面的训练已逐渐成为我国英语教学界的共识。在教儿歌时，教师先给学生做示范，边念儿歌，边做动作，学生可以从教师节奏鲜明的朗读以及夸张的肢体语言上，感知正确的语音、语调，轻松地理解儿歌含义；当学生诵读的过程中，教师可以用跺脚或拍手的方式来帮助学生掌握重音，控制节奏。鉴于段与段之间的有机连接，学生很快就能从前几段的学习中掌握正确的语音、语调、语法和词汇，学以致用。

2. 听做结合，提高听能力

利用同一首儿歌可以开展不同的活动，如找词、听歌修改图画、听歌排列图画、填词、歌词排列等，这些活动都可以进行听能力训练，教师可以根据实际需要选择儿歌，以达到不同的训练目的。听儿歌做练习可以提高学生的兴趣，但也增加了难度。因此，选用的儿歌歌词要清楚，难易程度要恰当。

（三）高年级

1. 自编儿歌，巩固记忆

根据艾宾浩斯的遗忘规律，小学生一开始遗忘最快，随后遗忘趋于稳定。

对他们所学的东西进行及时巩固，才能降低遗忘率。如果单纯地用同样的方法进行教学，学生会感到非常乏味，从而抑制他们的记忆。利用儿歌来刺激学生的大脑神经兴奋点，对巩固记忆有一定效果。小学生读起来朗朗上口，如同游戏一般，在轻松愉快的念唱中记住了单词。

在句型教学中，也可以通过大量的儿歌式情境问答掌握句型。英语儿歌常常出现句的重复，不断重复可以使学生的瞬间记忆转化为长时记忆。通过师生反复地有节奏地问答，学生把这一句型学得既扎实又轻松。

2. 发挥想象，提高能力

明快的节奏、优美的韵律、抑扬顿挫的语调，像哗哗流淌的泉水，调动了学生所有的感官。

利用儿歌，学生们丰富了想象力，在唱不厌、念不乏的过程中，不知不觉地提高了英语思维的能力。

儿歌，简单生动，韵律优美，节奏鲜明。教师也可以利用多媒体，通过音响、图像等方式，向学生展示英语语音、语调的节奏美、韵律美，使学生多听多说，在教学中，如果恰当运用儿歌的简易性、趣味性，就能充分调动学生的积极性。让学生在欣赏中学习，在学习中体会，在体会中创造，是一种成功的、行之有效的教学方法，由此获得的知识和情感，将给学生未来的英语学习奠定基础。

第八节　小学英语课堂的阅读教学探析

一、小学英语阅读教学的地位和作用

《英语课程标准》中明确指出，听、说、读、写是学习和运用语言必备的四项语言基本技能。当学生有了一定的听说能力后，及时培养他们的阅读书写能力，能有效促进学生自主学习能力的发展和提高。在学习英语的环境中，通常都是通过大量阅读各种英语书报杂志来丰富"语感"，以扩大英语词汇量，提高英语理解和表达能力。只有将所学的知识放到新的情境中，放到新的阅读活动中才能吸引学生，使学生保持持久的学习兴趣。因此，小学生英语阅读的教学就显得十分重要了。

阅读能力是英语语言能力中的一个重要组成部分，不仅是英语教学的目的之一，也是一种重要的英语学习手段。无论对于学生将来应试还是未来的生存发展，阅读都是一种非常必要的学习方式，也是学生获取信息的最重要的方式之一。小学是英语学习的起始阶段，因此在教学中，教师要注重培养学生的阅读能力，让学生养成终身阅读的习惯。

二、小学英语阅读教学的原则

（一）兴趣维持原则

兴趣培养是小学英语阅读教学的主要目的之一，一旦没了兴趣，学生的思维大门就会关闭，教师的教就很难取得良好的效果。因此，兴趣原则应贯穿阅读教学的始终。兴趣原则包括激发和维持两方面，兴趣激发容易做到，兴趣维持就困难得多。这一直是个难题，教学中也采用了许多办法，如阅读教学的分层处理、阅读问题的层次性和开放性处理、分层评价、方法策略个别辅导、实施情感影响等。总之，无论采取什么措施，教学中都应始终把维护学生（不仅仅是学习好的学生）的阅读积极性放在特别重要的位置。

（二）信息、语言并重原则

小学英语阅读，除了兴趣，还应包括信息获取和语言学习。三个目标虽不在一个层次上，但都很重要。阅读的最终目标固然是获取信息，但对小学英语教学来说，阅读课中也不能忽视对语言知识的积累。没有语言素材做基础，阅读能力的训练和提高就成了无源之水，不可能走远。阅读能力只有通过阅读活动来训练；阅读能力的提高又离不开语言知识的积累和丰富。所以，阅读课并不是只讲阅读技巧，只讲获取信息，重要的词语、句式、惯用法等语言知识的学习也是阅读课教学的有机组成部分。必要的时候，完全可以把其中的语言片段单独拿出来理解消化。当然，在信息获取与语言积累得到平衡的同时，阅读课的重心最终应该落在对文本意义在具体语境中的理解上，而不要把阅读活动分解成支离破碎的字、词、句分析。

（三）多维互动原则

阅读不是单一的活动，它是一个融合了多种因素和多种智能活动的综合过程。因此，在阅读技能培养过程中，互动是非常重要的原则之一。互动主要包括下列四种。一是学生与文本的互动。比如，通过标题、插图等线索对文本内容进行预测。二是师生互动。阅读过程中没有权威，师生之间是平等的交流。教师是学生阅读的帮助者和引导者，同时也是学习者。通过师生互动，教师能更细致地体察到学生的阅读困难所在，学生可以更高效地接受教师的技能指导。三是同伴互动。由于学生兴趣、个人经验、英语水平等有所不同，在阅读中所获取的信息和感受有可能存在差异。这些差异可以成为语言交际的条件，是语言学习和合作学习发生的良好时机。因此，对生生互动中生成的这些学习机会，教师要善于捕捉和利用。四是课程目标的综合互动。阅读课不单是培养阅读技能，诸如语言学习、综合技能发展、策略培养、文化感悟、智能提高和人格发展等诸多课程目标也都可以在阅读过程中加以渗透，有机整合。虽然不是每次阅读课都可以渗透所有目标，但根据每次阅读内容的特点，侧重某些目标是完全可以做到的。

（四）策略渗透原则

阅读虽然终究是学生自己的事，但在起步阶段离不开教师的引领。阅读教学过程就是学生自主能力越来越强，同时对教师依赖越来越少的过程。因此，阅读教学过程中要逐步发展学生的阅读技能，使其通过读学会读，这当中策略渗透必不可少。阅读策略有很多类别和层次。比如，眼动速度以及视域的训练，略读、查读等微技能，涉及语言基础的词汇意义反应时间、句符串解码时间、意群形成等，涉及理解力训练的文化语境理解、标题利用、插图利用等，涉及语篇知识的主题句、关键词、衔接词、图式形成和套用等。这些策略和技能训练，哪些适合小学生，可以要求到什么程度，都还需要在教学实践中探索，因为目前还没有较成熟的经验可以借鉴。策略渗透也是结合实际阅读材料不断积累的过程，材料不同，所需要的阅读策略也不同。策略渗透是阅读课教学设计中应该重点考虑的要素之一。

（五）层次性原则

这个原则主要是针对学生的个性差异和阅读水平来说的，在文本的难易程度、阅读速度和文本理解等几方面都应该照顾到学生的不同层次。让能力强的学生感觉到挑战，可以要求他们阅读的速度和理解的深度，调动他们的积极性；基础不那么好的，可以慢点儿，问题简单点儿，让他们读有所得，每节课都有收获；更差的，只要能读懂一点就是收获，应该受到肯定和鼓励，使其不至于丧失信心。必要时，可以准备不同难度的材料来训练不同层次的学生。当然，也要积极想办法，帮基础差的学生把基础补一补，以便让他们及早赶上来。如果分组得当，给小组中的不同成员安排难易程度不等的阅读任务也可以起到同样的效果。

（六）适切性原则

这个原则针对的是教学法的选用和具体的教学设计过程。目前，小学英语课堂教学的方法和手段非常丰富，教师的选择余地也很大，应该在分析学生需求和当地教学实情的基础上，以"适切性"为基本原则进行选择。一节课的设计思路，粗略地分类可以有两种基本模式："总—分—总"和"分—总—分"。前者是在语篇整体呈现和阅读后分析解决具体问题，最后再总结的一种思路；后者是先根据需要，分解处理阅读任务和难点，再总体把握文章，最后强化一些具体目标的一种思路。后者更多地依赖读者对英语词汇、句子和语篇结构的解读，通过语言符号和语篇结构知识来建构意义，即由语言符号到意义的过程。这个分类是大略的，还可以有很多变化形式。对于阅读教学来说，两种方法原则上并没有高下之分。教学环节安排上，一般有读前、读中和读后几个阶段。读前阶段通常是热身，包括阅读动机激发和背景知识激活等，目的是让学生做好阅读准备。这个环节也可以提出一些引入文本主旨的问题，比如，根据标题、插图等线索对文章内容进行猜测。读中阶段就是学生自己阅读的过程。这个过程是学生不断形成假设、验证或否定假设的过程，对于语言积累非常有限的小学生来说，也是在新的语境中再认知所学词语，形成意义解码的过程。阅读过程根据需要可长可短，可以一遍也可以多遍，但要求层层递进，因此这也是最需要用心设计的环节。读后阶段除了检测学生对语篇的理解，还可以包括单独的技能强化训练和某些语言知识的积累。另外，在读后环节中引导学生评估和反思自己的阅读策略也很重要。

三、演绎小学英语阅读教学

（一）有效预习——提高阅读课堂教学效率的前提

学生阅读之前，教师应及时给学生提供有关课文内容的背景知识材料和预习练习，指导学生预习。背景知识材料有助于学生理解课文，也能拓宽学生的知识面，开阔其视野。预习练习能使学生明确预习目标，使预习有的放矢。课前预习还有助于培养学生的自学能力和自学习惯，为课堂教学的顺利进行做好心理和知识上的准备。

（二）有效参与——提供阅读实践活动的保障

课堂导读是指学生在教师的指导下，从篇章结构、主题思想、细节信息到文章寓意等多方面地理解课文。这一程序由以下三个环节组成。

1. 引入新课

引入新课就是把课文的主题呈现给学生，使学生的注意力集中到课文提供的语言情境中来，激发学生的阅读欲望。对于不同课文，教师应采用不同形式导入新课，常见导入新课的形式有提问、讲故事、设置悬念、介绍背景、观看影片、唱歌等。

2. 做出预测

预测就是预先推测或测定。预测是阅读的重要组成部分，教师可以引导学生根据故事的题目或图片去预测故事的主要内容、可能用到的词汇，教师也可以引导学生根据教师所给的主要词汇预测故事的主要内容和主要句子。在这个过程中，学生不但对自己已有的知识进行输出，而且还培养了学生的想象能力及自主学习、自主参与的能力。

3. 设计任务式英语阅读

教学必须在主体参与方面解决问题，增加学生参与阅读实践的机会和时间。英语阅读教学形式必须从以教师为中心的"讲解式"转向以学生为主体的"任务式"。以学生为主体的任务式活动，就是让学生作为阅读实践活动的主角，使阅读活动作为一种主动的、探索式的认知体验。在任务式活动中，教师应多层次、多形式设计阅读活动。

（三）有效练习——拓展阅读能力的空间

阅读课后，教师不但要让学生练习、巩固和扩展在阅读课中新学到的语言知识，还要发展其说和写的能力。课后练习有多种多样。要针对不同的阅读课而设计练习形式，有表演课文、缩写或改写课文、复述故事等。在关注课后练习的同时，为了培养学生良好的阅读习惯和阅读技能，教师还可以布置课后阅读，延伸课堂阅读。阅读后可以以手抄报或英语读书笔记的形式展出，给学生搭建一座展示自己英语学习风采和获得成功感的平台。

（四）阅读环境——营造阅读活动的氛围

阅读环境是学生可以在其中进行自由探索和自主阅读的场所。在此环境中，学生可以利用各种工具和信息资源来达到自己的学习目标，如文字材料、书籍、英汉双解词典、音像资料、多媒体课件以及网络上的信息等。教师按学生层次的不同因材施教，给予不同的指导。在这一过程中，学生不仅能得到教师的帮助与支持，而且学生之间也可以相互协作和支持。阅读应当被促进和支持，而不应受到严格的控制与支配。阅读环境则是一个支持和促进学习的场所。以学生为主体的阅读教学活动意味着给学生更多的主动与自由，充分发挥学生使用工具和利用资源的自觉性、选择性。

（五）师生角色——有效阅读的策略

在课堂活动中，教师请学生做"老师"，解释句子，分析文章结构和段落，综合文章的中心思想。让学生分析、综合教材，难度比较大，教师有必要对其不足之处进行修正、补充和评议，帮助学生正确理解课文。虽然学生未必能够对课文中的句、段做出令人满意的分析，但这一过程实践和锻炼了学生分析综合问题的能力。鼓励学生在学习过程中主动探索，积极交流，使原来由教师解决的问题在讨论中共同求解，主体意识得到进一步激发，主体地位得到进一步体现。学生在与互补中掌握了学习方法，提高了学习的能力。

（六）学生主体——多样的阅读模式

发挥学生主体性并不等于教师担子轻松了，相反，对教师的要求更高、更具挑战性。教师要创造一种积极的气氛让学生的主动性得以充分调动、充分发挥，这是教师对课堂教学过程担负的协调作用所要求的。

小学英语阅读教学是一个新生事物，还需要教师不断去实践、去研究。小学英语教师要充分发挥阅读教学的作用，培养学生良好的阅读习惯，为学生的终身发展奠定基础。

第九节　小学英语课堂的对话教学探析

对话教学是英语教学的一种形式，属于口语教学。其目的和作用就是加强听和说的训练，培养学生用自然的英语进行交流。对话教学在小学英语教学中占着极其重要的地位，可以说学生听、说、读、写各方面的能力在很大程度上都是在对话教学中培养的。因此，在对话教学中，教师要合理运用教学策略与方法，达到教学效果的最优化，从而促进学生的英语学习。

一、小学英语对话教学存在的问题

小学英语课堂对话教学存在以下四"重"四"轻"。

（一）重英汉对译，轻情境创设

表现为过多地强调对话中句子的汉语意思，无论对话的呈现和操练，基本都是英汉对译的形式，教师说句子，学生翻译，或者生生相互说句子翻译。这种英汉对译的形式既不利于学生英语思维习惯的形成，又因为没有语言情境，导致学生会说句子、明白句意，却不会交际运用。

（二）重机械操练，轻意义操练

表现为教师一味地领读、学生跟读，不能积极地给学生创设新的教学情境进行意义操练。

（三）重语言知识的讲解，轻语言知识的运用

主要表现为教师过多地讲解句子构成等语法知识，减少了学生听说练习的机会。

（四）重机械重复性地运用语言，轻语言运用能力的培养

表现为教师完全以学生能读会说教材内对话内容为目的，拘泥于教材，不能引申拓展，导致学生对语言的运用完全是当堂所学的教材文本，既缺少与旧知的融会贯通，又缺少对新内容的创造性运用。

二、小学英语对话教学的策略

根据小学生学习英语的特点和英语课程标准的要求，对话教学应从学生的学习兴趣、生活经验和认知水平出发，注重培养学生的听、说能力，倡导体验、实践、参与、合作与交流的学习方式和任务型的教学途径。在教学中，教师可采取以下策略。

（一）创设情境，采用整体教学模式学习对话

众所周知，语言不是独立的，而是一个复杂的整体。语言只有在特定的情境中才有意义。在传统教学模式下，教师采用先讲单词，然后讲句型，最后再进入对话的学习，这种模式看起来是先把难点解决了，但是效果并不理想，学生并不理解课文内容，运用语言更是遥不可及。为什么学生学了很多年的英语，最后却什么也说不出来，可能原因就在这里。

对话教学关键是让学生在理解语篇的基础上学习语言，这样语言就有了生命，就成了活生生的语言。因此，教师在教学中应采用整体教学的模式，把词汇、语法放在具体的情境中学习。也就是说，教师的任何活动都是围绕对话的情境进行的。把对话在最开始就呈现给学生，然后通过提问、实物、动作等帮助学生理解，这样学生不仅理解了其含义，还学会了如何运用。

教师还要尽可能多地为学生创设真实的语言交际场景，为语言的运用搭建一个平台，如利用挂图加强口语训练。小学课本每课都配有一幅色彩鲜艳、画面生动的挂图，教师要充分利用这一有利条件，用描述图片的内容来训练学生的口语。教师应把重点放在训练学生语言的流畅性上而不是准确性上。学生运用所学语言进行交流，让他们敢于并乐于开口说英语，体验学习英语

的成功感。

教师还可以通过多样的教学活动进行对话教学。根据小学生的心理特点和学习特点，有趣和新鲜的事物最能引起他们的注意，也能让他们记忆深刻持久。因此，教师要给学生提供充分的语言材料，如让学生朗读简单的英语童谣、儿歌，做各种各样的游戏活动。小学生喜欢表演，喜欢引起别人的注意，对说英语的羞怯感较少，不怕犯错误，教师应该充分考虑小学生的这一特点，合理组织课堂教学活动，让他们在活动中学习语言。此外，英语作为一门语言，只有通过大量的练习才能掌握，教师要为学生提供说英语、讲英语的机会。

（二）采用听说领先、读写跟上的原则

语言学习的根本目的是说出一口流利的英语，听说是一种非常有效的学习工具，是所有其他能力发展的基础，也是学习的基础。通过听说，学生可以学习概念、扩充词汇、理解语言结构、培养语感。培养一定的听说能力是教学的最基本的要求，因此在教学中要求学生说出来的一定是他们先听到的或听懂的，要求他们读出来的一定是他们先会说的。

在教学中，教师可以让学生在听完对话后先说说听到的信息，然后再具体到课文的大意，最后再听一听细节。在学生跟录音读课文的环节中，先让学生不看文字重复听到的内容，然后再看文字朗读，这样在开始时会浪费一些时间，一句话可能要听几遍，甚至十几遍，学生才能说出来。如果长期坚持，学生的语感提高了，口语也有很大的进步。这样反复训练，学生在相应的场合就能达到脱口而出的效果。

（三）创造性地使用教材

由于对话的话题不同，难易程度也不同，教师可以根据学生的实际情况和已有知识创造性地使用教材。例如，可以把一个单元的对话教学内容进行整合，把一些抽象的对话或是较难理解的语言作为阅读材料，让学生在阅读中学习语言。总而言之，教师不必拘泥于一种教学模式，可以采取不同的形式，最终达到学习语言的最佳效果。

（四）注重在对话教学中培养学生的文化意识

语言和文化是密不可分的。英语作为一门语言，本身就应该涉及文化的内容，没有文化教学的英语教学是不完整的。在英语教学中向学生介绍有关西方国家的文化知识，培养学生的跨文化意识也是英语课程标准的要求。

三、小学英语对话教学的步骤和方法

结合小学英语对话教学的教学模式，即热身活动、新知呈现、巩固联系、拓展应用、评价检测，简述小学英语教学的一般步骤和方法。

（一）热身活动

热身活动的形式包括听、说、玩、演、唱等活动。

听，可以听歌曲、对话、简短的英语故事；说，可以说对话、根据图片说一句话、讲小故事；玩，可以做游戏；演，可以表演对话或者小短剧；唱，指唱英文歌曲。

热身活动的目的是创设英语学习氛围，激发学生学习英语的兴趣，以旧带新，为新课学习做好铺垫，因此，选用的歌曲、做一做、咏唱等内容最好与新授内容有关。如对话中涉及颜色，在热身活动中可以唱唱有关颜色的歌曲；对话中讲到数字，在热身活动中可以复习一下学过的数字；在对话中出现许多动词，在热身活动中可以开展有关做一做活动。

（二）呈现新知

1.情境呈现

有的教师为了节省时间，上对话课就是直接读句子或者写句子，然后翻译，再领读。学生跟读，学生都能读会了就完成任务了。这样枯燥灌输式的教学，或许节省了一点时间，但省去了学生思维、理解、体验的一个过程，学生处于机械记忆的状态，所以印象不深刻，忘记得自然也快，更谈不上灵活地运用语言了。这种做法非常不可取。

人类学家马林斯诺指出："如果没有语言情境，词就没有意义，也不能代表什么。因此，词语也只有在语境中才能产生意义。"同样，对话也是如此。对话是在一定的情境下的习惯性语言，脱离了情境，对话也就失去了意义。当然，在课堂教学中，教师不可能把生活中的真实情境带入课堂，但可以针对每单元对话中出现的新语言点，把握好重、难点，针对重、难点句子创造接近学生真实生活的语言情境，来帮助学生理解、掌握对话内容，加深记忆。可以用真人、实物、动作演示、图画、电教手段、简笔画等创设情境。

经过呈现，学生已经初步感知、理解了语言，接下来就到了操练的阶段。操练对于句子的掌握具有重要的意义，因为感知和理解不能代替运用，而真正学会运用，必须有这种模拟的操练和练习。操练有不同的层次和阶段，依次为机械操练、意义操练。

2. 机械操练

机械操练首先应该是机械模仿，重点是模仿重复对话中的重点句，教师示范领读，学生跟读。这种模仿应该是大量的和多次重复的，可采用多种方法和形式，如个人说、小组说、半班说、行与行之间对话、男女生之间分角色对话，通过这样的操练，使学生对重点句子达到一定的熟练程度，既能把语音、语调读准读熟，又能把句型结构记熟。

3. 意义操练

意义操练的基本形式就是教师提供一些实物、卡片、图片、情境等，让学生在教师提供的真实情境下，运用新学到的句型进行交际。意义操练因为赋予了新的内容、新的词汇，学生的学习兴趣会比较高，所以意义操练提供的语言素材要贴近学生的生活。操练新句型要用旧词汇，但这个阶段的练习不是为了学习更多的词汇，而是让学生就新学的重点句子，利用许多学过的词、感兴趣的事进行句型结构的套用、替换，较机械操练更具真实性、趣味性和实用性。

（三）巩固练习

1. 听音正音

让学生跟着录音机或教学课件一句一句读对话，可以纠正学生的发音。在英语教学中，听音这一环节也很重要。学校的教学环境基本不具备与外国人接触交流的条件，听外国人讲英语唯一的途径就是听录音磁带或看教学课件，所以教师在教学中不要忽视这一环节，应让学生感受到地道纯正的英语。

2. 合作共建

让学生在小组内或者同桌之间合作交流，分角色读对话。

3. 表演展示

让学生分角色表演对话。

角色表演是为学生提供运用语言以达到巩固的极好机会。学生学会了没有，是否能说、问，是否能正确运用，只有在模拟的情境对话中才能看出来。学生在理解中还有什么偏差，表达中有什么错误，也只有在演练中才能暴露出来，从而及时改正，并在演练中不断得到巩固，达到熟练的程度。同时，角色表演也是激励学生表现自我、树立自信的一种方式，所以，教师要让学生大胆地进行表演，给每个学生展示自我的机会，并给予他们及时的表扬和鼓励，让每个人得到成功的体验。

（四）拓展应用

有的教师在进行教学设计时，对话操练这一环节一般到学生能表演书本对话的程度便认为完成了教学任务。其实不然，对话的拓展训练更是对话教学的重要组成部分，它是对对话知识运用的一种反映，是对话知识运用的提炼和升华。

一般在这一环节，教师会给学生安排一个任务，让学生根据要求运用所学的对话来完成任务，比如完成调查表，再比如准备一些图片让学生看图讨论对话等。

（五）评价检测

针对教学目标，设计一些诊断性练习。如使用学生活动手册，让学生做一些听力、完型填空、看图读对话、把对话补充完整等练习，也可以是教师根据对话的功能句型，自己设计诊断式练习。教师针对设计了完型填空练习：

One monk——（carries）the water.

Two monks——（carry）the water.

Three monks——（have no water to drink）.

这一诊断式练习的设计，可以说既有新意，又有德育渗透，囊括了整节课的语言结构。

在实际教学中，未必每节课一定要严格地按照这种程序进行，可以根据对话类型的不同有所侧重和取舍。

参考文献

[1] 卢福波. 小学英语教学活动设计 [M]. 北京大学出版社 ,2005.

[2] 林立. 小学英语教学研究 [M]. 首都师范大学出版社 ,2004.

[3] 梅德明. 大中小学英语教学现状调查 [M]. 上海外语教育出版社 ,2004.

[4] 王电建 , 赖红玲. 小学英语教学法 [M]. 北京大学出版社 ,2002.

[5] 孙晓慧. 生态学理论视角下中国中小学英语教师信念发展研究 [M]. 外语教学与研究出版社 ,2022.

[6] 张明星. 成长的阶梯：乡村小学英语教师教学故事集 [M]. 西南交通大学出版社 ,2022.

[7] 吴芳. 小学英语教学理念与实践 [M]. 浙江大学出版社 ,2022.

[8] 朱丹妮. 小学英语教学中学生高阶思维发展策略探究 [J]. 世纪之星——小学版 , 2022(10):0094-0096.

[9] 赵灵芝. 指向思维品质发展的小学英语阅读教学途径 [J]. 学园 , 2022, 15(22):3.

[10] 张柳妍. 在小学英语语篇教学中发展学生批判性思维的实践 [J]. 英语教师 , 2022, 22(4):138-143.

[11] 甘蓉. 在小学英语故事教学中发展学生的思维品质 [J]. 教育方法研究 , 2023(1):3.

[12] 崔秀玲 , 冉慧霞. 均衡发展视域下小学英语教学改革的探索与实践 [J]. 基础外语教育 , 2022, 24(1):77-84.

[13] 金娟. 指向学生思维品质发展的小学英语教学 [J]. 江西教育 ,

2022(31):3.

[14] 杨怀琳 . 在小学英语故事教学中发展学生的思维品质 [J]. 教育艺术，
2023(1):1.

[15] 冉彩虹 . 中小学英语教学中发展学生思维品质的可能性及实施路径
[J]. 海外英语，2022(6):2.

[16] 金洁 . 在小学英语教学中发展学生的自主性 [J]. 江西教育，
2022(11):2.

[17] 陈艳君，刘圆 . 我国中小学英语教学法存在的问题与发展建议 [J]. 天
津市教科院学报，2022, 34(5):92-96.

[18] 张明 . 小学英语教学融入社会情感学习的策略 [J]. 中小学英语教学与
研究，2022(1):5.

[19] 陆益飞 . 深度学习 高度发展——探索深度学习视域下小学英语阅读
教学 [J]. 试题与研究，2022(33):3.

[20] 李伟 . 小学英语教学促进学生情感发展措施的研究 [J]. 2022(1).

[21] 张祖光，岳志坚 . 指向学科核心素养融合发展的小学英语教学探究 [J].
基础教育论坛，2023(8):75-77.

[22] 黄超 . 指向隐性学力发展的小学英语单元主题教学实践 [J]. 教学与管
理，2022(11):4.

[23] 董洁 . 乡村小学英语教学中的高效教学模式研究 [J]. 新一代 : 理论版，
2022(23):0031-0032.

[24] 马剑辉 . 小学英语阅读教学中促进学生高阶思维发展的探究 [J]. 中小
学外语教学，2023, 46(2):7.

[25] 田娜，王林 . 思维导图在小学英语教学中的应用研究 [J]. 中文科技期
刊数据库 (文摘版) 教育，2022(4).